제3판

특수아동의 이해

박현주 편저

박영story

제3판

머리말

짧지 않은 시간 동안 대학 강단에서 예비교사들을 대상으로 『특수교육학개론』을 강의해 오면서, 어느 순간부터 저만의 강의 노트가 필요하다는 생각을 하게 되었습니다. 그렇게 6년 전, 보다 효율적인 강의 운영과 이제 막 특수교육에 입문하는 학생들의 이해를 돕기 위해 이 교재를 처음 제작하게 되었습니다.

당시에도 이미 훌륭한 특수교육학 관련 개론서들이 많이 출간되어 있었지만, 주 2시간이라는 한정된 수업 시간 안에 특수교육의 주요 개념과 내용을 모두 전달하기에는 다소 무거운 측면이 있었습니다. 특히 일반교사 자격을 준비하는 학생들에게는 특수교육 관련 용어나 이론이 낯설고 어렵게 느껴지는 경우가 많았습니다. 이러한 현실적인 한계를 반영하여, 이 교재는 학문적인 깊이를 추구하기보다는 학생들의 필기 부담을 줄이고, 핵심 개념을 명료하고 간결하게 전달하는 데 초점을 맞추었습니다.

이번 제3판에서는 국내외 특수교육 관련 법과 정책의 변화는 물론, 교수 전략 측면에서도 구체적인 예시들을 보완하였습니다. 아울러 그동안 별도의 자료 활용을 통해 다루었던 '특수교육의 개념'을 챕터로 추가하여 '정상화' 중심으로 다루었던 과거와 달리 오늘날에는 학습자의 다양성과 권리를 존중하는 '포용교육'으로 확장되고 있음을 다루었습니다. 이를 통해 예비교사들이 특수교육을 단지 장애 아동만을 위한 교육이 아니라, 모든 아동이 존중받는 교육 환경을 만들어 가기 위한 실천으로 이해할 수 있도록 구성하였습니다.

또한 최근에는 저학년 학생들도 수강하는 경우가 많아지면서, 용어나 개념을 보다 쉽게 설명하고 풀어쓰는 데에도 노력을 기울였습니다. 특히 새롭게 포함된 '발달지체' 챕터에서는 조기중재의 중요성을 실제 사례와 함께 다루어, 교육학적 배경이 없는 학생들도 조기개입의 필요성을 자연스럽게 받아들일 수 있도록 내용을 구성하였습니다.

그리고 본 교재에서는 「아동복지법」 제3조 및 국제 아동권리협약(UNCRC)의 기준에 따라, '아동'을 만 18세 미만의 모든 사람으로 정의합니다. 이에 따라 교재 전반에서 학령기 아동은 물론, 유아기 및 청소년기 초기의 특수교육 대상자를 모두 포괄하는 용어로 '아동'을 사용하였습니다. 일부 내용에서는 맥락에 따라 '학생', '유아' 등의 용어가 병행될 수 있으나, 이들 모두는 '아동'의 범주 안에 포함된다는 점을 전제로 합니다.

저는 특수교육이 더 이상 특정 분야 전공자만의 영역이 아니라, 우리 모두가 함께 고민하고 실천해야 할 '현장의 언어'가 되어야 한다고 믿습니다. 점점 더 많은 특수아동이 일반 학교에 통합되어 수업에 참여하고 있는 오늘날, 이 교재가 일반교사, 특수교사, 상담교사, 보건교사, 영양교사 등과 같은 다양한 교육 전문가들이 특수아동을 이해하고 적절히 지원하는 데 필요한 기초자료가 되기를 기대합니다.

끝으로, 원고 작성 과정에서 참고문헌의 저자들과 출판사에 일일이 사전 양해를 구하지 못한 점에 대해 넓은 이해를 부탁드립니다. 이 책이 세상에 나오기까지 보이지 않는 곳에서 애써 주신 출판사 관계자 여러분께도 진심 어린 감사를 전합니다.

2025년 9월

박현주

차례

제 8 장 정서 및 행동장애

제 9 장 의사소통장애

제10장 학습장애

제1장

특수교육의 개념

오늘날 특수교육은 더 이상 '특수한 교육내용, 환경, 방법'에만 한정되지 않는다. 과거에는 특수교육이 장애아동을 위해 별도로 제공되는 교육으로 인식되었으며, 주로 '별도의 교육'을 강조하는 경향이 있었다. 즉, 장애아동을 다른 아동들과 구분하여, 특수한 교육과정을 따로 제공하는 방식이 일반적이었다.

그러나 최근 특수교육의 개념은 크게 변화하여 모든 아동의 교육적 성공을 위한 부가적인 지원과 자원의 제공에 중점을 두고 있다. 즉 단순히 장애를 가진 아동을 위한 교육적 지원을 넘어서, 학교 교육 안에서 어려움을 겪고 있는 모든 아동에게 추가적인 인적, 물적, 재정적 자원을 제공하는 것을 포함한다.

이는 특정 아동이 교육에서 실패하거나 소외되는 것을 막기 위해 필요한 다양한 자원들을 통해 학습을 지원하는 방향으로 발전했다. 이제 특수교육은 장애유무와 상관없이, 모든 아동이 자신의 학습 잠재력을 실현할 수 있도록 돕는 역할을 한다.

생각해봅시다!

모든 아이가 같은 방식으로 배우기를 기대하는 것이 공정한 교육일까?

우리가 '공평한 교육'이라고 믿는 것은 과연 누구에게나 공정한가? 어떤 학생은 일반적인 수업 환경 속에서 충분히 배우지 못할 수도 있다는 사실을 생각해 본 적이 있는가? '다르게 배우는 아이'를 위해 '다르게 가르치는 것'이 오히려 진정한 평등일 수 있다는 점을 고민해 본 적이 있는가? 특수교육은 '특별한 교육'이 아니라, 교육의 본질에 더 가까이 가는 길일지도 모른다.

의견을 적어주세요.

1. 특수교육의 개념

1) 특수교육은 왜 '특별한 교육'으로 출발했는가?

- 특수교육은 일반교육이 제공하는 것 외에 '특수한 것', 또는 '특별한 것'을 제공하는 교육으로 정의되어 왔다.
  → 특수교육은 일반교육과의 공통적인 기반 위에 세워지되, 일반교육만으로는 충족되지 않는 아동의 교육적 요구를 위해 별도의 교육적 조치를 마련하는 것이다.
- 이러한 정의는 특수교육이 교육의 보편성과 함께 반드시 특수성을 지녀야 한다는 점을 시사한다. 특수교육은 일반교육과 단절된 완전히 별개의 영역이 아니라, 교육이라는 공통된 목표를 공유한다.
  → 그러나 동시에, 특수교육이 독립된 교육 영역으로 지속되기 위해서는 반드시 그 특수성을 명확히 드러낼 수 있어야 한다.
  → 이는 특수교육의 정체성과 필요성을 입증하는 핵심 요소이며, 교육의 실천 현장에서 이 특수성을 밝히고 강화하기 위한 지속적인 노력이 요구된다.

2) 현대 특수교육의 출발: 이타르와 야생소년 빅토르 이야기

- 1801년, 프랑스의 의사 이타르(Jean-Marc Gaspard Itard)가 아베롱의 야생소년 빅토르(Victor)를 대상으로 수행한 5년간의 훈련 연구
  → 이 사건은 인간 발달과 학습 가능성에 대한 믿음을 바탕으로, 특별한 교육적 요구를 지닌 아동을 돕고자 하는 교육적 시도로서 역사적 전환점을 마련한 사례로 평가받는다.
- 이타르의 연구는 특수교육의 기초 형성에 깊은 영향을 미쳤으며, 이후 특수교육의 핵심 원리로 자리 잡은 여러 가지 요소들을 포함하고 있다.

❶ 개별화된 교수

- 아동의 능력, 흥미, 학습 속도에 맞추어 목표와 방법을 조정하는 교수 방식이다.

→ 학습자의 요구에 따라 수업 내용, 시간, 자료, 평가 방법이 달라질 수 있다.

❷ 신중히 계열화된 일련의 과제 제시

- 쉬운 과제에서 어려운 과제로 점진적으로 이어지는 교수 순서를 계획한다.
  → 이는 학습자가 단계별로 성공을 경험하면서 다음 과제로 나아갈 수 있도록 돕는다.

❸ 감각 자극과 자각을 강조한 교육

- 시각, 청각, 촉각 등 다양한 감각을 활용해 자극을 주고, 이를 통해 인지와 학습을 유도한다.
  → 특히 감각 발달이 부족한 아동에게 효과적인 접근이다.

❹ 세심하고 구조화된 학습 환경 구성

- 아동이 혼란 없이 학습에 집중할 수 있도록 물리적·심리적으로 정돈된 환경을 제공한다.
  → 교실 구조, 자료 위치, 시각적 단서 등을 통해 예측 가능성을 높인다.

❺ 올바른 수행에 대한 즉각적인 강화 제공

- 아동이 바람직한 행동이나 반응을 보였을 때 즉시 칭찬, 보상 등을 제공하여 행동을 강화한다.
  → 즉각적 피드백은 학습 동기 유발과 행동 유지에 매우 효과적이다.

❻ 실생활과 연계된 기능적 기술 중심의 교육

- 아동이 일상생활에서 실제로 사용할 수 있는 기술을 중심으로 교수한다.
  → 식사하기, 옷 입기, 대중교통 이용하기, 돈 계산하기 등

❼ 모든 아동은 가능한 최대한의 범위까지 교육을 받아야 한다는 신념

- 아동의 장애나 제한에 관계없이 학습의 가능성을 최대한 존중하고 지원해야 한다는 교육 철학이다.

→ 이는 교육의 기회와 수준이 아동의 잠재력을 최대한 실현하도록 보장해야 함을 의미한다.

> 이러한 원리들은 오늘날 특수교육의 기반이 되는 교수-학습 전략으로 계승되고 있으며, 이후의 특수교육 발전 과정에서 지속적으로 정교화되었다.

3) 특수교육은 어떻게 전문성을 갖추게 되었는가?

- 특수교육은 시간이 지남에 따라 그 이론적 토대와 실천적 전략이 점차 발전해 왔다. 다음은 1950년대부터 1980년대에 이르는 특수교육의 주요 발전 흐름이다.
  - 1950년대: 다양한 교수기법과 교육 철학의 확립에 초점이 맞춰졌다. 이 시기에는 장애아동의 특성을 반영한 차별화된 교수 방식이 시도되기 시작하였다.
  - 1970년대: 교사 연수를 통한 교수계획 개발과 실행 능력이 강조되었다. 대표적인 전략으로는 진단-처방 교수법, 반응-우연 교수법, 리소스 룸(자원교실), 개인 맞춤 교수 등이 있으며, 이는 아동 개별의 교육적 요구에 따른 맞춤형 접근의 필요성을 부각시켰다.
  - 1980년대: 보다 정교하고 과학적인 평가와 교수 방법이 등장하였다. 이 시기에는 아동의 언어적, 학업적, 사회적 영역의 기술 결함을 보다 명확히 증명하고, 이를 바탕으로 일대일 또는 소집단을 통한 계열화된 교정 교수계획을 수립하는 것이 강조되었다. 이를 위해 형식적 검사와 비형식적 평가가 적극적으로 활용되었으며, 이는 특수교육의 과학적 정당성을 뒷받침하는 데 기여하였다.
- 특수교육은 시대별로 다양한 교수기법과 교육 원리를 개발하며, 일반교육과 구분되는 독특한 특성을 확립해 왔다.

  → 이는 단순히 장애아동을 가르치는 교육이 아니라, 그들의 독특한 욕구를 충족시킬 수 있는 고유의 고수전략과 정체성을 갖춘 독립된 교육 영역으로 자리잡게 된 근거이기도 하다.

4) '분리된 교육'이 가진 한계는 무엇이었는가?

- 전통적 특수교육은 일반교육과의 연계 속에서 출발하되, 장애아동의 교육적 요구를 충족시키기 위해 독특한 교수 전략과 평가 방법, 그리고 개별화된 교육 환경을 마련하려는 노력의 역사였다.
- 이타르의 실험적 접근은 이러한 특수교육의 태동을 알렸고, 이후 수십 년에 걸쳐 교육의 과학화, 교수전략의 체계화, 그리고 교육적 정체성의 정립으로 이어졌다.
- 특수교육은 본래 모든 아동에게 제공되는 보편적인 교육의 한계를 보완하기 위해 고안된 교육이었다. 즉, 일반교육만으로는 충분히 학습하기 어려운 아동을 지원하기 위한 보완적 장치로 출발하였다.
  → 이러한 접근은 곧 '분리모형'(separation model)의 채택으로 이어졌다. 이는 일반학급에서 특수교육대상 아동을 선별해내고, 그들을 별도의 공간과 프로그램에서 교육하는 방식이다.
- 분리모형은 장애아동의 특성을 고려한 집중적인 지원이 가능하다는 점에서 한때 긍정적으로 평가되기도 하였다.
- 그러나 시간이 지나면서 그 한계점이 명확히 드러나기 시작하였다.
  → 특수아동을 일반교육 교실로부터 분리하는 방식은 결과적으로 그들을 일반학생들과 격리시키고, 사회적 통합을 방해하며, 교육적 기회와 평등을 제한하는 결과를 초래하였다.
  → 또한 특수교육이 일반교육과 고립되는 현상이 발생하면서, 오히려 특수교육이 교육의 보편성을 저해하는 요소로 인식되는 문제점도 나타났다.
- 이러한 문제의식은 오늘날 특수교육에서 포괄적 교육(inclusive education)의 필요성을 강조하게 된 배경이 되었다.
  → 장애아동도 일반학급에서 또래와 함께 어울려 배우는 가운데, 필요한 지원을 받을 수 있어야 한다는 인식이 확산되었고, 이는 특수교육이 다시 보편적 교육 속으로 통합되어야 한다는 흐름으로 이어지고 있다.

5) 교육은 평등하기만 하면 되는가? : 형평성과 특수교육

- 시대의 변화에 따라 특수교육의 정의는 새롭게 재조명되고 있다. 특히 교육의 형평성과 사회정의를 중시하는 사회적 흐름 속에서, 기존 특수교육의 정의에 대한 비판이 제기되기 시작하였다.
  → 이는 단순히 장애를 지닌 아동만을 대상으로 삼았던 과거의 특수교육 개념이 현재의 교육적 요구와 가치를 온전히 반영하지 못한다는 자각에서 비롯된 것이다.
- 현대 사회는 교육의 형평성과 정의를 실현하는 것이 곧 사회정의의 핵심 가치라고 인식한다.
- 교육의 형평성이란 단순히 기회의 평등만을 의미하지 않는다.
  → 그것은 교육의 기회, 교육이 이루어지는 환경, 교육적 성과, 그리고 성과 실현의 가능성에 이르기까지, 전 과정에 걸쳐 공정한 접근과 차등적인 지원이 이루어지는 것을 뜻한다.

6) 장애만을 위한 교육이 아니다: 특수교육의 대상 확대

- 이러한 관점에서 교육에서 '실패'하거나 소외되는 아동들에 대한 관심이 증가하면서, 특수교육이라는 용어가 지닌 제한적 의미에 대한 문제 제기로 이어졌다.
  → 특수교육이 더 이상 장애아동만을 위한 교육이 아니라, 학교 체제 내에서 교육적 지원이 필요한 모든 아동을 포함하는 포괄적 개념으로 확장되어야 한다는 논의가 등장하였다.
- 이에 따라, 특수교육은 단지 '특수한 교육'이 아니라, 특별한 요구가 있는 아동(Special Educational Needs: SEN)을 위한 교육적 중재와 지원으로 재정의되었다.
  → OECD(2004)는 특수교육을 특별한 교육적 요구에 대응하는 중재와 지원으로 정의하였으며, 이는 현재 국제적인 교육 담론에서 널리 수용되고 있다.

7) '중재'라는 이름의 교육: 특수교육의 새로운 본질

- 현대 특수교육은 단순한 분리나 보완이 아니라, 적극적인 교육적 중재(educational intervention)로 이해된다.

→ 이는 장애아동이 학습하고 학교 및 사회에 참여하는 과정에서 발생하는 장애 요인을 사전에 예방하거나 제거하고, 그러한 장애를 극복할 수 있도록 돕는 체계적인 노력을 의미한다.

- 교육적 중재는 다음 세 가지 유형으로 구분된다.
  → 예방적 중재: 장애나 학습 실패를 초래할 수 있는 잠재적 문제 요인을 사전에 인식하고 조기에 개입하여, 발생을 막기 위한 교육적 접근이다.
  예: 조기 진단, 조기개입 프로그램, 위험아동 사전 모니터링 등.
  → 교정적 중재: 이미 나타난 학습, 행동, 기능의 결함을 바로잡기 위한 직접적인 교수이다.
  예: **학업적 기술** – 읽기, 쓰기, 셈하기
  사회적 기술 – 지시 따르기, 또래와 관계 맺기
  일상생활 기술 – 먹기, 옷 입기, 용변 보기 등
  → 보상적 중재: 장애나 제한된 능력으로 인해 과제를 수행하기 어려운 아동에게 대체 기술이나 도구를 제공하여 수행을 가능하게 하는 접근이다.
  예: 보조기기 사용, 의사소통 보완기술(AAC), 대체 평가 방식 등

> 이러한 중재는 단순히 장애를 치료하는 것이 아니라, 아동의 능동적 참여와 자율성을 높이는 데 목적이 있다.

8) 누가, 무엇으로, 어떻게 돕는가?: 자원 중심 특수교육 지원체계

- 특수교육이 교육적 중재로서 효과를 발휘하기 위해서는, 다양한 형태의 부가적 자원(additional resources)이 함께 제공되어야 한다.
  → 이러한 자원은 일반적인 교육 자원 외에 추가로 필요한 지원을 말하며, 다음과 같이 구분된다.
  – 인적 자원: 교사 대 아동 비율 조정, 특수교사 및 보조인력 배치, 교사를 위한 전문성 개발 및 연수 프로그램 제공
  – 물적 자원: 청각 보청기, 보완대체의사소통 기기(AAC), 접근 가능한 교실 구

조, 맞춤형 교육 자료 및 보조교구 등

– 재정적 자원: 특수교육 대상 아동을 위한 차등적 예산 배분, 인적·물적 자원의 운영에 필요한 비용, 지역사회와 연계된 복합지원체계 운영비용 등

> 특수교육은 학교에서 성공하지 못하는 다양한 이유를 지닌 아동들이 최적의 교육적 성장을 이룰 수 있도록, 이들에게 부가적인 인적·물적·재정적 자원을 제공하는 교육이라 할 수 있다.

9) 특수교육, 그 의미는 어떻게 달라졌는가?

- 과거의 특수교육은 '특수한 교육내용'과 '분리된 교육환경'을 중심으로 장애아동을 위한 특별한 교육이라는 틀 속에서 이해되었다.
- 반면 오늘날의 특수교육은 학교 교육 안에서 실패하는 아동, 즉 단지 장애 여부가 아니라 특별한 교육적 요구를 지닌 모든 아동에게 성공을 위한 기회를 제공하는 교육으로 그 정의가 확장되었다.

> 모든 교사들은 이제 특수교육을 더 이상 제한된 범주로 인식해서는 안 된다. 특수교육은 교육의 형평성과 정의를 실현하는 수단이며, 교실 안의 모든 아동이 학습하고 성장할 수 있도록 돕는 보편적 교육의 확장된 형태라는 관점을 가질 필요가 있다.

제 2 장

특수아동의 개념

특수교육대상 아동, 또는 특수아동이란, 일반적인 교육환경이나 방법만으로는 학습과 발달에 어려움을 겪는 아동을 말한다. 이들은 지적, 신체적, 감각적, 정서·행동적, 또는 의사소통적인 장애를 지니거나, 그 밖에 학습에 특별한 지원이 필요한 다양한 교육적 요구(SEN: Special Educational Needs)를 가진 경우가 포함된다.

이러한 아동은 장애의 유무와 관계없이, 개별적인 교육적 중재와 부가적인 자원의 지원이 필요하다는 점에서 특수교육의 대상이 된다. 따라서 '특수아동'은 단순히 장애아동에 한정되지 않으며, 학교 교육에서 반복적으로 실패하거나 학습 기회로부터 소외되는 모든 아동을 포함할 수 있는, 보다 포괄적이고 유연한 개념으로 이해되어야 한다.

생각해봅시다!

누가 '특수아동'일까?

한 아이를 '특수아동'이라고 부를 때, 그 말 속에는 어떤 기준과 시선이 담겨 있는가? 단순히 의학적 진단이 있다고 해서, 또는 또래보다 조금 느리다고 해서 '특수'하다고 말할 수 있는가?
그 아이의 가능성은 어떻게 평가되어야 하며, 사회와 교육은 어떻게 응답해야 하는가?
우리가 규정하는 '특수'는, 정말 그 아이를 위한 것인가? 아니면 우리 기준의 반영인가?

의견을 적어주세요.

1. 특수아동의 정의

- 특수아동(exceptional children)이란 '예외성(Exceptionality)'을 기준으로 일반 아동과 뚜렷하게 구별되는 특성을 지닌 아동을 말하며, 이는 다양한 준거에 따라 정의된다.
  - 통계학적 표준에서는 예외성을 정규분포에서 ±2표준편차 이상 벗어난 경우로 판단하며, 평균보다 지능이 매우 낮거나 높은 아동이 이에 해당된다.
  - 의학적 표준은 의학적 진단이나 기능상의 손상을 근거로 예외성을 규정하며, 청각장애나 뇌성마비처럼 진단명이 있는 경우가 해당된다.
  - 사회학적 표준은 사회적 기대나 규범에서 현저히 벗어난 행동이나 적응상의 어려움을 기준으로 하며, 또래와의 관계 형성에 지속적인 문제가 있는 자폐범주성장애 아동이 이에 해당한다.
- '특수아동'이라는 용어는 단순히 장애가 있는 아동(학습장애, 발달장애, 신체장애, 감각장애 아동 등)뿐만 아니라 지적 능력이 매우 뛰어난 영재아동까지 포함하는 넓은 범위의 개념이다.
  - → 많은 사람들이 '특수아동'이라는 말을 들으면 흔히 '장애아동'을 떠올리지만, 장애아동이라는 표현은 특정 분야에서의 높은 능력이나 재능을 가진 아동은 포함하지 않기 때문에 '특수아동'보다 좁은 의미의 용어이다.
- 최근에는 특수아동의 개념이 확장되어, 장애아동과 영재아동 외에도 학습에 어려움을 겪는 아동이나 학습에서 불이익을 받는 아동까지 포괄하게 되었다.
  - → 학습곤란아동/학습불리아동: 이 상황은 주로 사회적, 경제적, 문화적 요소로 인해 학습에 어려움을 겪고 있는 경우이다. 예를 들어, 심각한 영양 부족, 빈곤한 생활환경, 집중력을 떨어뜨리는 심한 불안감 또는 학업 실패로 인한 심리적 좌절 등과 같은 정서적 문제들은 학습에 방해가 되는 부정적인 요인이다. 또한, 이중언어 사용이나 문화적 차이 역시 학습에 영향을 미칠 수 있다.
- 특수아동이 일반아동과 다른 점을 이해하기 위해서는 다음 두 가지 관점을 함께 고려해야 한다.

정규분포곡선에서의 특수아동 범위

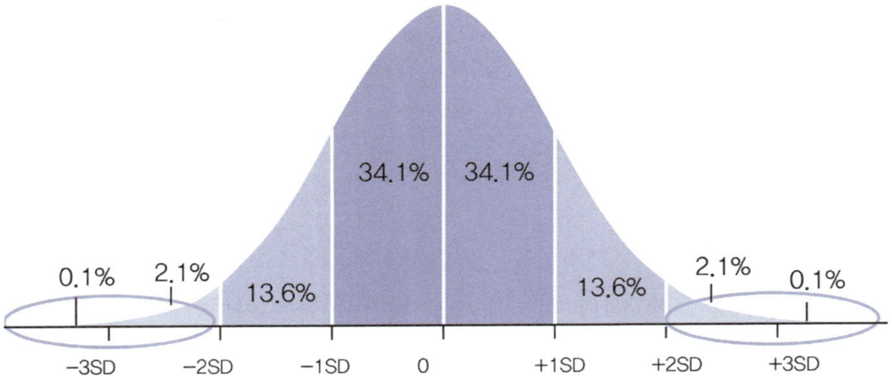

① 모든 아동은 장애 여부와 관계없이 저마다 신체적, 사회적, 학업적 특성에 있어 차이를 보인다. 그러나 이러한 차이가 교육적 지원이 필요한 수준에 도달했을 때, 그 아동은 특수아동으로 간주된다.

→ 특수아동 중에는 겉으로 봤을 때 일반아동과 구별이 어려운 경우도 있으며, 학업 실패를 겪기 전까지는 문제가 인식되지 않을 수 있다.

② 특수아동은 특정 영역에서 일반아동과 다르기 때문에 구별되지만, 동시에 또래 일반아동들과 유사한 특성들도 많이 지니고 있다.

→ 따라서 특수아동을 상대하는 교사는 이들의 독특한 발달 특성을 이해하는 동시에, 장애로 인한 결함만을 강조하기보다는 그들이 지닌 잠재력과 강점에도 주목하며 교육을 계획해야 한다.

> 장애아동들은 특수한 교육적 요구를 가지고 있기는 하지만 일반아동들과 다른 점보다는 유사한 점이 더 많다.

2. 특수아동의 특수성

용 어	의 미	용어 사용의 예
손상 (impairment)	- 심리적 및 생리학적 구조나 기능의 손실 - 즉, 특정 신체 기관이 상실되었거나 그 기능이 감소한 상태를 의미	청각장애(hearing impairment) 시각장애(visual impairment) 건강장애(health impairment)
능력저하 (disability)	- 손상으로 인해 기능의 제약이 장기간 지속될 것으로 의학적으로 예상되며, 정상적인 범위 내에서 활동을 수행하는 능력이 제한되거나 결여된 상태 - 즉, 대부분의 사람들이 수행하는 방식으로 특정 과제(보기, 읽기, 걷기 등)를 수행할 능력이 제한된 상황	학습장애(learning disability) 지적장애(intellectual disability) 지체장애(Physical disability)
혼돈 (disorder)	- 신체적 문제보다는 정신적 또는 감정적 어려움을 나타내는 용어 - 개인적인 차원에서 사용되는 용어	정서·행동장애 (emotional and behavior disorder) 의사소통장애 (communication disorder) 자폐범주성장애 (Autism spectrum disorder)
지체 (delay)	- 정신적 또는 발달적 능력이 평균보다 지체되거나 지연된 경우에 사용되는 용어	발달지체(developmental delay)
불리 (handicap)	- 장애나 손상을 가진 사람이 환경과 상호작용하면서 겪는 문제를 의미하며, 신체적 장애가 교육적, 개인적, 사회적, 직업적 또는 다른 영역에서 문제를 일으키지 않으면 핸디캡이 없는 상태로 간주 - 특정 상황에서는 핸디캡이 될 수 있지만, 다른 상황에서는 그렇지 않을 수 있음	장애인들의 장애 자체 때문이 아니라 비장애인들이 부정적인 태도를 가지고 장애인들의 참여를 제한하기 때문에 핸디캡을 경험하게 되기도 함
위험 (at risk)	- 현재는 진단되지 않았지만 장애를 나타낼 가능성이 평균보다 훨씬 높은 아동을 지칭하는 용어 - 최근에는 일반학급에서 학습 문제를 겪고 있어 학업 실패의 위험이 크거나 특수교육 대상자가 될 가능성이 높은 학령기 아동에게도 사용	장애위험아동(children at risk)

- 특수아동과 관련된 용어들을 살펴보면 특수성 개념을 보다 쉽게 이해할 수 있다.

– 손상, 능력저하, 핸디캡 등은 서로 혼용되어 사용하고 있지만 동의어가 아니다.

- 특수아동을 이해할 때는 단순히 '장애가 있다'는 사실만으로 판단하기보다, 그 아동의 신체적 손상(impairment), 일상생활에서의 기능 제한(disability), 정서적 또는 행동적 문제를 포함한 진단된 장애(disorder), 특정 기능의 발달이 늦어지는 지연(delay), 사회적 · 환경적 제약(handicap), 그리고 향후 장애가 발생할 가능성이 있는 위험군(at risk) 여부까지 함께 고려해야 한다.
  → 이러한 다각적인 접근을 통해 아동 개개인의 특성과 상황을 보다 정확히 이해하고, 그에 맞는 교육적 지원과 환경 조성이 가능하다.

3. 특수아동의 분류

- 우리나라 「장애인 등에 대한 특수교육법」에서는 특수교육대상자를 다음과 같이 분류한다.

> 제15조(특수교육대상자의 선정)
> ① 교육장 또는 교육감은 다음 각 호의 어느 하나에 해당하는 사람 중 특수교육을 필요로 하는 사람으로 진단·평가된 사람을 특수교육대상자로 선정한다.
> 1. 시각장애 2. 청각장애 3. 지적장애 4. 지체장애 5. 정서 · 행동장애 6. 자폐범주성장애(이와 관련된 장애를 포함한다) 7. 의사소통장애 8. 학습장애 9. 건강장애 10. 발달지체 11. 그 밖에 두 가지 이상의 장애가 있는 경우 등 대통령령으로 정하는 장애
>
> ② 교육장 또는 교육감이 제1항에 따라 특수교육대상자를 선정할 때에는 제16조 제1항에 따른 진단 · 평가결과를 기초로 하여 고등학교 과정은 교육감이 시 · 도 특수교육운영위원회의 심사를 거쳐, 중학교 과정 이하의 각급학교는 교육장이 시 · 군 · 구 특수교육운영위원회의 심사를 거쳐 이를 결정한다.

- 우리나라는 2007년 특수교육법 제정 당시 처음으로 '발달지체'라는 범주를 특수교육대상자 선정 기준에 포함시켰다.
  → '발달지체(developmental delay)'란 신체발달, 인지발달, 의사소통발달, 사회·정서발달, 적응행동발달 등 여러 영역에서 발달이 지체되어, 적절한 진단 도구와 방법을 통해 특수교육과 관련 서비스를 필요로 하는 아동으로 평가되는 상태를 의미한다.
  → 장애별로 특수교육 적격성을 인정하는 제도하에서는 어린 영유아가 특정 장애로 진단되지 않더라도 교육을 받을 수 있는 기회를 제공한다.
- 또한 2022년 6월 법률이 일부 개정되면서 개정 전에는 '그 밖에 대통령령으로 정하는 장애'였으나, '두 가지 이상의 장애가 있는 경우 등'이라는 문구를 추가하여 중도중복장애의 개념을 특수교육법 최초로 명시하였다.
- 제11호 대통령령으로 정하는 장애는 크게 '중도중복장애'와 '시청각장애'로 구분한다. 이때 의사소통장애, 학습장애, 건강장애, 발달지체 등과의 중복은 이 유형에 해당하지 않는다.
  → 중도중복장애는 둘 이상의 장애유형이 있으면서 이 둘 이상의 장애가 모두 중도(중증)일 경우를 말한다. 지적장애와 자폐범주성장애가 중복되는 경우도 여기에 해당하지 않는다. 지적장애와 감각, 신체, 정서, 행동장애가 중복되거나 자폐범주성장애와 감각, 신체, 정서, 행동장애가 중복되는 경우만 중도중복장애에 해당한다.
  → 시청각장애는 시각장애와 청각장애를 모두 지니면서 시각과 청각에 의한 학습이 곤란하고 의사소통 및 정보접근에 심각한 제한이 있는 경우를 뜻한다.

4. 특수아동 분류 명칭의 사용

- 특수아동을 분류하고 명칭을 사용하는 이유는 이들이 특수교육을 받을 자격을 갖추었음을 인정받기 위해서이다.

→ 특수교육을 받으려면 장애가 있는 것으로 판별되어야 하며, 특정 장애 영역에 속하는 아동만이 특수교육과 관련 서비스를 받을 자격이 주어진다.

명칭 사용의 장점

- 맞춤형 지원 제공: 특수아동을 분류함으로써 각 아동의 필요에 맞춘 맞춤형 교육과 지원이 가능하다. 예를 들어, 장애 유형에 맞는 교수법을 적용할 수 있다.
- 정확한 진단과 서비스: 명확한 분류를 통해 해당 아동이 필요로 하는 특수교육 및 관련 서비스가 제공되기 때문에 더 효과적인 지원이 이루어진다.
- 사회적 인식 향상: 특수아동의 필요와 특성을 이해함으로써 사회적 인식이 향상되고, 차별을 줄이는 데 도움이 된다.

명칭 사용의 단점

- 낙인 효과: 특정 장애나 발달 지체로 분류된 아동이 자신을 '특별한' 존재로 인식하게 되어, 자존감 저하나 사회적 고립을 경험할 수 있다.
- 고립과 차별: 장애 분류가 오히려 특수아동을 일반 아동과 구분하여 사회적 고립이나 차별을 초래할 수 있다.
- 한정된 시각: 아동을 특정 범주로만 분류함으로써, 개인의 다양한 특성과 잠재력을 간과할 위험이 있다.

5. 특수아동과 장애인

- 특수교육법상의 '특수교육대상자'와 장애인복지법상의 '장애인'은 전혀 다르다.
  → 개념, 목적, 선정절차 모두 다르며, 특수교육대상자 중 약 30% 정도는 장애인으로 등록되지 않은 아동들이다.
- 장애인복지법은 연금과 수당 지급, 그리고 다양한 복지 서비스를 제공하는 것을 목적으로 하며, 이 복지 서비스에는 의료, 교육, 재활 등 여러 분야가 포함된다.

우리나라 현행법상 장애인과 특수교육대상자 분류 비교

구분		장애인복지법	장애인 등에 대한 특수교육법
신체적 장애	외부기관 장애	시각장애	시각장애
		청각장애	청각장애
		언어장애	의사소통장애
		지체장애	지체장애
		뇌병변장애	
	내부기관 장애	신장장애	건강장애
		심장장애	
		호흡기장애	
		간장애	
		장루 및 요루장애	
		안면장애	
		뇌전증	
정신적 장애	발달장애	지적장애	지적장애
		자폐범주성장애	자폐범주성장애
	정신장애	정신장애	정서 및 행동장애
기타		-	학습장애
		-	발달지체
		-	그 밖에 두 가지 이상 장애가 있는 경우 등 대통령령으로 정하는 장애
계		15	11

- 특수교육법은 '교육'을 중심으로 제정된 법으로, 특별한 교육적 필요가 있는 아동에게 개별화된 교육을 제공하는 것을 주된 목적으로 한다.
- 장애인이라고 하여 자동으로 특수교육대상자로 등록되지 않는다.
  → 장애인으로 등록되어있더라도 교육상 특별한 요구가 없다면 특수교육대상자가 아니다.
  → 모든 특수교육대상자의 진단기준은 '교육상 어려움이 있는지' 여부이다.
- 안면장애: 학업에는 거의 지장을 미치지 않기 때문에 다른 중복장애가 없을 시 특수교육대상자로 지정되지 않는다.
- 정신장애: 조현병, 양극성 장애, 만성 우울장애 등의 정신질환자로 '장애인복지법'상에 정신장애로 분류되어 있기는 하나, '장애인 등에 대한 특수교육법'에는 해당 장애 영역이 포함되지 않는다. 하지만 지역 교육지원청에 따라 특수

교육대상자로 선정될 수도 있고 되지 못할 수도 있다.

- 건강장애: 소아암, 백혈병 등 장애는 아니지만 질병으로 인해 3개월 이상 장기 입원이나 치료가 필요하다고 인정될 경우 교육의 어려움을 해소하기 위하여 장애인이 아니지만 특수교육대상자로 지정될 수 있다.
- 학습장애: 학습장애는 장애인 등에 대한 특수교육법에 의해 지정되는 영역으로 '장애인 복지법'상의 장애인이 아니다.
- 그 밖에 두 가지 이상 장애가 있는 경우 등 대통령령으로 정하는 장애: 이 조항은 중복된 장애를 포괄적으로 인식하고 법적으로 지원하도록 한 장치로 중도중복장애와 시청각장애를 뜻한다.

6. 특수교육대상자 진단 및 평가절차

1) 진단 및 평가의 목적

- 특수교육대상자를 진단하고 평가하는 이유는 대상아동이 또래 일반아동과 얼마나 다른지를 알아내기 위함이 아니라, 그들의 특성(강점·약점)을 찾아내고 적합한 교육 프로그램을 제공하는 데 있다.
- 특수교육대상자로 선정되려면?
  → 법률상 보호자 또는 보호자의 동의를 얻은 학교장이 특수교육대상자 지정을 위한 신청을 하며, 만일 아동이 학습의 어려움을 가지고 있어도 보호자가 동의하지 않으면 특수교육 및 관련서비스도 받을 수 없게 된다.

2) 특수교육대상자의 선정 및 배치

- 특수교육대상자 선정 및 배치는 「장애인 등에 대한 특수교육법」 제16조에 근거한다.
- 특수교육대상아동 진단·평가 및 선정은 다음과 같은 절차에 의해 이루어진다.

제16조(특수교육대상자의 선정절차 및 교육지원 내용의 결정)

① 특수교육지원센터는 진단 · 평가가 회부된 후 30일 이내에 진단 · 평가를 시행하여야 한다.

② 특수교육지원센터는 제1항에 따른 진단 · 평가를 통하여 특수교육대상자로의 선정 여부 및 필요한 교육지원 내용에 대한 최종의견을 작성하여 교육장 또는 교육감에게 보고하여야 한다.

③ 교육장 또는 교육감은 특수교육지원센터로부터 최종의견을 통지받은 때부터 2주일 이내에 특수교육대상자로의 선정 여부 및 제공할 교육지원 내용을 결정하여 부모 등 보호자에게 서면으로 통지하여야 한다. 교육지원 내용에는 특수교육, 진로 및 직업교육, 특수교육 관련서비스 등 구체적인 내용이 포함되어야 한다.

④ 제1항에 따른 진단 · 평가의 과정에서는 부모 등 보호자의 의견진술의 기회가 충분히 보장되어야 한다.

① 장애가 있거나 있다고 의심되는 영유아 및 아동 발견 시, 보호자 또는 각급 학교의 장이 교육장 또는 교육감에게 진단·평가를 의뢰한다.

② 교육장 또는 교육감이 특수교육지원센터에 진단·평가를 의뢰한다.

③ 특수교육지원센터는 아동을 대상으로 진단·평가를 시행한다.

④ 선정 여부 및 교육지원 내용에 대한 의견을 특수교육지원센터에서 교육장 또는 교육감에게 보고한다.

⑤ 특수교육운영위원회에서 대상 선정 및 학교 지정·배치에 대해 심사한다.

⑥ 교육장 또는 교육감이 특수교육대상자 선정 결과 및 학교 지정·배치를 신청인에게 통지한다.

⑦ 선정 배치결과를 통보받은 후 진단·평가 결과에 만족하지 못할 경우에는 재심을 청구할 수 있다.

진단·평가 의뢰 시 제출서류 (지역마다 다를 수 있음)

- 특수교육대상자 진단·평가 의뢰서
- 기초 조사카드
- 장애인복지카드 사본
- 특수교육대상자 배치 신청서

특수교육대상자 선별검사 및 진단·평가 도구

구분		검사	
장애 조기발견을 위한 선별검사		• 사회성숙도검사 • 적응행동검사	• 영유아발달검사
진단 및 평가 영역	시각장애 청각장애 지체장애	• 기초학습기능검사 • 시력검사 • 청력검사(청각장애에 한함)	• 시기능검사 및 촉기능검사 (시각장애에 한함)
	지적장애	• 지능검사 • 사회성숙도검사 • 적응행동검사	• 기초학습검사 • 운동능력검사
	정서·행동장애 자폐범주성장애	• 적응행동검사 • 성격진단검사	• 행동발달평가 • 학습준비도검사
	의사소통장애	• 구문검사 • 음운검사	• 언어발달검사
	학습장애	• 지능검사 • 기초학습기능검사 • 학습준비도검사	• 시지각발달검사 • 지각운동발달검사 • 시각운동통합발달검사

• 이 과정을 도식화하면 다음과 같다.

보호자 또는 각급학교의 장 (보호자 동의)	장애가 있거나 장애가 있다고 의심되는 영유아 및 아동 발견시 진단/평가 의뢰
▼	
교육감 또는 학교장	특수교육지원센터에 진단/평가 의뢰
▼	
특수교육지원센터	- 진단/평가 회부된 후 30일 이내에 진단/평가 의뢰 - 선정 여부 및 필요한 교육지원 내용에 대한 최종 의견을 작성하여 교육장 또는 교육감에게 보고 - 과정에서 보호자의 의견진술 기회 충분히 보장
▼	
교육장 또는 교육감	- 특수교육지원센터로부터 최종 의견을 통지받은 때부터 2주일 이내에 특수교육대상자로의 선정여부 및 교육지원 내용을 결정하여 보호자에게 통보 **• 특수교육운영위원회에서 대상 선정 및 학교 지정/배치에 대해 심사** **-시/군/구 특수교육운영위원회: 유/초/중학생** **-시/도/ 특수교육운영위원회: 고등학생** - 특수교육대상자의 선정 결과 및 학교 지정/배치를 신청인에게 서면으로 통지
▼	
학생 또는 보호자	배치된 학교에 취학

• 최종 선정 과정이 끝나면 「장애인 등에 대한 특수교육법」에 명시되어 있는 것처럼 특수아동은 거주지에서 가장 가까운 곳에 있는 ‘일반학교의 일반학급’, ‘일반학교 특수학급’, ‘특수학교’ 중 한 곳에 배치를 받게 된다.

제17조(특수교육대상자의 배치 및 교육)

① 교육장 또는 교육감은 제15조에 따라 특수교육대상자로 선정된 자를 해당 특수교육운영위원회의 심사를 거쳐 다음 각 호의 어느 하나에 배치하여 교육하여야 한다.
  1. 일반학교의 일반학급
  2. 일반학교의 특수학급
  3. 특수학교

② 교육장 또는 교육감은 제1항에 따라 특수교육대상자를 배치할 때에는 특수교육대상자의 장애정도 · 능력 · 보호자의 의견 등을 종합적으로 판단하여 거주지에서 가장 가까운 곳에 배치하여야 한다.

③ 교육감이 관할 구역 내에 거주하는 특수교육대상자를 다른 시·도에 소재하는 각급학교 등에 배치하고자 할 때에는 해당 시 · 도 교육감(국립학교의 경우에는 해당 학교의 장을 말한다)과 협의하여야 한다.

④ 제3항에 따라 특수교육대상자의 배치를 요구받은 교육감 또는 국립학교의 장은 대통령령으로 정하는 특별한 사유가 없는 한 이에 응하여야 한다.

• 일반학교 교사가 특수교육대상자의 진단 및 평가 절차를 이해하는 것은, 효과적인 교육 지원을 위해 반드시 선행되어야 할 중요한 과정이다.
  – 학급 내에서 학습이나 행동에 어려움을 보이는 아동을 조기에 발견할 수 있다.
  – 조기 발견된 아동은 적절한 절차를 통해 특수교육 지원으로 연계될 수 있다.
  – 진단과 평가는 특수교육 대상자 선정과 개별화교육계획 수립의 기초가 된다.
  – 교사가 진단 및 평가 절차를 잘 이해할수록 아동의 교육적 필요에 맞는 지원이 가능하다.
  – 일반교사와 특수교사 간의 협력에도 도움이 된다.

제 3 장

시각장애

시각장애는 그 자체로 매우 다양한 형태와 정도를 포함하고 있어, 이를 단순히 하나의 유형으로 일반화하기 어렵다. 예를 들어, 어떤 아동은 시력 손실이 경미하거나 특정 상황에서만 시각적인 어려움을 겪을 수 있으며, 다른 아동은 시력 상실이 심각하여 일상적인 활동에서 큰 어려움을 겪을 수 있다.

따라서 교사는 동일한 유형이나 정도의 시각장애를 가진 아동이라 하더라도, 각 아동의 성장 배경, 교육 환경, 성격, 그리고 사회적 경험 등을 세심하게 고려해야 한다.

또한, 시각장애 아동을 지도하는 데 있어 가장 중요한 점은 그들이 겪는 어려움이나 장애를 단순히 제한으로만 보지 않고, 그들의 잠재력과 가능성도 충분히 이해하고 이를 발휘할 수 있는 환경을 제공하는 것이다. 이를 통해 시각장애 아동이 자신의 능력을 최대한 발휘할 수 있도록 돕는 교육적 지원이 이루어져야 한다.

생각해봅시다!

당신은 눈을 감고 하루를 살아본 적이 있는가?

교실에서 칠판 글씨를 보지 못한다면, 교사의 표정과 제스처를 느낄 수 없다면 수업을 어떻게 따라갈 수 있을까? 우리는 얼마나 시각적 정보에 의존하며 살아가고 있을까? 시각이 아닌 다른 감각으로 배우는 방법이 있다면, 교사는 무엇을 준비해야 할까? 시각장애 학생에게는 '보는 것' 이상의 접근이 필요하다는 사실을 인식하고 있는가?

의견을 적어주세요.

1. 시각장애의 정의 및 분류

1) 시각의 측정

- 시각은 시력과 시야에 의해 결정된다.
  → 대부분의 경우 시야의 문제보다는, 시력의 문제로 시각장애가 발생한다.

❶ 시력 (Visual Acuity)

- 일정 거리에서 사물의 형태를 뚜렷하게 구별하거나 작은 물체를 인식할 수 있는 능력을 말한다.
- 미국에서는 정상 시력을 20/20으로 본다(스넬렌 시력).
  → 이는 정상적인 시력을 가진 사람이 20피트(약 6미터) 거리에서 볼 수 있는 물체를, 본인도 같은 거리에서 볼 수 있다는 뜻이다.
  → 20/20에서 분모가 커질수록 시력은 떨어지는 것을 의미한다.
- 콘택트렌즈나 안경으로 교정한 뒤에도 가장 잘 보이는 눈의 시력이 20/200 이하일 경우, 미국에서는 이를 법적 맹인으로 간주한다.
  → 예를 들어, 지수가 안경을 착용한 상태에서 시력이 20/200이라면, 대부분의 사람이 60미터 거리에서 볼 수 있는 물체를 지수는 6미터 거리까지 가까이 가야 볼 수 있다는 뜻이다. 즉, 선명하게 보려면 정상 시력을 가진 사람보다 훨씬 가까이 물체에 접근해야 한다.

❷ 시야 (Field of Vision)

- 눈을 움직이지 않고 어떤 한 점을 응시했을 때 볼 수 있는 범위를 의미한다.
- 시선을 향한 방향에 있는 사물은 뚜렷하게 보이며(중심시야), 중심에서 벗어난 부분은 명확하지 않지만 사물의 존재를 어느 정도 인식할 수 있다(주변시야).
- 정상적인 시야를 가진 눈은 정면을 바라볼 때 약 160도에서 170도 사이의 범위를 볼 수 있다.
  → 미국에서는 시야 범위가 20도 이하로 제한된 경우도 법적 맹인으로 분류한다.

• 터널시야를 가진 사람은 마치 좁은 관이나 터널을 통해 세상을 보는 것처럼 중심시야는 유지되지만 주변시야가 좁다.

→ 반대로 중심시야가 손상되어 중심의 사물을 정확히 보기 어렵고, 주변시야만 남아 있는 경우도 있다.

2) 시각장애의 정의

• 우리나라 현행법에서는 시각장애를 다음과 같이 제시한다.

우리나라 현행법상의 정의

장애인 등에 대한 특수교육법	시각계의 손상이 심하여 시각기능을 전혀 이용하지 못하거나 보조공학기기의 지원을 받아야 시각적 과제를 수행할 수 있는 사람으로서 시각에 의한 학습이 곤란하여 특정의 광학기구 · 학습매체 등을 통하여 학습하거나 촉각 또는 청각을 학습의 주요수단으로 사용하는 사람
장애인복지법	가. 장애의 정도가 심한 장애인 1) 좋은 눈의 시력(공인된 시력표로 측정한 것을 말하며, 굴절이상이 있는 사람은 최대 교정시력을 기준으로 한다. 이하 같다)이 0.06 이하인 사람 2) 두 눈의 시야가 각각 모든 방향에서 5도 이하로 남은 사람 나. 장애의 정도가 심하지 않은 장애인 1) 좋은 눈의 시력이 0.2 이하인 사람 2) 두 눈의 시야가 각각 모든 방향에서 10도 이하로 남은 사람 3) 두 눈의 시야가 각각 정상시야의 50퍼센트 이상 감소한 사람 4) 나쁜 눈의 시력이 0.02 이하인 사람

※ 우리나라는 스넬렌 시력을 쓰는 미국과 달리 소수시력을 사용한다(예를 들면, 20/200＝0.1, 20/100＝0.2).

3) 시각장애의 분류

• 시각장애는 단순히 '보인다' 또는 '안 보인다'처럼 이분법적으로 구분할 수 없다.

• 법률적 관점에서 시각장애는 시력과 시야를 기준으로 분류되며, 「장애인복지법」의 기준이 그 대표적인 예이다.

• 교육적 관점에서는 학습에 있어 시각적 수단과 촉각적 수단을 사용하는 정도에 따라 시각장애를 실명(맹)과 저시력(약시력)으로 구분한다.

– 시각장애 (visual impairment)란 시력의 손상이 학습 능력에 영향을 주며,

이로 인해 특별한 학습 자료와 교육 환경이 필요한 경우를 말한다. 이 범주에는 실명과 저시력 모두가 포함된다.

- 실명/맹 (blindness)은 교육을 위해 점자나 청각적 방법을 반드시 사용해야 하는 경우를 말한다.
- 저시력/약시력 (low vision)은 시력을 교정한 뒤에도 심각한 시각장애가 남아 있으나, 확대경이나 교정렌즈 같은 광학 기구를 통해 인쇄물을 읽을 수 있는 경우를 말한다.

• 발생 시기에 따른 분류: 선천성 시각장애/후천성 시각장애
→ 학령기 아동의 시각장애는 대부분 선천적인 경우가 많다.

• 시각장애 아동을 교육할 때, 언제 시력을 잃었는지를 아는 것은 매우 중요하다.
→ 세상을 인식하고 이해하는 방식에 있어서, 선천적 맹아동과 12세에 시력을 잃은 아동은 서로 다른 특성을 보이기 때문이다.

• 선천적 시각장애를 가진 아동은 시각을 통한 경험이 없기 때문에 청각이나 촉각 같은 비시각적 감각을 통해 세상을 인식해 왔으며, 이러한 감각을 통해 형성된 배경 지식을 가지고 있다.

• 반면, 후천적으로 시력을 잃은 아동은 과거의 시각적 경험을 바탕으로 풍부한 배경 지식을 갖고 있으며, 이들은 이전에 보았던 것에 대한 시각적 기억을 가지고 있기 때문에 교육에 있어 유리한 점이 있다.

2. 시각장애의 원인 및 판별

1) 눈의 구조

눈은 외부 환경으로부터 시각적인 정보를 받아들이고, 이를 뇌에서 해석할 수 있도록 전달하는 매우 정교하고 복잡한 기관이다.

눈의 구조

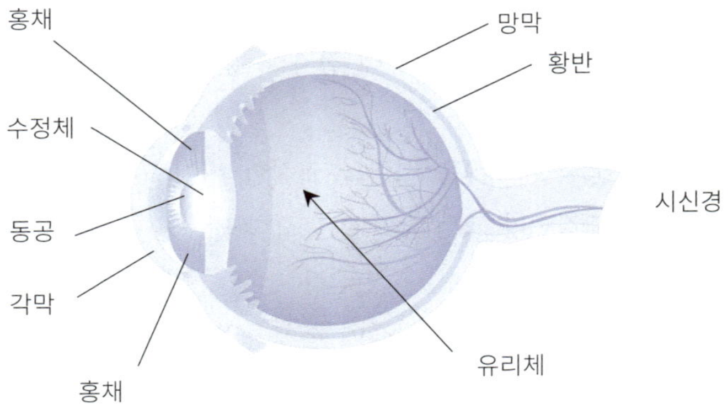

- 각막은 눈의 검은자위를 덮고 있는 얇고 투명한 층으로 구성되어 있다. 각막은 눈의 가장 앞부분에 위치하여 외부에서 들어오는 빛이 가장 먼저 통과하는 곳이며, 빛을 굴절시키고 전달하는 역할을 한다. 각막이 손상되면 각막염이나 각막 이상증 등 여러 질환이 발생할 수 있다.
- 홍채는 각막 바로 뒤에 위치하며, 눈으로 들어오는 빛의 양을 조절하는 조리개 역할을 한다. 또한 눈동자의 색을 결정하는 부분이기도 하다.
- 동공은 홍채의 중앙에 위치하고 있으며, 빛의 양에 따라 자동으로 크기를 조절한다. 빛이 많을 때는 작아지고, 어두울 때는 커지는 방식으로 작동한다.
- 수정체는 홍채 뒤쪽에 위치하며, 물체를 볼 때 초점을 맞추는 데 중요한 기능을 담당한다. 수정체가 손상되면 사물을 선명하게 보기 어려워진다. 특히 수정체의 노화로 인해 발생하는 백내장은 눈이 뿌옇게 보이게 만드는 대표적인 질병이다.
- 유리체는 수정체와 망막 사이의 공간을 채우고 있는 투명한 젤리 같은 물질로 이루어져 있다. 유리체는 수정체나 각막에는 없는 혈관을 대신하여 눈에 영양분을 공급하는 역할을 한다. 또한 눈이 공처럼 둥근 형태를 유지하도록 도우며, 빛이 망막까지 깨끗하게 도달할 수 있도록 하는 데에도 중요한 기능을 한다.
- 망막은 눈의 구조 중 가장 안쪽을 감싸고 있는 얇은 신경세포층이다. 망막은 카메라의 필름과 같은 역할을 한다고 볼 수 있다. 카메라로 사진을 찍으면 이미지가 필름에 남듯이, 눈에 들어온 빛의 정보는 망막에 전달된다. 망막에는 시세포가 분포해 있으며, 이 시세포는 시신경과 연결되어 있어 시각 정보를

뇌로 전달할 수 있다.

- 시신경은 망막에서 감지된 시각 정보를 뇌로 전달하는 중요한 경로이다. 시신경은 매우 복잡한 구조로 되어 있으며, 시신경이 손상될 경우 시각 정보가 뇌로 전달되지 않아 대부분의 경우 실명으로 이어진다.

2) 시각장애의 원인

시각장애는 눈 자체의 이상뿐 아니라, 눈을 둘러싼 신경계나 뇌의 손상 등 다양한 원인에 의해 발생한다.

❶ 굴절이상

- 굴절이란 빛이 하나의 투명한 조직에서 다른 조직으로 이동할 때 경로가 꺾이는 현상을 말한다. 사람의 눈은 개인마다 크기와 형태가 달라 굴절이 완벽하지 않은 경우가 많으며, 이는 시력 저하로 이어진다. 가장 흔한 시각의 문제는 근시, 원시, 난시 등이다.
  → 안경이나 렌즈를 통해 빛의 경로를 조정함으로써 보완할 수 있다.

❷ 선천성 백내장

- 수정체가 혼탁하거나 불투명해지면, 빛이 망막까지 제대로 도달하지 못해 시각 정보가 흐릿하게 보이게 된다. 수술을 통해 수정체를 제거한 후에도, 시력은 완전히 회복되지 않아 심각한 시각장애로 이어지는 경우가 많다.
  → 빛을 등지고 앉도록 하며, 글자와 종이의 대비를 높이고, 근거리와 원거리 작업을 번갈아 수행하게 하여 눈의 피로를 줄여야 한다.

❸ 선천적 녹내장

- 눈 속을 순환하는 액체인 방수가 제대로 배출되지 않으면 안압이 상승하게 되며, 이는 망막과 시신경을 손상시켜 시력을 잃게 만든다. 이러한 질환은 아동의 시각 수행 능력을 불안정하게 만들 수 있으며, 통증이나 두통 등의 증상이 동반될 수 있다.
  → 정기적으로 안약을 투여해야 하며, 안구 돌출로 인해 아동이 또래에게 놀림을 받을 수 있으므로 정서적 배려도 필요하다.

❹ 안구진탕증

• 한쪽 또는 양쪽 눈이 수직, 수평 또는 회전 방향으로 무의식적으로 움직이는 증상이다. 이로 인해 초점을 맞추거나 글자를 읽는 데 어려움이 발생한다.

→ 장시간 가까운 물체를 응시하는 작업은 피로를 유발하므로, 초점을 맞추기 위해 머리를 기울이거나 돌리는 아동의 행동은 지적하지 않아야 한다.

❺ 사시

• 한쪽 또는 양쪽 눈이 동일한 목표물에 동시에 초점을 맞추지 못하는 상태를 말한다. 조기에 치료하지 않으면 시력이 영구적으로 손상될 수 있다.

→ 아동이 선호하는 시선 방향을 고려하여 자리를 배치하고, 근거리 작업 시 자주 휴식을 취할 수 있도록 한다. 새로운 과제에 적응하는 데 시간이 더 걸릴 수 있으므로 인내심이 필요하다.

❻ 시각피질의 손상

• 시각피질 손상이란 뇌의 시각 정보를 처리하는 부분이 손상되어 발생하는 시각장애를 말한다. 이는 출산 시 산소 부족, 외상성 뇌손상, 중추신경계 감염 등으로 인해 발생한다.

→ 시기능은 환경, 조명, 활동 내용에 따라 크게 달라질 수 있다.

❼ 색소결핍증 (백색증)

• 유전적 요인으로 인해 눈, 피부, 머리카락 등의 색소가 부족한 상태를 말한다. 안구백색증은 남자에게 더 흔히 나타나며, 시력저하, 난시, 광선공포증 등을 동반한다. 아동은 빛에 민감하게 반응하는 눈부심 현상을 보이며, 세밀한 작업 시 쉽게 눈의 피로를 느낀다.

→ 직사광선이나 반사광을 피할 수 있도록 커튼, 블라인드, 책상 위치 조정 등을 통해 눈부심을 줄인다.

❽ 망막색소변성 (RP: Retinitis Pigmentosa)

• 청소년기에 자주 나타나는 유전성 질환으로, 망막의 점진적인 퇴화를 유발한다. 초기에는 야맹증이 주 증상이며, 점차 시야가 좁아지는 터널시야로 발전

하거나 실명에 이를 수 있다.

→ 눈부심을 줄이기 위해 밝지만 눈부시지 않은 조명이 필요하며, 진행성 질환이므로 교육과정에서는 이동훈련, 야간 보행훈련, 점자교육 등이 필요하다.

❾ 미숙아 망막증

• 미숙아에게 고농도의 산소를 공급함으로써 발생하는 질환이다. 인큐베이터에서 고농도의 산소에 노출된 미숙아는 혈관 이상과 망막 손상이 생겨 시력 저하 또는 실명을 겪을 수 있다. 흔히 근시, 녹내장, 망막박리, 안구진탕증 등이 동반되며, 심한 경우에는 전맹이 되기도 한다.

→ 확대기나 망원경 등의 보조도구가 필요하며, 발달장애를 동반할 수도 있다. 최근에는 산소 농도를 40% 이하로 제한함으로써 발생률이 크게 감소하였다.

❿ 레베르 선천성 흑암시

• 출생 직후 또는 생후 수개월 내에 나타나는 심한 유전성 망막 질환으로, 주로 망막의 광수용체 세포 기능 이상으로 인해 발생한다. 이로 인해 태어날 때부터 심한 시력 저하나 실명이 흔하며, 빛에 대한 반응 저하, 눈 떨림(안진) 등이 주요 증상이다. 많은 경우 전맹 상태에 해당한다.

→ 촉각과 청각 중심의 보조공학 기기 활용 및 점자 교육과 같은 시각 대체 학습 지원이 기본적으로 필요하다. 또한 교실 내 조명 및 환경 조절, 음성 자료 활용, 이동 훈련 등이 필요하다.

⓫ 기타

• 이 외에도 시신경 위축, 망막박리, 무안구증, 무수정체안, 홍채결손증 등 다양한 원인이 있으며, 어떤 경우에는 명확한 원인을 알 수 없는 경우도 있다.

3) 시각장애 아동의 판별

• 교사는 일상적인 학교생활 속에서 아동에게 시각적인 문제가 생겼을 때 나타날 수 있는 징후들에 관심을 기울여야 한다.

시각 이상을 의심해 볼 수 있는 징후들

행동	• 눈을 지나치게 비빈다. • 눈을 가늘게 뜨고 본다. • 책을 읽을 때 머리를 이상한 각도로 기울인다. • 물건을 눈에 가까이 대고 본다. • 눈을 지나치게 깜박이거나 가까이 보면서 하는 일을 어려워한다. • 책을 읽을 때 눈을 움직이는 대신 머리를 움직인다. • 멀리 있는 물체를 명확하게 보지 못한다. • 밝은 빛이나 반사를 싫어한다. • 칠판이나 책을 보고 옮겨 적는 것을 어려워한다.
외모	• 눈의 초점이 맞지 않는다. • 눈두덩이 붉거나 부어 있다. • 눈이 충혈되거나 눈물이 고여 있는 경우가 많다. • 눈꺼풀에 계속 염증이 생긴다. • 사진속의 눈에 일반적인 붉은 점이나 반사가 없는 대신 하얀 반사점이 보인다. • 눈동자 움직임이 통제가 잘 안 되거나 눈꺼풀이 내려와 있다.
아동의 불평	• 눈이 가렵거나 화끈거린다는 이야기를 자주 한다. • 잘 안 보인다고 투덜댄다. • 가까이 보면서 하는 일을 하고 나면 구역질을 하거나 어지럼, 두통을 호소한다. • 사물이 흐릿하거나 이중으로 보인다고 호소한다.

- 전문가에 의뢰하여 이루어지는 검사는 다음과 같다.
  - 시력검사: 안경이나 콘택트렌즈 등으로 교정한 상태에서의 시력을 측정함
  - 시야검사: 눈을 움직이지 않고 볼 수 있는 주변 범위(시야각)를 검사
  - 색각검사: 빨강, 초록, 파랑 등의 색깔을 구별하는 능력(색각)이 정상인지 확인하는 검사
  - 대비감도검사: 물체나 글자가 배경과 얼마나 미묘하게 다를 때까지 구별할 수 있는지를 측정하는 검사
  - 굴절검사: 근시, 원시, 난시 등 굴절이상 여부 확인
  - 망막검사: 망막의 건강 상태를 검사하여 망막색소변성 등 질환 진단
  - 시기능검사: 남아 있는 시력(잔존시력)으로 일상생활이나 학습에서 어느 정도 기능을 할 수 있는지 평가
  - 저시력 평가 및 보조기기 적합도 검사: 확대경, 독서대, 전자 보조기기 등의 사용 가능 여부 평가

3. 시각장애 아동의 특성

1) 운동발달과 이동

- 시력은 운동기술 습득에서 매우 중요한 기능을 한다. 시력은 사물의 거리와 방향에 대한 정보를 제공하며, 아동의 공간 지각, 운동에 대한 동기 형성, 보호 및 방어 행동, 감각적 피드백에 중요한 역할을 한다.
  → 영아기 때 정상 시력을 지닌 아동은 눈에 보이는 움직이는 물체를 향해 다가가는 과정을 통해 근육을 발달시키고 협응 능력을 향상시킨다. 이러한 과정은 이후의 이동성에도 영향을 미친다.
- 반면, 시각장애 아동은 능동적으로 주변 환경을 탐색하기 어렵기 때문에 기기, 뛰기, 걷기 등 기본적인 운동기술 발달이 지연될 수 있다.
- 근긴장도가 낮고, 자신의 신체공간을 인식하는 감각이 약하여 걸음걸이나 자세가 부자연스러워질 수 있다.
  → 영유아기부터 청각 및 촉각 자극을 충분히 제공하고, 자연스럽고 안정적인 자세와 보행 패턴을 익힐 수 있도록 지도해야 한다.

2) 인지와 개념 습득

- 시각은 다양한 경험을 조직하고 연계하는 데 중요한 감각으로, 이를 통해 아동은 세상을 인식하고 개념을 형성한다.
- 시각장애 아동의 지능은 일반 아동과 비교해 낮지 않다.
  → 그러나 시각장애 아동은 인지적 과제에서 일반 또래보다 수행력이 뒤처질 수 있다. 이는 시각 손실 그 자체 때문이 아니라, 제한된 환경 경험에 기인한 것이다.
- 시각장애 아동은 청각이나 촉각 등 다른 감각을 통해 정보를 수집하며, 이러한 방식은 개념 형성의 시기를 다소 늦추게 만든다.
- 시각적 모방이나 관찰을 통해 자연스럽게 획득할 수 있는 기회가 부족하기 때문에 개념 발달이 지연되기도 한다.

→ 따라서 시각이 아닌 다른 감각을 통해 개념을 반복적이고 직접적으로 접촉하는 것이 중요하다.

3) 의사소통 능력

- 시력 손상이 언어의 이해나 사용에 직접적인 영향을 주지는 않는다.
  → 실제로 시각장애 아동은 언어 지능검사에서 일반 아동과 유의미한 차이를 보이지 않는다.
- 언어는 주로 청각을 통해 습득되며, 시각장애 아동에게는 의사소통을 위한 주요 수단이 언어이므로, 언어 사용에 대한 욕구가 오히려 더 강하게 나타날 수 있다.
- 추상적 표현이나 관용적인 표현의 의미를 파악하는 데 어려움을 겪을 수 있다.
- 말하는 속도가 느리거나 음량 조절이 어려워 목소리가 커지는 경우도 있다.
  → 이는 개인차가 크므로, 교사는 아동 개개인의 특성을 존중하고 이해해야 한다.
- 얼굴 표정이나 몸짓과 같은 비언어적 의사소통을 덜 사용하는 경향이 있다.
- 시각을 통한 정보 획득이 제한적이기 때문에 사회적 의사소통의 시도나 개시가 어려울 수 있다.
  → 일반 아동들에게도 시각장애 아동과의 의사소통 기술을 교수해야 한다.
- 말을 할 때 유의사항
  – 시각장애 아동과 이야기할 때 '보는 것'과 관련된 단어 사용을 꺼리지 않는다.
  – '여기', '저기' 등과 같은 불분명한 단어의 사용을 자제한다.
  – 말할 때 누구에게 말하는 것인지 모두 알 수 있도록 아동의 이름을 부른 후 말한다.
  – 시각장애 아동의 얼굴을 쳐다보며 직접 아동에게 말한다.
  – 시각장애 아동에게 가까이 다가갈 때는 미리 알려주어 놀라지 않게 한다.
  – 자리를 뜰 때에도 미리 알려주어 혼자 남아 말을 하지 않도록 한다.

4) 사회성 기술

- 눈맞춤, 미소와 같은 시각적 사회 신호를 인식하지 못하기 때문에 사회적 상호작용에 어려움을 겪을 수 있다.
  → 이로 인해 주변인들이 시각장애 아동에 대해 부정적인 인식을 갖게 되며, 결과적으로 아동이 사회적으로 고립될 가능성이 높아진다.
- 사회적 상호작용을 시작하거나 이를 유지하는 능력이 부족할 수 있으며, 시각적 관찰을 통해 자연스럽게 익히는 사회적 기술을 습득하기 어렵다.
- 명확한 목적을 갖고 구조화된 사회성 교육이 계획되어야 한다.
  - 말이나 몸짓으로 먼저 인사하는 법
  - 표정을 통해 친구의 관심을 유지하는 법
  - 적절한 거리 유지와 몸짓 사용
  - 손짓이나 몸의 방향으로 신호를 보내는 법
  - 대화 중 상대를 바라보는 법
  - 올바른 자세 유지하기
  - 다른 사람의 말을 방해하지 않는 방법 등을 가르쳐야 한다.

4. 시각장애 아동 교육지원

1) 통합교육을 위한 일반적 지침

❶ 학습 환경의 조성

- 적절한 조명과 자리 배치 등 쾌적한 학습 환경을 제공하는 것이 중요하다.
- 일반 학급 교사는 점자정보단말기나 기타 학습도구를 놓을 넓은 책상을 준비해야 한다.
  → 독서대나 책상 표면 각도 조절이 가능한 책상을 활용하도록 한다.

- 저시력 아동이 조명 반사가 심한 위치에 앉지 않도록 배려하며, 필요 시 부분 조명을 제공한다.
- 교수자료는 크게 확대 복사하거나 확대 도구를 사용하여 제공한다.
- 교실 내 물건의 위치에 익숙해질 때까지 충분한 탐색 시간을 허용한다.
  → 시각장애 아동이 다치지 않고 안전하게 스스로 교실을 다닐 수 있도록 교실의 구조와 책상의 배치 등을 미리 알려주고 가능하면 자주 바꾸지 않는 것이 좋다.

❷ 교수지침 및 교수방법의 수정

- 가능한 한 시각장애 아동도 또래 일반 아동과 동일한 교육 경험을 제공받도록 노력한다.
  → 교수 방법은 꼭 필요한 경우에만 수정하며, 교육 목표는 모든 아동에게 동일하게 적용한다.
- 책을 읽을 때는 충분한 시간을 제공하는데, 책 찾기나 읽기 시작 위치를 찾는 데 시간이 더 걸릴 수 있기 때문이다.
- 칠판 사용 시에는 내용을 크게 말하며 적는다.
- 아동의 개인적 필요와 능력에 따라 수정 정도가 다르다는 점을 이해해야 한다.
- 일반 학습 자료를 시각장애 아동이 필요로 하는 형태로 미리 준비한다.
- 저시력 아동을 위해 대비 효과가 높은 자료를 사용하도록 한다.
- 확대 복사본이나 점자 자료 제작에는 시간이 필요하므로 사전에 준비한다.
  → 대체자료에 대한 교사의 이해는 필수이다.
- 워드프로세서 사용을 장려하며, 필요한 보조기기를 적극 활용하도록 권장한다.
- 점자정보단말기, 점자타자기, 점필과 점판, 녹음자료 등 특수기기에 익숙해지도록 지도한다.
- 시험 방법도 확대 시험지, 시간 연장, 대리 읽기 등으로 적절히 조정한다.
- 시각장애 아동도 신체 발달과 건강을 위해 체육 활동에 적극 참여하도록 독려한다.

2) 교수 보조도구

❶ 시각적 보조도구

- 저시력 아동은 잔존 시력을 효율적으로 활용하기 위해 독서대, 사인펜, 큰 활자 교재 등 비광학적 보조기구를 사용한다.

❷ 촉각적 보조도구

- 맹 아동은 대부분 촉각적 보조도구에 의존한다.
- 저시력 아동은 시각적·청각적 보조도구와 함께 촉각적 도구를 함께 활용한다.
  → 점자도서, 점자타자기, 점판과 점필, 촉각 그림 세트, 촉각 지도 및 지구본, 점자 측정 도구 등이 이에 해당한다.
- 3D프린터: 최근 출력의 정밀도가 높아지고 가격이 낮아지면서, 촉각 자료 제작에 널리 활용되고 있다. 또한 사용법이 간편해져서, 관련 경험이 없는 교사들도 복잡한 과정 없이 버튼 하나만으로 고화질의 입체 모델을 출력할 수 있게 되었다.

❸ 청각적 보조도구

- 청각적 보조도구는 촉각적·시각적 보조기구와 병행하여 사용할 때 효과가 크다.
  → 녹음 도서, 컴퓨터 음성 출력, 읽어주는 보조인, 음성 전자 계산기, 음성 시계 등이 대표적이다.

❹ 보조공학적 접근

- 컴퓨터 공학 기술은 시각장애인의 교육과 재활에 크게 기여한다.
- 정보 접근의 신속성 향상과 또래 일반 아동과의 학습 협력을 돕는다.
  → 점자정보단말기, 확대 독서기, 스크린 리더, 시각장애인용 독서기 등이 주요 보조공학 기기이다.

3) 그 외 특수교육적 접근

❶ 점자교육

- 점자는 시각장애인이 읽고 쓰기 위해 사용하는 촉각적 의사소통 체계다.
- 점판과 점필을 사용하여 일반 종이보다 두꺼운 종이에 돌출된 점을 촉각으로 인식한다.
  → 1829년 프랑스의 루이 브라유가 창시했으며, 우리나라에서는 1926년 박두성 선생이 한글 점자 '훈맹정음'을 창안하였다.
- 최근 보조공학 기기의 발달로 점자 읽기와 쓰기 속도가 향상되었으나, 인쇄 활자보다 느리다는 한계가 있다.

❷ 묵자교육

- 묵자는 비장애인이 사용하는 일반 글자를 의미한다.
- 워드프로세서 활용은 묵자의 읽기와 쓰기를 지원한다.
- 입력한 글자를 음성으로 확인할 수 있는 소프트웨어도 있어, 글자 입력 정확성을 점검할 수 있다.

❸ 방향정위와 이동성 훈련

- 방향정위 (orientation): 자신이 어디에 있고 어디로 가야 하는지, 주어진 환경에서 정보를 해석해 목적지에 도달하는 능력을 말한다. 이 능력은 시각 외 감각을 활용하여 자신과 주변 환경의 관계를 이해하는 것이다.
- 이동성 (mobility): 한 장소에서 다른 장소로 안전하고 효율적으로 이동하는 능력이다.
  - 흰 지팡이: 지팡이를 반원 형태로 휘둘러 장애물이나 바닥 변화를 감지
  - 따라가기: 벽이나 선반을 따라 이동하는 기술
  - 맹인 안내견: 만 16세 이상, 개를 돌볼 수 있어야 하고, 뛰어난 방향성 능력 요구
  - 안내인: 안내인의 팔꿈치 윗부분을 잡고 반보 뒤에서 이동
  - 전자 보행 보조기구: 환경 정보를 전파로 수집하여 사용자에게 알려주는 기기를 사용(GPS 기반 보행 내비게이션 앱, 레이저 지팡이, 소닉가이드 등)

- 방향정위와 이동성은 서로 보완 관계에 있지만, 의미는 다르다.
  → 어떤 사람은 자신이 어디에 있는지는 알고 있지만, 안전하게 움직일 수는 없다. 반대로, 움직일 수는 있어도 방향감이 부족해 길을 잃는 경우도 있다.

❹ 교육적 배치

- 우리나라에서는 대부분의 시각장애 아동이 일반학교가 아닌 기숙사제 혹은 통학제 맹학교에 다닌다.
  → 이는 일반학교가 시각장애 아동 통합교육을 위한 준비가 부족한 현실 때문이다.
- 통합교육을 위해서는 일반교사와 시각장애 아동 모두에게 전문적인 지원이 필요하다.
  → 시각장애 전문교사(vision specialist)와 방향정위 및 이동 전문가가 순회하며 교수-학습과 이동에 관한 자문과 지원을 제공해야 한다.

❺ 기타

- 시각장애 아동들은 효과적인 정보 수용을 위해 청각을 활용하는 능력, 즉 청취기술을 체계적으로 배워야 한다.
  → 이는 수업 중 교사의 말이나 주변 소리 정보를 정확히 듣고 이해하는 능력으로, 생활 전반에 걸쳐 중요한 역할을 한다.
- 일상생활을 스스로 수행할 수 있도록 돕기 위해 독립적인 생활기술 교육이 필요하다.
  → 옷 입기, 식사 준비, 개인 위생 관리 등 기본적인 자기관리 능력을 기르기 위한 체계적인 훈련이 포함된다.
- 건강한 사회성과 정서를 의해 여가활동기술의 지도도 중요하다.
  → 시각장애 아동이 또래 친구들과 어울리며 즐길 수 있는 취미 활동이나 스포츠 참여를 통해 삶의 질을 높일 수 있다.
- 자립적인 미래를 준비하기 위해 직업교육의 기회를 제공해야 한다.
  → 다양한 직무에 적합한 기술이나 능력을 개발할 수 있도록, 시각장애 특성에 맞는 직업 탐색과 직업 훈련이 이루어져야 한다.

우리나라에서는 2021년에 '보행지도사'가 국가공인 민간자격으로 지정되었으며, 맹학교와 시각장애인복지관 등에서 방향 정위 및 이동 훈련에 필요한 평가와 교육이 주로 이루어지고 있다.

제 4 장

청각장애

청각장애 아동은 외관상 장애가 드러나지 않기 때문에 통합교육이 더 용이할 것이라고 여겨질 수 있다. 그러나 실제로 청각장애 아동은 여러 가지 어려움을 겪을 수 있다. 즉 외적인 장애가 보이지 않기에 교사와 또래들이 그들의 특성을 충분히 이해하지 못할 위험이 있다.

청각장애는 의사소통에 큰 장벽을 형성한다. 특히 말하기와 듣기 능력에 제약이 있어, 이를 극복할 수 있는 특별한 교육적 접근이 필요하다. 교사는 수어나 보조기기 등을 활용해 아동이 학습에 참여할 수 있도록 지원해야 하며, 이를 통해 아동의 잠재력을 최대한 발휘할 수 있도록 돕는 것이 중요하다.

또한, 청각장애 아동은 또래와의 사회적 관계 형성에도 어려움을 겪을 수 있으므로 교사는 아동이 친구들과 자연스럽게 소통하고 관계를 형성할 수 있도록 그룹 활동 등을 통해 지원해야 한다. 이를 통해 청각장애 아동이 학업과 사회적 관계 모두에서 균형을 이루며 성장할 수 있도록 돕는 것이 필수적이다.

생각해봅시다!

소리를 듣지 못하는 세상, 상상해 본 적이 있는가?

친구들의 웃음소리, 선생님의 설명, 알림 방송 등 소리로 전달되는 정보들이 들리지 않는다면 교실은 어떤 공간이 될까? 말 대신 손과 표정으로 대화해야 한다면, 우리는 그 언어를 배울 준비가 되어 있는가? 청각장애 학생에게는 소리의 부재보다 소통의 단절이 더 크게 다가온다는 사실을 생각해 본 적이 있는가?

의견을 적어주세요.

1. 청각장애의 정의 및 분류

1) 소리의 측정

❶ 강도

- 소리의 크기, 즉 강도는 데시벨(dB)이라는 단위로 측정한다.
- 0dB은 정상 청력을 가진 사람이 들을 수 있는 가장 작은 소리를 의미하며, 이를 청력역치수준 또는 청력검사 영점이라고 한다.
  → 청력역치란 사람이 처음으로 소리를 감지할 수 있는 가장 낮은 수준의 소리를 말한다.
- 데시벨 수치가 높아질수록 소리는 더 커지며, 일반적으로 125dB 이상의 소리는 사람에게 고통을 준다.

❷ 주파수

- 소리의 높낮이는 초당 진동수인 주파수로 측정하며, 단위는 헤르츠(Hz)를 쓴다.
  → 1Hz는 1초에 한 번 진동한다는 뜻이다.
- 사람의 말소리나 주변 소리는 여러 주파수가 섞여 있는 복잡한 소리이며, 인간이 들을 수 있는 주파수 범위는 약 20Hz~20,000Hz 사이이다.
- 말소리를 듣는 데 중요한 주파수는 대략 500~2,000Hz 범위인데, 일부 말소리는 이 범위를 벗어나기도 한다.
  → 고주파수 소리를 잘 듣지 못하는 사람은 여자 목소리보다 남자 목소리를 더 잘 들을 수 있다.

2) 청각장애의 정의

- 우리나라의 현행법상에서는 청각장애의 정의는 다음과 같다.

우리나라 현행법상의 정의

장애인 등에 대한 특수교육법	청력손실이 심하여 보청기를 착용해도 청각을 통한 의사소통이 불가능 또는 곤란한 상태이거나, 청력이 남아 있어도 보청기를 착용해야 청각을 통한 의사소통이 가능하여 청각에 의한 교육적 성취가 어려운 사람

장애인복지법	가. 청력을 잃은 사람 1) 장애의 정도가 심한 장애인 두 귀의 청력을 각각 80데시벨 이상 잃은 사람(귀에 입을 대고 큰소리로 말을 해도 듣지 못하는 사람) 2) 장애의 정도가 심하지 않은 장애인 가) 두 귀에 들리는 보통 말소리의 최대의 명료도가 50퍼센트 이하인 사람 나) 두 귀의 청력을 각각 60데시벨 이상 잃은 사람(40센티미터 이상의 거리에서 발성된 말소리를 듣지 못하는 사람) 다) 한 귀의 청력을 80데시벨 이상 잃고, 다른 귀의 청력을 40데시벨 이상 잃은 사람 나. 평형기능에 장애가 있는 사람 1) 장애의 정도가 심한 장애인 양측 평형기능의 소실로 두 눈을 뜨고 직선으로 10미터 이상을 지속적으로 걸을 수 없는 사람 2) 장애의 정도가 심하지 않은 장애인 평형기능의 감소로 두 눈을 뜨고 10미터 거리를 직선으로 걸을 때 중앙에서 60센티미터 이상 벗어나고, 복합적인 신체운동이 어려운 사람

3) 청각장애의 분류

- 생리학적 분류는 소리의 크기를 기준으로 어느 정도의 소리를 들을 수 있는지가 기준이 된다.
  → 청력역치가 26~40dB이면 경도, 41~70dB이면 중등도, 71~90dB이면 중도, 91dB 이상이면 최중도의 청각장애로 본다.
- 교육학적 분류는 단순히 소리의 크기보다 청력 손실이 말과 언어 발달에 얼마나 영향을 미치는지가 기준이 되며, '농(deaf)'과 '난청(hard of hearing)'으로 나눈다.
  - 청각장애: 경도부터 최중도까지의 청력 손실을 모두 포함하며, 농과 난청을 포괄하는 넓은 개념이다.
  - 농: 청력이 매우 낮아 보청기를 써도 말소리를 이해할 수 없으며, 학습이나 의사소통에서 시각에 의존한다.
  - 난청: 보청기를 사용해 남아 있는 청력을 활용할 수 있으며, 언어 발달에 일부 어려움이 있어도 주변 환경의 소음 정도에 따라 어느 정도 말소리를 들을 수 있다.

- 청력 손실이 생긴 시기에 따라 언어습득 전/언어습득 후로 분류하기도 한다.
  → 언어를 배우기 전인 1~2세에 청각장애가 생기면 교육적으로도 심각한 영향을 받는다.
  → 반면 어휘나 언어구조, 읽기 능력 등이 어느 정도 갖추어진 10세경 청각장애가 생기면 언어능력의 발전 가능성을 기대할 수 있다.
- 출생 시 청각장애 유무에 따라 '선천적 농'과 '후천적 농'으로 나누기도 한다.
- 청각기관의 손상 위치에 따라 '전음성 청각장애'(소리가 귀 안쪽으로 전달되지 않음), '감음신경성 청각장애'(소리가 뇌로 전달되지 않음), '혼합형 청각장애'(두 가지 원인이 함께 있음)로 구분하기도 한다.

2. 청각장애의 원인 및 판별

- 청각장애는 소리를 감지하고 이를 뇌에 전달하는 과정 중 어느 한 부분이라도 문제가 생기면 발생할 수 있다.
- 청각장애는 다양한 원인에 의해 발생하며, 손상 부위에 따라 청력 손실의 유형이 달라진다.

1) 귀의 구조

- 귀는 소리를 받아들여 뇌가 이해할 수 있도록 신경 신호로 바꾸는 역할을 한다.
- 귀는 크게 외이, 중이, 내이로 나뉜다.
  - 외이: 귓바퀴와 고막까지의 통로인 외이도로 구성되며, 소리를 모아 고막에 전달한다. 고막은 얇은 막으로 소리에 따라 진동한다.
  - 중이: 고막의 진동을 증폭시켜 내이로 전달하는 작은 뼈(이소골)와 난원창으로 이루어진다.
  - 내이: 균형을 담당하는 전정기관과 청각을 담당하는 달팽이관(와우각)으로 구성되며, 이곳에서 진동이 신경 신호로 바뀌어 뇌로 전달된다.

귀의 구조

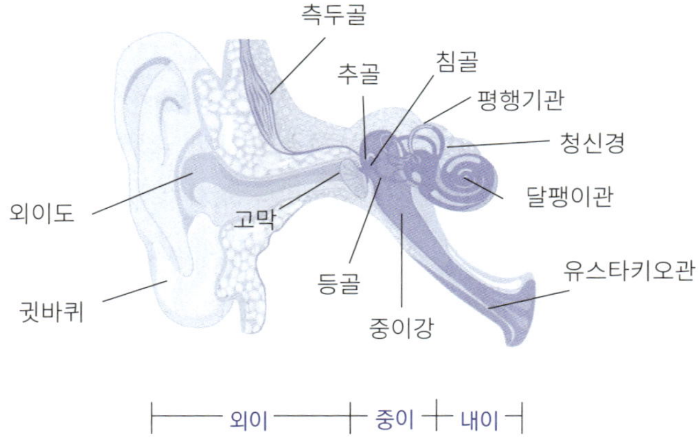

- 소리 자극은 청신경을 통해 뇌의 청각중추에 도달하고, 뇌는 이를 인식하고 분석하게 된다.

2) 청각장애의 원인

- 청각장애는 외이, 중이, 내이 중 어느 하나라도 손상이 생기면 발생할 수 있다.
  → 일반적으로 단순한 외이의 손상만으로 청각장애가 되는 경우는 드물다. (외이도 폐쇄증, 외이도염, 외이도 이물질 등)
- 중이의 이상은 외이의 경우보다 심각한 청력 손실을 가져오지만 대부분 농보다는 난청으로 구분되는 경우가 많다.
  → 의학적인 치료나 수술 등으로 교정이 가능한 경우가 많다. (고막천공, 중이염, 이경화증, 이소골 기형 등)
- 내이의 손상은 소리를 인식하는 데 치명적이며, 회복되기 어려운 경우가 많다.
  → 내이의 이상으로 인한 청각장애는 그 정도도 심하고 의학적, 교육적으로도 큰 문제가 된다. (선천성 기형, 감염 또는 약물, 청각기관의 노화, 메니에르병, 두부외상, 중추질환 등)
- 현재 유전적으로 밝혀진 청력 손실 원인은 400여 가지가 넘지만, 절반 이상은 아직 원인을 모른다.

전음성 청각장애와 감음신경성 청각장애의 원인

구분	원인
전음성 청각장애 (conductive hearing loss)	• 전도성이라고도 불리며, 외이나 중이의 이상으로 인해 내이에까지 도달하는 소리의 양이 줄어들어 청각장애가 생긴다. • 중이염 등에 의해서 일시적으로 생기는 경우가 많으며, 신속히 의학적 처치를 하면 곧 없어진다. • 지속적인 청각장애를 보이는 경우에도 보청기를 사용하여 소리를 확대해 주면 어느 정도 청력을 회복할 수 있다.
감음신경성 청각장애 (sensorineural hearing loss)	• 달팽이관이나 청신경에 손상을 입은 경우로 전음성보다 청력손실 정도도 심하고 예후도 좋지 않다. • 풍진, 뇌(막)염, 홍역, 수두 등의 바이러스성 질환이나 RH 부적합 또는 유전적인 요인 등에 의해서 초래한다. • 노화현상이나 큰 소리에 오래 노출되어 생기기도 한다. • 감음신경성 청각장애는 수술 등의 의학적 치료로 회복이 안 되기 때문에 재활치료적인 접근이 필요하다. • 최근 인공와우 이식수술, 청성뇌간이식술 등으로 치료 가능성이 넓어지고 있다.

3) 청각장애 아동의 판별

- 청각장애는 입학 후나 병·사고 이후에 발견되는 경우도 있어 교사가 아동의 청각 이상 행동을 잘 관찰하는 것이 중요하다.
- 청각 이상을 의심해 볼 수 있는 징후들
  - 부드럽게 부르면 처음 불렀을 때 반응하지 않는다.
  - 주변 환경음에 반응하지 않는다.
  - 소리에 반응하지 않거나 어디서 소리가 나는지 잘 알지 못한다.
  - 발음이나 구어 사용이 같은 연령대의 또래 아동들과 다르다.
  - 구어적 지시를 잘 알아듣지 못한다.
  - 주의집중을 못하는 것처럼 보인다.
  - "네?", "뭐라고요?" 등의 질문을 다른 아동보다 많이 한다.
  - 언어 이해 및 의사소통을 위한 어휘 사용에서 전형적인 발달을 보이지 않는다.
  - 평소 잘 들리지 않는다거나 피곤하다는 말을 자주 한다.

4) 청력 검사

- 순음청력검사: 가장 일반적인 검사법으로, 다양한 높이와 크기의 소리를 들려주며 청력역치를 측정한다(범위: 1~110dB, 125~8,000Hz).
  - 기도청력검사: 이어폰을 끼고 외이와 중이를 통해 전달되는 순음청력 측정
  - 골도청력검사: 진동기를 사용하여 진동이 직접 두개골을 통해 내이에 전달해 내이의 기능을 평가
- 청력도: 청력역치를 그래프로 나타낸 것이며, 장애의 유형과 특성을 파악하는 데 도움이 된다.
- 어음청력검사: 일상적인 의사소통능력을 알아보기 위한 검사로, 언어의 청취능력 및 이해능력을 평가한다.
- 놀이청력검사: 어린 아동이 순음이든 어음이든 간에 신호음을 듣게 될 때마다 공을 컵에 넣거나 장난감을 집는 것과 같은 단순 명확한 행동으로 판단하는 검사이다.
- 그 외 뇌파검사, 행동관찰, 반사검사 등 다양한 검사법이 있다.

다양한 환경음의 소리 수준

dB	환경음의 예
140	폭죽, 가까이서 나는 총소리, 제트기 엔진
130	락 음악 공연, 굴착기 소리
120	비행기 이륙, 자동차 스테레오를 최대한 높일 때의 소리
110	근거리에서 소리 지르기, 댄스클럽, 자동차 경주장의 소리
100	쓰레기 수거 트럭, 스노우모빌 운행 소리
90	잔디 깎는 기계, 오토바이 소리
80	헤어드라이기, 자명종 소리
70	도시, 고속도로에서의 소리, 재봉틀 돌아가는 소리
60	보통의 대화 소리, 에어컨 소리
50	빗방울, 냉장고 소리
40	나뭇잎 바스락거리는 소리
30	귓속말, 조용한 도서관의 소리

3. 청각장애 아동의 특성

- 청각장애 아동은 개인차가 크므로, 교사는 모든 아동을 같은 기준으로 판단하지 말고 아동의 청력 손실의 유형과 정도, 발생 시기, 언어 습득 여부(구어 또는 수어), 중복장애 여부 등을 고려해야 한다.

1) 말과 언어 발달

- 언어를 배우기 전에 90dB 이상의 심한 청각장애를 가진 아동은 언어기술 습득에 있어 매우 불리하다.
- 일반 아동들은 영유아 시절부터 다양한 어휘와 문법 지식, 어순, 관용 표현, 의미의 뉘앙스, 그리고 여러 가지 구어 표현을 타인과의 상호작용을 통해 자연스럽게 배우게 된다.
  → 하지만 출생 시나 출생 직후부터 타인의 말소리를 듣지 못하는 청각장애 아동은 자발적으로 말과 언어를 학습하는 데 큰 불리할 수밖에 없다.
- 청각장애 아동이 겪는 가장 큰 어려움은 사회에서 일반적으로 사용하는 언어로 의사소통하는 것이 힘들다는 것이다.
  → 또래 일반 아동들에 비해 국어, 특히 말하기 능력이 뒤처질 수 있다.
- 청각장애 아동은 언어를 배우기 위해 우리가 외국어를 배우는 것처럼 반복 훈련이나 교정 훈련 등을 직접 경험해야 한다.
  → 경도나 중등도의 청각장애를 가진 아동의 말은 중도나 최중도의 청각장애를 가진 아동의 말보다 더 알아듣기 쉬운 경우가 많다.
- 음소를 생략하거나 다른 음소로 대체하는 문제를 겪으며, 말의 억양이나 높이가 어색하거나, 속도와 운율이 부자연스러운 경우도 있다.
- 비음이나 지나치게 탁한 소리 또는 숨찬 소리를 내는 경우가 많다.
  → 자신이 내는 소리를 들을 수 없기 때문에, 자신의 발음을 평가하고 조절하는 데 어려움이 있다.
- 청각장애 아동은 어휘와 문장 구조를 습득하는 데에도 어려움을 겪는다.
  → 일반 아동들에 비해 어휘력이 떨어질 수 있다.

→ 추상적인 단어인 '전', '후', '질투' 같은 단어보다는 '나무', '책', '달리다'와 같은 구체적인 단어를 더 쉽게 배운다.

→ 문법적인 지식이 부족하여 '~은', '~는', '~이', '~가', '~와', '~들' 같은 표현을 사용하는 데 어려움이 있다.

→ 문장을 구성할 때도 짧고 간결한 단문 형식을 선호하는 경향이 있다.

→ 한 단어에 두 가지 뜻이 있다는 사실을 알지 못하는 경우도 많다.

청력손상 정도와 의사소통 능력간의 관계

청력 수준 (dB)	청력 손실 정도	의사소통에 미치는 영향
91dB 이상	최중도	• 아주 큰 소리(비행기 이륙, 대형 트럭 경적 등)는 들을 수 있음. • 대화하는 말은 전혀 듣지 못하며, 시각이 주요 의사소통 수단이 됨. • 말을 하더라도 대부분 알아듣기가 어려움.
71~90dB	중도	• 큰 소리의 환경 음은 감지할 수 있지만, 음원을 정확하게 알기 어려움. • 말소리가 거의 들리지 않음. 대부분의 단어가 인식되지 않으며, 말의 명료도도 거의 알아듣기 어려움.
41~70dB	중등도	• 대화 시 크고 분명한 말소리만 들을 수 있음. • 여러 사람이 있을 때 의사소통이 매우 어려워지며, 발음이 명료하지 않음.
26~40dB	경도	• 조용한 환경에서는 일반적인 어휘로 의사소통에 어려움이 없음. • 희미하거나 먼 소리는 듣기 어렵고, 교실에서의 토론을 따라가기가 쉽지 않음.

2) 학업성취

• 언어 능력의 부족은 국어 교과뿐만 아니라 다른 교과목에도 영향을 미치며, 그로 인해 학업 성취가 뒤처지는 결과를 초래할 수 있다.

→ 교재, 과제물, 시험 등 모든 학업 활동이 언어 능력을 바탕으로 이루어지기 때문이다.

• 또한, 학업 수행 능력과 지능을 동일한 개념으로 생각하면 안 된다.

→ 농 아동의 경우, 청각장애 자체는 개인의 인지 능력에 큰 영향을 미치지

않으며, 오히려 학업 수행 과정에서 불리하게 작용하는 경우가 많다.

→ 그러나 실제로 몇몇 농 아동은 개인의 노력과 가정환경, 교육환경 등에 따라 유창하게 읽고 학문적으로 뛰어난 성과를 보이기도 한다.

3) 사회·정서 발달

- 청각장애 아동의 사회-정서적 발달은 일반 아동의 발달과 큰 차이가 없다.
- 유아기에는 청각장애 아동도 일반 아동과 비슷하게 잘 어울리지만, 나이가 들수록 서로 간의 상호작용이나 친밀한 친구 관계를 유지하는 데 어려움을 겪게 된다.

  → 언어를 통한 의사소통이 친구 관계 형성과 사회-정서적 발달에 중요한 영향을 미치기 때문이다.

  ① 사회적 상호작용에서의 고립: 수어를 이용해 의사소통을 하는 청각장애 아동은 일반 학급에 통합되어 있을 때 사회적 고립을 경험할 수 있다.

  ② 자신감 결여: 또래 아동들이 쉽게 의사소통하는 모습을 보며 자신을 다른 아동들과 비교하게 되어 위축될 수 있으며, 이로 인해 사회적 상호작용을 회피하는 경향이 생길 수 있다.

  ③ 감정 표현의 어려움: 언어적 제약으로 자신의 감정을 표현하는 데 어려움을 겪으며, 또래 아동들이 사용하는 미묘한 감정적 신호(예: 비언어적 표현이나 억양)를 잘 이해하지 못해 갈등이나 오해를 초래할 수 있다.

  ④ 사회적 규범 이해 부족: 청각장애 아동은 또래 아동들이 자연스럽게 배우는 사회적 신호나 규칙을 놓칠 수 있다. 이로 인해 덜 사회적이거나 순진하게 보일 수 있다.

  ⑤ 친밀한 친구 관계 형성의 어려움: 언어적 제약으로 깊은 대화나 친구 관계 형성에 어려움을 겪는다. 연령이 증가할수록 친구들과의 관계에서 이 격차가 더 커질 수 있으며, 이는 사회적 고립감을 느끼게 할 수 있다.

  ⑥ 사회적 신호에 대한 민감도 부족: 비언어적 신호(표정, 몸짓 등)를 잘 파악하지 못해 사회적 오해나 갈등을 초래할 수 있다.

- 따라서 교사는 사소한 사회적 규칙이나 태도를 구체적으로 가르쳐야 할 필요가 있다.

→ 차례를 기다리는 법, 인사하는 법, 개인 공간의 개념, 감정 표현과 공감 등

- 또한 일반 아동들이 청각장애 아동과 더 잘 소통하고 서로에 대한 이해를 넓힐 수 있도록 다양한 방법으로 도움을 주어야 한다.

4) 농 문화 (deaf culture)

- 청각장애인은 자신들만의 언어인 수어를 중심으로 독자적인 문화를 형성하고 있다.
- 이들은 서로 깊은 유대감을 가지며, 청각장애를 단순한 '장애'가 아닌 독립된 문화로 인식한다.
- 자부심과 소속감을 가지고 있으며, 사회 속 소수문화 집단으로 기능한다.
- 우리나라 농문화의 예
  - 한국 수어: 2016년에 한국수어법이 제정되면서 비로소 공식적인 언어로 인정받게 되었다. 이전에는 주로 의사소통 수단으로만 사용되었고, 수화가 언어로서의 독립성을 인정받지 못했지만, 이 법의 제정으로 한국어와 더불어 한국의 공식 언어로 인정받게 되었다.

  → 청각장애인들 간의 의사소통을 돕는 중요한 문화적 도구이며, 청각장애인 공동체의 중요한 연결고리 역할을 한다.
  - 청각장애인 공동체(한국농아인협회) 행사: 농인들만의 축제나 행사들이 지방마다 주기적으로 열린다. 예를 들어, 농인 문화축제는 농인들이 자신의 문화를 소개하고, 수어를 비롯한 농인 특유의 문화적 특징을 공유하는 중요한 행사로 자리 잡고 있다.
  - 농아인 복지관: 전국 각지에는 농인들의 문화적 활동을 지원하는 문화센터가 있으며, 수어 교육, 다양한 예술 활동, 공연 등이 진행된다.
  - 영화와 문학: 농인들의 삶을 다룬 한국 영화나 책도 농문화의 일환으로 발전하고 있다.
  - 데프림픽(Deaflympics): 1924년 처음 시작되었으며, 국제농아인스포츠연맹(ICSD)이 주관하는 농아인 스포츠대회로 4년마다 열린다(하계, 동계).

  → 청력 손실이 55dB 이상인 선수에게만 참가 자격이 주어진다.

  → 농아인들이 능동적으로 참여하고, 경쟁을 통해 자긍심을 높일 수 있는 중

요한 문화적 행사이다.

> '농아인'에서 '아'는 말을 못한다는 뜻으로, 차별적 표현으로 여겨져 현재는 '농인'이나 '청각장애인'이라는 표현이 권장된다. 그러나 '한국농아인협회' 등은 역사성과 법적 명칭, 인지도 등의 이유로 기존 명칭을 유지하고 있다. 점차 비공식적 표현에서는 '농인' 사용이 확대되는 추세이다.

4. 청각장애 아동 교육지원

1) 통합교육을 위한 일반적 지침

- 청각장애 아동을 가르치기 위해 일반 학급 교사가 반드시 수어를 배워야 하는 것은 아니다.
  → 대부분의 청각장애 아동은 시각적 자료나 청각 보조 수단 같은 적절한 지원과 수업 방식의 약간의 조정만으로도 일반 학급에서 충분히 교육받을 수 있다.

❶ 좌석배치 및 교실환경

- 식당이나 음악실 등 소음이 많은 공간에서 떨어진 조용한 교실을 선택한다.
- 교사의 얼굴을 정면으로 볼 수 있는 자리에 앉힌다.
- 발표나 토론이 있을 때는 청각장애 아동이 말하는 사람의 입을 볼 수 있도록 자리를 옮길 수 있게 한다.
- 교실 안팎의 소음을 줄이기 위해 노력한다.
- 의자 다리에 덧대거나, 가능하다면 카펫이나 커튼을 이용해 소리를 흡수한다.
- 나이가 어린 아동의 경우, 교실 물건에 이름을 붙여 어휘 습득을 도와준다.
- 보청기나 인공와우를 꾸준히 착용하도록 격려한다. 자주 빼면 수업 내용을 이

해하기 어려워지기 때문이다.

- 보청기나 인공와우의 작동 상태를 매일 확인한다.

❷ 대화 시 유의사항

- 말할 때 청각장애 아동에게 등을 보이지 않도록 한다.
- 말하는 사람이 빛을 등지지 않도록 한다.
- 크고 또렷하게, 발음을 분명히 해서 말한다.
- 평소 대화 시 일부러 입모양을 과장해서는 안 된다.
- 말의 크기, 속도, 문장의 길이, 단어의 익숙함을 항상 고려한다.
- 완전한 문장으로 말하고, 잘 못 알아들었을 경우에는 전체 문장을 다시 말하거나 다른 표현으로 바꾸어 준다.
- 토론 중에는 한 사람씩 차례로 말하게 하고, 누가 말하고 있는지 알려준다.
- 교사와 친구들이 청각장애 아동과 이야기할 때는 자연스럽게 몸짓을 사용하면서 얼굴을 마주 보며 말하게 한다.
- 자료를 나눠줄 때는 말하지 않는다.
  → 동시에 말과 입 모양을 보기 어렵기 때문이다.
- 독화나 청음은 매우 집중이 필요한 활동이므로 아동이 피로해하지 않는지 자주 확인한다.

❸ 수업활동 시 유의사항

- 수업을 시작할 때 주요 내용을 미리 알려주고, 끝날 때 요약해 주면 도움이 된다.
- 가르치는 개념을 명확히 설명하고 시각적인 자료를 자주 사용한다.
- 용어는 일관성 있게 사용한다.
- 게시판, 그림, 도표, 컴퓨터 그래픽 등 시각 자료를 최대한 활용한다.
- 중요한 단어나 새 단어는 칠판에 써 주고, 사전에 예습할 수 있게 한다.
- 과제, 공지사항, 새 어휘, 페이지 번호 등을 말할 때 칠판에도 함께 적는다.
- 영상 자료를 사용할 때는 자막이 있는 것을 선택한다.
- 강의식 수업에서는 친구 두 명의 노트를 빌릴 수 있게 한다.

→ 독화하면서 동시에 필기하기 어렵기 때문이다.

- 수업 내용을 잘 이해했는지 자주 질문하고 확인한다.
  → 장애 유무와 관계없이 대부분의 학생이 수업 내용을 완전히 이해하는 것은 아니라는 것을 명심한다.

❹ 수어통역사의 활용

- 독화나 청음이 어렵거나 효과적이지 않다면 수어통역사가 필요하다.
- 미국에서는 교육서비스의 일환으로 수어통역사가 제공되기도 한다.
  → 우리나라에서는 독화나 구어 능력이 통합교육의 전제조건처럼 여겨지면서 수어를 사용하는 아동이 통합교육을 받기 어려운 경우가 많다.
- 수어통역사 활용 시 주의할 점
  - 가능하다면 수어통역사가 학급 전체를 대상으로 수어를 소개하고 가르치는 시간을 마련해, 청각장애 아동과 다른 아동들의 소통을 도와야 한다.
  - 청각장애 아동이 교사, 수어통역사, 다른 시각적 교수 자료를 번갈아가며 보기 쉬운 자리에 배치한다.
  - 교사와 수어통역사의 역할을 확실히 한다.
  - 아동의 행동 지도 및 학급 관리는 교사가 담당하고 수어통역사에게 맡기지 않는다.
  - 아동이 이해하는지에 대한 책임은 수어통역사가 아니라 교사 자신에게 있음을 명심한다.
  - 교사나 또래 모두 청각장애 아동에게 질문을 할 때는 아동에게 직접 한다.
    "제니는 어떻게 생각하니?" ○
    "제니는 어떻게 생각하는지 물어봐주세요" ×
  - 교사는 청각장애 아동의 일상지도를 위해 간단한 수어 정도는 익혀두는 것이 좋다.

2) 특수교육적 중재

- 청각장애 아동 교육에서 가장 중요한 과제는 다른 사람과 효과적으로 소통할 수 있도록 의사소통 능력을 키우고, 읽기와 쓰기 같은 국어 능력을 발달시키는 것이다.

❶ 구화교육 (auditory-oral method)

- 구화교육은 가능한 한 어릴 때부터 시작해야 효과가 크다.
  → 조기에 훈련받지 못하면 남아 있는 청력이나 말하는 능력을 충분히 키우기 어렵다.
- 구화교육은 소리를 듣고 따라 말하는 전통적인 구어 능력을 강화하는 데 중점을 둔다.
- 보청기를 착용해 소리를 크게 들리게 하고, 부족한 부분은 청능훈련으로 보완한다.
- 구화교육은 청능훈련, 발화, 독화로 구성된다.
  - 청능훈련: 소리를 인식하고 구별하며 말소리까지 식별하도록 가르치는 과정이다.
  - 발화: 정확하게 입을 벌려 말하는 방법을 배우는 것으로, 다양한 교수법이 있다(직접 발화법, 기호 발화법, 촉각 발화법 등).
  - 독화: 입술의 움직임을 보고 말을 이해하는 능력으로, 정밀한 시각 인지가 필요하다.
- 입술 모양만으로 판별이 어려운 경우, 문맥을 통해 의미를 추측해야 한다.
  → 이때는 단어만 반복하기보다는 문장을 다시 말해주는 것이 좋다.
- 구화교육은 유아기나 초등 저학년에 집중적으로 실시되며, 나중에 내용이 복잡해지면 수어를 함께 사용하기도 한다.

❷ 수어

- 수어는 청각으로 의사소통하기 어려운 농아동에게 효과적인 언어이다.
- 지문자는 한국 수어에서 고유명사나 외래어 등을 나타낼 때 사용되는 보조수단이다.

❸ 총체적 의사소통방법 (total communication)

- 말하기, 듣기, 독화, 수어, 지문자 등 가능한 모든 방법을 함께 사용하는 방식을 뜻하며, 청각장애 학생의 약 2/3가 이 방법을 사용하고 있다.

한글수어

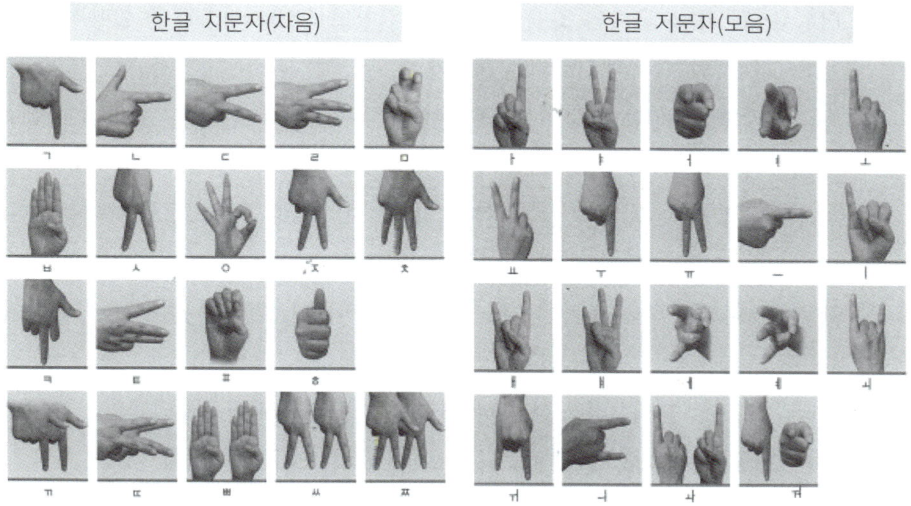

❹ 이중언어-이중문화적 접근 (bilingual-bicultural method)

- 청각장애인의 문화와 언어(수어)를 인정하고 존중하면서, 동시에 자신이 속해 있는 사회의 언어(한국어, 영어 등)도 함께 배우는 방식이다.

❺ 인공와우 (cochlear implant)

- 인공와우는 보청기로 듣기 어려운 심한 난청 아동이나 성인을 위해 사용되는 의료기기로 수술을 통해 소리를 전기로 바꾸어 청신경을 자극해 듣게 해준다.
  → 자음 등 말소리를 구별하는 데 필요한 정보를 제공한다.
- 수술 후에는 외부 장치를 착용해야 하며, 외모나 착용감에 불편을 느낄 수도 있다.
  → 최근에는 머리카락 속에 부착할 수 있는 소형 장치나 충전식 일체형 기기 등도 개발되어 있다.
- 효과적인 사용을 위해서는 수술 후 체계적인 청능훈련과 언어치료, 그리고 가정에서의 지도가 반드시 필요하다.
- 인공와우 착용 아동을 위한 교사의 지원
  - 자리 배치: 인공와우 착용 아동은 소음으로부터 멀리 떨어진 자리에 앉히는 것이 좋으며, 교사의 입 모양을 잘 볼 수 있도록 앞자리에 배치한다.

– 소음 통제: 가능한 소음을 최소화하여 아동이 잘 들을 수 있도록 한다.

– FM 시스템 사용: 교사의 말을 잘 들을 수 있도록 FM 시스템을 활용하여 아동의 청취 환경을 개선한다.

– 문장 간결화 및 반복: 아동이 쉽게 이해할 수 있도록 문장을 간결하게 재구성하거나 반복해서 설명한다.

– 시각적 단서 제공: 독화를 돕기 위해 교사는 말할 때 입 모양을 보여주거나, 시각적 자료 및 단서를 제공한다.

– 체육활동 시 안전 조치: 과격한 체육활동에 참여 시, 아동이 헬멧을 착용하거나 수술 부위에 충격을 받지 않도록 주의한다.

– 배터리 소모 및 어음처리기 점검: 배터리가 다 되거나 어음처리기가 고장 난 경우 아동이 평소와 다른 태도를 보일 때 반드시 점검한다.

– 정전기 방지: 정전기에 노출되지 않도록 플라스틱 제품을 피하고, 목재 제품을 사용한다.

→ 정전기가 발생할 가능성이 있는 경우, 외부 기기를 제거하고, 정전기용 스프레이를 사용하는 것이 좋다.

– 바닥 활동 시 주의: 카펫과 같은 정전기가 많이 발생하는 바닥은 피하고, 필요시 정전기 방지 스프레이를 사용한다.

❻ 기타 보조공학

• 보청기: 소리를 크게 들리게 해주는 기기로, 형태는 다양하지만 소리를 더 선명하게 만드는 기능은 없다.

→ FM 보청기는 교사의 음성을 무선으로 전달하여 소음을 줄이고 전달력을 높인다.

• 컴퓨터 기술: 발음 연습, 독화 연습, 수어 교육 등에 활용 가능하며, 스마트기기를 통한 문자 메시지나 SNS 참여도 가능하다.

• 말-문자 변환 장치: 수업 중 교사의 말을 실시간으로 문자로 바꾸어 청각장애 아동이 볼 수 있게 하는 장치이다. 주요 정보 위주로 요약되며 저장과 출력도 가능하다.

→ 최근에는 스마트폰 앱으로도 쉽게 활용할 수 있다.

- 자막 서비스: TV, 영화, 영상 등에 자막을 제공함으로써 어휘와 문장 능력을 높일 수 있다.
- 청각장애인용 전화기: 문자로 대화할 수 있는 전화기(문자전화기), 진동을 이용하는 전화기 등이 있다.
- 알림 장치: 소리를 대신해 불빛이나 진동으로 벨, 알람, 화재경보 등을 알려주는 기기이다.

❼ 일상생활 지원

- 도우미견: 중요한 소리나 경고음을 인식하여 청각장애인에게 알리는 훈련된 개이다.
  → 전화벨, 화재 경고음, 문을 두드리는 소리 등을 감지하고, 주인의 안전과 독립적인 생활을 돕는다.
  → 사회적 상호작용을 돕고, 일상적인 활동에서 보조 역할을 하며, 심리적인 안정감을 제공한다.

> 우리나라의 경우, 청각장애인을 위한 도우미견도 시각장애인 안내견처럼 공공장소에 동반할 수 있는 권리가 법적으로 인정되고 있으며, 이를 지원하는 제도적 장치가 20여 년 전부터 마련되어 있다.

제 5 장

지체 및 건강장애

처음 뇌성마비와 같은 지체장애가 있는 사람들을 접하는 경우, 많은 사람들이 지체장애인의 외적인 모습만 보고 지적 능력까지 낮을 것이라고 오해하는 경향이 있다. 이 같은 오해는 지체장애인이 얼굴 근육을 자유롭게 움직이지 못하거나 몸이 경직되고 떨리는 행동, 그리고 분명치 않은 발음 등을 보일 때 자연스럽게 생기곤 한다.

하지만 최근에는 대학에 입학하는 장애학생 수가 꾸준히 증가하고 있으며, 특히 지체장애를 가진 학생들의 비율이 가장 높다. 이들 대부분은 특수학교나 특수학급이 아닌 일반학급에서 교육을 받고 있다.

따라서 일반학급의 교사는 지체장애에 대한 이해뿐만 아니라 지체장애 아동을 위한 교육적 지원 방법을 익혀, 그들의 학업 성취를 지원할 수 있어야 한다. 또 교사가 지체 및 건강장애에 대한 정확한 지식을 갖추게 되면 아동에 대한 불필요한 두려움을 없애고, 그 아동뿐만 아니라 전체 학급을 위한 효과적인 교육을 제공할 수 있게 된다.

생각해봅시다!

당신은 학교라는 공간이 누구에게나 평등하다고 생각하는가?

계단, 복도, 화장실, 체육수업… 그저 당연하게 이용해 온 공간과 활동들이 누군가에게는 장벽이 될 수 있다는 걸 깨달아 본 적이 있는가? 휠체어를 사용하는 학생, 만성 질환으로 수업을 자주 빠져야 하는 학생은 어떤 고민을 안고 있을까? 우리는 '가능한 것'에 초점을 맞추는 교육을 하고 있는가?

의견을 적어주세요.

1. 지체 및 건강장애의 정의

- 「장애인 등에 대한 특수교육법」과 「장애인복지법」에서는 지체장애를 다루고 있으나, 두 법령 간에 약간의 차이가 존재한다.
- 지체장애는 특수교육법의 경우, 뇌성마비와 같은 신경계의 이상으로 인해 인지적 장애나 다른 장애들이 동반되는 경우를 모두 포함한다.
  → 반면, 「장애인복지법」에서는 '뇌병변장애'라는 용어를 별도로 사용하며, 뇌성마비, 외상성 뇌손상, 뇌졸중 등 뇌의 기질적 병변으로 발생한 신체적 장애로 보행이나 일상생활의 동작에 심각한 제한을 받는 경우를 구분한다. 또한, 지체장애는 주요 외부 신체 기능 장애나 내부기관 장애 등 신체적 장애가 있는 경우만을 의미한다.

현행법상 지체 및 건강장애의 정의

	용어	정의
장애인 등에 대한 특수교육법	지체장애	기능·형태상 장애를 가지고 있거나 몸통을 지탱하거나 팔다리의 움직임 등에 어려움을 겪는 신체적 조건이나 상태로 인해 교육적 성취에 어려움이 있는 사람
	건강장애	만성질환으로 인하여 3개월 이상의 장기입원 또는 통원치료 등 계속적인 의료적 지원이 필요하여 학교생활 및 학업수행에 어려움이 있는 사람
장애인 복지법	지체장애	주요 외부 신체 기능의 장애를 가진 경우
	뇌병변장애	뇌성마비, 외상성 뇌손상, 뇌졸증 등 뇌의 기질적 병변으로 인하여 발생한 신체적 장애로 보행이나 일상생활의 동작 등에 상당한 제약을 받는 것

- 건강장애는 미국의 장애인교육법(IDEA: Individuals with Disabilities Education Act)에서 정의한 '기타 건강상의 장애'(other health impaired)와 유사한 개념으로 천식, 주의력결핍과잉행동장애(ADHD), 당뇨, 뇌전증, 심장질환, 혈우병, 납중독, 백혈병, 신장염, 류머티스성 열, 겸상적혈구성 빈혈, 투렛증후군 등의 만성적 또는 급성 건강상의 상태로 인해 교육적 수행에 부정적인 영향을 미치는 것을 말한다.
  → 예를 들어, 치료를 위해 병원에 장기 입원하거나 면역력이 회복될 때까지

학교에 출석하지 못하고 집에서 지내야 하는 경우, 또는 학교에 다니는 동안 혈액 투석이나 당분 섭취 관리와 같은 지속적인 건강 관리가 필요한 경우 등이 이에 해당한다.

2. 지체 및 건강장애의 원인

1) 뇌성마비 (Cerebral Palsy)

- 출생 전, 출생 시, 또는 출생 후 뇌에 손상을 입음으로 인해 신체 여러 부위에 마비와 자세 및 운동 능력 장애가 나타나는 질환이다.
- 주로 만 2세 이전에 발생하며 신생아 및 영아 시기의 뇌 손상도 포함된다.
- 지체장애 특수학교 아동 중 가장 높은 비율로 발생하며, 인지 능력이 손상되지 않은 아동은 일반학교에서 교육을 받는 경우가 많다.
- 장애의 정도에 따라 휠체어, 목발, 워커 등을 사용할 수 있다.
- 발음이나 언어 표현에 어려움을 겪을 수 있으며, 이는 조음에 관련된 근육의 마비 상태에서 기인한다.
- 뇌성마비 아동은 대체로 지적 능력이 평균 이상이나, 일부 아동은 지적장애를 동반할 수도 있다.
- 뇌성마비 아동의 교육을 위해서는 지적 능력이나 추가적인 장애(시각장애, 청각장애, 경련장애, 언어장애 등)에 대해 정확히 파악하고, 이를 바탕으로 교육 방법을 설계해야 한다.
- 뇌성마비는 신체의 어느 부분에 마비가 있고, 어떤 운동유형을 보이는가에 따라 다음과 같이 분류한다.

마비부위에 따른 분류

분류	설명
단마비(Monoplegia)	한쪽 팔 또는 한쪽 다리만 마비되는 상태
편마비(Hemiplegia)	몸의 한쪽(팔, 다리 등)만 마비되는 상태
삼지마비(Triplegia)	한쪽 팔과 다리가 마비되는 상태
사지마비(Quadriplegia)	상체(팔)와 하체(다리) 모두 마비되는 상태
양마비(Diplegia)	양쪽 다리만 마비되는 상태(일반적으로 뇌성마비에서 많이 나타남)

운동장애 유형에 따른 분류

하위범주	운동 특성
경직형 (spastic type)	• 뇌성마비의 50~60%가 해당됨 • 운동피질이나 뇌 추체로의 손상임 • 첨족 보행을 함 • 과잉 강직과 과잉 동작을 보임 • 높은 근긴장도를 가짐 • 간헐성 경련이 일어남(=경련성) • 원시적 집단반사운동: 몸의 일부를 굽히려고 할 때 몸 전체가 굽혀지거나 일부를 펴려고 할 때 몸 전체가 펴져 버림
불수의 운동형 (athetoid type)	• 뇌성마비의 20%가 해당됨 • 불필요한 과잉운동이 불수의적으로 일어남 • 근긴장의 저하
강직형 (rigid type)	• 뇌성마비의 5~10%가 해당됨 • 사지가 극도로 딱딱하고 오랜 기간 동안 고정되어 있어 움직이지 못할 수도 있음 • 경직형과 비슷한 양상을 보임 • 중증 지적장애를 동반하는 경우가 많음 • 과잉동작과 불수의적 동작이 나타나지 않음
운동실조형 (ataxic type)	• 뇌성마비의 5~10%가 해당됨 • 소뇌의 병변 • 근긴장의 저하: 균형과 평형감각, 협응운동의 결여 • 보행이 불안정하며 finger-nose test, finger-finger test가 어려움
진전형 (tremor type)	• 뇌성마비의 2~5%가 해당됨 • 뇌막염과 같은 출생 후 질환에 의해 발생 • 행동을 억제하려고 시도할 때 비자율적인 떨림 증상이 더욱 증가
혼합형 (mixed type)	• 위의 여러 유형이 함께 나타남

2) 이분척추 (Spina Bifida)

- 출생 시 척추 뼈의 뒷부분이 완전히 닫히지 않은 채 태어나는 선천적인 결함이다.
- 잠재이분척추, 수막염, 척수수막염 등이 있으며, 심하지 않은 경우 수술로 치료가 가능하다.
- 척수수막염: 이분척추 중 가장 심각한 형태로, 허리 아래쪽과 양 다리의 마비가 발생하고 대·소변의 욕구를 느끼지 못한다.
  → 상처를 입어도 통증을 느끼지 않기 때문에 특별한 관리가 필요하다.
  → 척수 파열로 인해 척수액이 정상적으로 배출되지 않으면 뇌에 쌓여 머리가 커지고, 이로 인해 지적장애와 신경계 손상이 발생할 수도 있다.

3) 근이영양증 (Muscular Dystrophy)

- 근디스트로피 혹은 진행성 근위축증이라고도 불리는 질환이다.
- 시간이 지남에 따라 병세가 악화되며, 현재까지 완치 방법은 없다.
  → 최근 치료제가 개발되어 어린 영유아를 대상으로 투여가 진행되고 있으며, 이에 따라 향후 완치 가능성이나 치료제 가격에 대한 관심이 크게 증가하고 있다.
- 근육 세포가 지방으로 변하면서 기능을 상실하고, 이는 심장과 폐의 근육까지 영향을 미쳐 결국 사망에 이를 수 있다.
- 듀센형: 주로 3~5세 사이 남아에게 발생하며, 20대에 사망하는 대표적인 유형이다.
  - 다리 근육부터 약화되어 점차 걷기나 자립적인 이동이 불가능해지며, 근육의 약화는 상체와 팔, 어깨로 확산되고 결국 호흡과 심장 근육까지 영향을 미친다. 아동의 심리·사회적 발달을 위해 상담교사, 사회복지사 등과 협력한다.
  - 아동이 자존감을 유지할 수 있도록, 아동이 여전히 중요한 존재임을 느낄 수 있도록 돕고, 아동과 그 가족을 대상으로 죽음에 대해 논의하는 프로그램을 제공한다.
- 베커형: 듀센형보다 발병 시기가 늦고, 진행 속도도 느리며 증상의 심각도는

다양하다.

- 7~15세 사이에 시작되며, 초기증상은 비교적 덜 심각하고 걷기나 신체활동을 비교적 오래 유지할 수 있다.
- 질병이 느리게 진행되어 대부분 30대 초반까지는 보행 능력을 유지할 수 있다.
- 호흡 및 심장 문제도 나중에 나타나며, 일부 환자는 50대 이상까지 생존하기도 한다.

4) 골 형성 부전증 (Osteogenesis Imperfecta)

- 뼈가 매우 약해 작은 충격에도 다발성 골절이 발생하는 유전성 질환이다.
  → 이동 시 각별히 주의해야 하며, 특히 보호자가 직접 안아서 이동할 경우 처진 다리가 흔들리지 않도록 고정해야 한다.
- 걸음마를 시작할 때부터 사춘기까지 골절이 지속되며, 연령이 증가하면서 골절 빈도는 줄어든다.
- 골절을 수없이 반복하므로 장관골 변형이 생기기 쉽고, 이는 발육 부진으로 이어져 신체가 작고 척추가 휘거나 튀어나오게 된다.
  → 골절상을 입지 않도록 주의 깊게 신경 써서 신체 변형을 예방해야 한다.
- 일부 아동은 청각에 문제가 있을 수 있으며, 이로 인해 소리를 잘 듣지 못하거나 언어 발달이 지연될 수도 있다.

5) 경련장애 (Seizure Disorder)

- 특정 질환을 지칭하는 용어가 아니며, 중추신경계의 활동이 돌발적이고 일시적으로 격렬하게 반복되는 증상을 말한다.
- 두뇌에서 전기에너지가 비정상적으로 방출되면서 발생한다.
- 의식을 잃고 사지의 움직임이 통제되지 않는 증상이 나타날 수 있다.
- 대부분 약물로 통제할 수 있어 일상생활에 큰 지장을 주지 않는다.
- 부분발작: 단순 부분발작, 감각 발작, 자율신경 발작, 정신운동 발작 등이 있다.
- 전신발작: 부재 발작, 잭슨형 발작, 전신 긴장성-간대성 발작 등이 있다.

구분	아동의 행동	대처방안	유의사항
경련 시	• 갑자기 바닥에 쓰러지면서 온몸이 뻣뻣해지고 몸을 떨기 시작함 • 안색은 창백하거나 푸름	• 머리를 보호하고 편안히 누울 수 있도록 머리 밑에 부드러운 물건을 받쳐 줌 • 안경 등 깨지기 쉬운 물건, 날카롭거나 딱딱한 물체를 치움 • 옷을 느슨하게 풀어줌 • 아동을 옆으로 뉘여 입에서 침이 흘러나오게 함	• 아동의 입에 어떤 물건도 강제로 넣지 않기 • 경련 억제를 위해 아동을 흔들거나 억압하지 않음 • 또래를 안심시킴
경련 후	• 경련 후 깨어났으나 기억력 상실과 정신착란을 보이기도 함	• 아동이 완전히 깰 때까지 한 사람이 곁에서 지켜 봄	• 아동에게 음식물, 음료수를 주지 않음 • 상처 생긴 곳이 없는지 살펴봄
비상 시	• 경련 후 숨을 쉬지 않음 • 발작이 계속됨	• 경련이 끝나고 1분이 지나도 숨을 쉬지 않거나 대발작이 5분 이상 지속되고 연이은 경련이 나타나면, 구급차를 불러 즉시 병원으로 후송함	• 비상 연락망 확보

6) 외상성 뇌손상 (TBI: Traumatic Brain Injury)

- 외부의 물리적 충격으로 인해 두뇌가 후천적으로 손상된 상태를 말한다.
- 교통사고, 학교폭력, 운동사고 등으로 많이 발생하며 최근 증가 추세를 보인다.
- 외상성 뇌손상은 뇌의 전두엽, 측두엽, 변연계 등에 영향을 줄 수 있으며, 이로 인해 인지 능력, 언어 능력, 문제 해결 능력, 기억력, 주의 집중력, 판단력 등이 손상될 수 있다.
- 감정 조절에 어려움을 겪을 수 있으며, 갑작스러운 분노 폭발, 불안, 우울 등으로 내재적 혹은 외현적 행동 문제를 경험할 수 있다.
  - 과민반응: 뇌 손상으로 인해 스트레스나 불안을 더 강하게 느끼거나, 일상적인 상황에 과민하게 반응할 수 있다.
  - 우울증 및 불안: 사고 후 아동은 우울감이나 불안을 경험할 수 있으며, 특히 사고 전과 후의 생활 변화에 적응하는 데 어려움을 겪을 수 있다.

구분	외상성 뇌손상 아동을 위한 지도전략
인지적 문제	• 불필요한 자극 차단하기 • 문제풀이 양 조절하기 • 시각적인 자극 조절하기 • 밑줄 그으며 읽기 등의 수업 진행하기 • 과제, 수업내용을 적은 양으로 나누어 제시하기 • 반복 수업으로 기억력 결함 보완하기 • 쓰기과제 양식에는 일정한 단서나 요점을 표시하여 단계별로 제시하기
심리사회적 문제	**공격성향** • 교사는 피로, 좌절감 등에서 오는 아동의 감정적 흥분을 파악하고 선행사건을 수정하여 더 이상 감정이 악화되거나 상승되지 않도록 함 • 아동을 안정시킬 때 사용할 말과 행동 등의 단서 연습하기 • 아동에게 감정을 조절하는 역할 모델 시연해주기 • 교사가 실수를 하고 문제해결 하는 과정을 보여 주고 아동이 그 과정에서 보조적 역할을 담당하게 함
	자신감 상실, 우울, 자기 비판적 성향 • 성취 가능한 수준의 과제 제시 • 아동이 지닌 학습상의 장점 부각 • 무관심한 아동에게 선택적 과제를 제시하되 그 아동에게 매우 매력적인 것으로 제공하고, 덜 선호하는 과제를 완성하였을 때는 보상 제공 • 지속적인 우울감이나 위축은 상담교사나 전문가에게 의뢰
	통제력 부족, 사회적 기술 결여 • 구조화된 활동을 통해 또래와 작업할 수 있는 과제를 준비하여 통제력을 습득, 유지할 수 있도록 함 • 구조화된 일상생활 계획 등을 훈련하여 자기조절력 촉진 • 교실 환경 적응을 위한 도움을 제공하여 사회적 행동 촉진

7) 소아암

- 일반적으로 백혈병이 소아암의 1/3을 차지하며, 뇌종양, 악성 림프종, 신경모세포종, 호지킨 림프종, 골육종, 윌름스 종양 등이 포함된다.
- 소아암은 비교적 희귀하고 발생 비율이 적지만, 최근 의학 기술의 발전으로 완치율이 증가하고 있다.
  → 수술, 항암화학요법, 방사선 치료, 면역 치료 등
- 치료 과정 중 인지 기능, 사회적·정서적 문제, 행동적 변화가 장기적 혹은 단기적으로 나타날 수 있다.
- 수량적 기술, 소근육 운동, 시각과 운동의 협응에서 어려움을 겪을 수 있다.

소아암 아동을 위한 지도전략
• 홍역을 앓고 있는 아동이 있다면 암에 걸린 아동의 부모에게 사전에 연락하고, 아동이 등교했을 경우 그 아동과 접촉하지 않도록 해준다. 혹시라도 암에 걸린 아동이 수두나 홍역을 앓고 있는 아동과 접촉한 경우에는 빨리 부모에게 알려 미리 혹시 모를 위험에 예방할 수 있도록 한다. • 학교생활 중에 면역력이 약한 아동의 감염을 예방하기 위해 공동 컵을 사용하거나 생수를 마시지 않도록 하고, 별도의 개인 컵과 끓인 물을 가지고 다니도록 한다. • 급식의 경우 균형 잡힌 식사는 투병할 수 있는 체력의 기반이 되기 때문에 일반적인 학교 급식을 해도 괜찮다. • 백혈구의 수치가 낮아 별도의 식이요법을 할 경우에는, 가정에서 준비해온 식사와 간식 등에 대해 다른 아동들이 잘 이해할 수 있도록 알려준다. • 식사하기 전에는 반드시 손을 씻고 먹도록 항상 주의를 준다. • 수업활동 시 힘든 운동을 제외하고, 과격하게 신체적으로 부딪히는 운동은 피한다.

8) 신장장애

- 신장 기능 이상으로 발생하는 장애로, 체내 노폐물 제거와 적절한 수분 및 전해질 균형을 조절하는 데 문제가 생긴다.
- 신장 기능이 저하되면 성장호르몬 분비에 영향을 미쳐 키가 잘 자라지 않으며, 전반적인 발달 속도가 느려질 수 있다.
- 적혈구 생성 호르몬을 제대로 만들지 못해 빈혈이 자주 발생하고 피부가 창백하거나 쉽게 피로해 할 수 있다.
- 신장이 수분을 조절하지 못해 손, 발, 눈 주변의 부기가 나타난다.
- 만성 신부전증의 경우, 신장 기능이 영구적으로 손상되어 투석이나 신장 이식이 필요하다.
- 신장 기능을 대신하는 치료가 일상적으로 필요하며, 이로 인해 일상생활에서 큰 어려움이 따른다.
  → 투석치료 등으로 학습 기회나 경험이 제한될 수 있다.
  → 만성 피로, 집중력 저하, 빈혈, 영양 부족 등으로 인해 학습능력 저하가 나타날 수 있다.

신장장애 아동을 위한 지도전략
• 정서적 적응을 위해 교사는 아동의 감정을 잘 표현하도록 도와주는 것이 중요하다. • 피곤하지 않도록 활동량을 조절해야 하드로 정상 교과를 모두 수행하는 것은 어렵다. • 적당한 운동은 신장병에 도움이 되므로 무조건 배제하기보다는 체육시간에 아동의 상태를 고려하여 적절하게 참여할 수 있도록 도와준다. • 투석으로 인해 커진 혈관 때문에 반팔 옷을 기피하는 경우도 있으므로, 아동이 긴팔 교복을 입고자 할 경우 이에 대한 배려가 필요하다. • 신장장애가 있는 아동은 자신의 병에 대해 교사나 친구들과 편안하게 이야기하게 될 때 학교생활에 더 잘 적응하게 된다. • 질병으로 인한 한계를 아동 스스로 인식하고 학교에서 언제 도움을 요청할 수 있는지에 대해 배울 수 있도록 한다. • 학업 결손에 대한 부담과 걱정이 많으므로 이에 대한 적절한 지원이 필요하다.

3. 지체 및 건강장애 아동의 특성

1) 지능 및 학업 성취

• 지체장애가 있는 아동이더라도 시각장애, 청각장애, 지적장애 등 다른 수반되는 장애가 없다면, 그들의 지적 능력은 정상 범위 내에 있거나 그 이상일 수 있다는 점을 교사는 인식해야 한다.

→ 수반되는 장애가 있을 경우, 아동은 정보를 받아들이고 처리하는 데 어려움을 겪을 수 있다.

• 건강장애 아동의 경우, 치료나 수술 등으로 인해 학습에 결손이 발생할 수 있다. 이로 인해 지능이 정상이고 학습 동기가 높아도 학업 수행에 부정적인 영향을 미칠 수 있다.

병원학교: 중증·희귀·난치성 질환 등으로 장기간 병원 치료를 받는 아동들에게 정규 교육과정을 연계하거나 이에 준하는 교육적 서비스를 제공하는 제도적 장치로, 병원 내 또는 병원과 연계된 공간에서 학습 기회를 제공하는 곳을 말한다.

2) 사회-정서적 특성

- 지체 및 건강장애는 아동의 성장기 정서 발달에 중요한 영향을 미친다.
  → 수술이나 병원 치료로 인한 고통, 잦은 입원 치료 등은 아동의 성격과 학교생활에 부정적인 영향을 미칠 수 있다.
  → 이로 인해 아동은 학습된 무기력(learned helplessness)을 보이기도 하며, 수동적이고 회피적인 태도를 취할 수 있다.
- 후천적 기능장애가 발생한 아동은 상실감이 커서 정서적으로 큰 스트레스를 경험할 수도 있다.
  → 장애로 인해 변화된 생활에 적응하는 과정에서 심리적 어려움을 겪게 된다.
- 소아암이나 신장장애 아동은 치료 부작용(예: 탈모, 체중 증가, 성장 부진)으로 인한 외모 변화로 정서적 어려움을 겪을 수 있다.
  → 이로 인해 사회적 기준에 맞지 않는 외모로 인한 스트레스를 경험할 수 있다.
- 만성질환으로 오랫동안 병원 치료를 받은 아동에 대해 교사가 지나치게 과잉보호하거나, 반대로 지나치게 낮은 기대를 하는 경우, 이는 아동의 정서적 어려움을 악화시킬 수 있다.

3) 신체 운동적 특성

- 지체장애 아동은 장애의 정도와 범위가 다양하여, 장애 자체의 의료적 문제 외에도 교육과 재활 측면에서 많은 고려가 필요하다.
- 교사는 아동의 운동 기능과 자세 유지 문제에 특히 주의를 기울여야 한다.
- 근육 협응이 어렵고 비정상적인 운동 패턴을 보일 수 있으며, 특정 근육의 마비나 위축 또는 신체 일부의 상실로 인해 학업 수행과 이동에 어려움을 겪을 수 있다.
- 신경근육계의 이상으로 인해 일반적인 운동 발달이 어려운 경우가 많다.
  → 운동 발달 속도가 현저히 느리거나, 특정 발달 단계에서 더 이상 발전이 이루어지지 않을 수도 있다.
- 건강장애 아동의 경우에도 체력저하, 빠른 피로감, 협응력 부족, 성장발달의 지연 등을 경험할 수 있다.

4. 지체 및 건강장애 아동 교육지원

1) 통합교육을 위한 일반적 지침

- 아동에 대한 교육 관련 정보는 철저히 수집하여 아동의 개별적 필요를 반영한 교육이 이루어질 수 있도록 한다.
- 학급의 다른 아동들에게 지체 및 건강장애 아동에 대해 알아야 할 사항들을 교육한다.

  → 교육을 진행하기 전에 반드시 장애 당사자인 아동의 동의를 구해야 한다.
- 무조건 아동을 활동에서 제외시키거나 잘못을 눈감아 주는 것은 바람직하지 않다.
- 아동의 교육적 필요는 장애의 정도와 유형에 따라 매우 다양하므로, 개별적이고 맞춤형 접근이 필요하다.

2) 통합교육을 위한 정보 수집과 교수환경 수정

❶ 정보수집

- 학업 수행에 영향을 미칠 수 있는 주요 요인들을 수집하여 아동에 대한 기초적인 정보를 마련한다.
  - 예상되는 인지 능력
  - 의사소통 능력
  - 이동 능력
  - 신체 장애 부위 및 상태
  - 학급 내에서 유의해야 할 점들
- 이러한 정보는 교사가 아동에 맞는 교육 프로그램을 설계하고, 교실 환경을 적절히 수정하는 데 유용하다.

영역	수집해야 할 정보의 내용
의학적 필요	• 주요 장애 외에 칼작이나 당뇨 등의 추가적인 문제를 보이는가? • 시각이나 청각의 사용에 문제가 있는가? • 약을 복용하는가? 한다면 어느 정도의 양을 얼마나 자주 복용하는가? • 학교에 있는 동안 약을 복용해야 하는가? • 복용하는 약의 부작용은 어떤 것이 있는가? • 발작, 인슐린 소크 등의 응급상태가 생기면 어떤 절차를 취해야 하는가? • 아동의 활동이 어떤 형태로 제한을 받는가?

영역	수집해야 할 정보의 내용
통학/이동	• 어떻게 통학할 것인가? • 등교 시 자동차에서 내려 휠체어로 이동하는 데 도움이 필요한가? • 학교 건물이나 교실 내에서 이동할 때 특별한 조치가 필요한가? • 휠체어에서 다른 의자나 교실 바닥으로 옮길 때 유의할 사항이나 아동이 선호하는 방법이 있는가? • 어느 정도의 도움을 필요로 하는가? → 무조건 모든 것을 도와주기보다는 가능한 한 스스로 할 수 있도록, 필요로 하는 도움의 정도를 파악한다.
의사소통	• 말이나 언어사용에 문제가 있는가? • 글씨를 쓰거나 타이핑을 할 수 있는가? 할 수 있다면 어떤 방법으로 하는가? • 말로 의사소통을 할 수 없다면 어떤 방법을 사용하는가? • 보완대체의사소통도구가 사용될 것인가? 그렇다면 아동이나 교사가 꼭 알아야 할 사항은 무엇인가? • 자신의 요구사항을 교사에게 어떤 방법으로 알릴 수 있는가? • 교사가 알아야 할 다른 기자재가 있는가?
자기관리	• 식사나 화장실 사용 등의 신변처리에 어떤 도움이 필요한가? 누가 도와줄 것인가? • 어떤 기자재를 사용하는가? (예: 특별한 급식판, 수저)
자세잡기	• 어떤 자세잡기 보조기구를 사용하는가? (예: 받침대, 하지보조기) • 쉴 때, 수업할 때, 화장실에서, 식사할 때에는 각기 어떤 자세가 가장 좋은가? • 교사가 알아야 할 다른 기자재가 있는가?
교육적 필요	• 아동의 강점과 약점은 무엇인가? • 신체장애로 인해 학교에서의 성취가 어느 정도 영향을 받는가? • 학급 환경이 어떻게 수정되어야 하는가? • 어떤 기자재를 구비해야 하는가? • 어떤 관련서비스가 제공되어야 하는가?

❷ 물리적 공간의 수정

- 지체장애 아동은 보행에 어려움이 있을 수 있으므로, 학교 건물의 구조가 이동에 불편함이 없는지 점검하고, 필요한 보조시설을 설치한다.
  → 장애물을 제거하고, 휠체어나 목발을 사용하는 아동이 쉽게 이동할 수 있도록 공간을 확보한다.
- 교실 내에서 칠판, 책장, 사물함 등을 사용하는 데 불편함이 없는지 확인한다.
  → 특히 책상과 의자는 학습 능률과 자세 교정에 중요한 역할을 한다.
- 교수환경의 수정은 아동의 필요에 맞추어 도구 위치 변경, 책상 표면 수정, 물건 사용의 편리함을 고려하여 이루어진다.

영역	교수환경의 수정
대상물체 고정시키기	• 물건의 바닥을 테이블에 고정하기 • 물건에 벨크로나 테이프를 붙여 책상 표면에 고정하기 • 물건 밑에 접착력을 가진 종이나 미끄러지지 않는 재질 사용하기 • 책상 위에 클립보드를 붙인 뒤 사용하기 • 논슬립 매트 사용하기
경계만들기	• 움직이는 놀잇감/교재를 사용할 경우 끈을 매어 놓아서 다시 당겨올 수 있게 하기 • 낮은 높이의 테두리가 있는 상자 안에 놀잇감/교재를 넣어주기 • 책상이나 휠체어 트레이의 가장자리에 경계선 만들어 주기
잡기 보조도구 사용하기	• 필기구에 고무 등을 끼우기 • 손가락에 필기구가 고정될 수 있도록 고안된 보조대 사용하기
조작을 돕는 도구 사용하기	• 쉽게 잡을 수 있도록 잡는 부분을 크게 하기 • 밀기가 수월하도록 물건의 부분을 확대하고 넓히기 • 표면을 넓히기 위해 손잡이 등을 붙이기(보조 장치) • 움직임의 범위를 확장하기 위해 물건에 더 긴 손잡이 붙이기 • 크레용이나 다른 막대기형 물건을 잡도록 긴 집게 등을 사용하기 • 놀잇감/교재를 들어 올리거나 잡을 수 있도록 벨크로 붙인 장갑 끼워주기 • 놀잇감 자동차, 블록과 같이 금속 소재를 들어 올릴 수 있게 장갑의 손바닥이나 손가락에 작은 자석 부착하기 • 물건을 잡기가 수월하도록 물건을 더 크게 만들기

3) 학습자세의 중요성

• 물리치료와 작업치료는 대부분의 지체장애 아동에게 필수적이며, 조기에 치료를 받을수록 그 효과가 더욱 높다.

→ 특수교육법에서는 특수교육대상자에게 물리치료와 작업치료 등 치료지원을 제공할 것을 명시하고 있으며, 이를 통해 아동이 최적의 교육 환경을 유지할 수 있도록 돕는다.

• 적절한 자세를 유지하도록 돕는 것은 지체장애 아동의 교육에 중요한 요소이다.

→ 보조기구나 특별한 방법을 사용해 아동이 학습에 집중할 수 있는 자세를 유지할 수 있도록 돕는다.

• 앉는 자세를 취하거나 유지하는 것이 어려운 아동에게는 대안적인 자세가 필요하다.

→ 이들은 대부분 스스로 자세를 바꾸지 못하므로, 혈액순환과 근골격계 건강을 위해 최소 2~3시간 간격으로 자세를 바꾸어 주어야 한다.

4) 컴퓨터 보조공학의 활용

- 공학기술은 지체장애 아동의 교육은 물론, 여가 및 레크리에이션 활동을 지원하고, 또래와의 의사소통 기회 및 사회적 상호작용을 촉진하며, 정보 수집 및 접근을 가능하게 한다.
- 보조공학 기기: 장애 아동의 기능을 증진, 유지 또는 향상시키기 위해 구입하거나, 수정하거나, 맞춤 제작한 장비나 시스템을 의미한다.
- 보조공학 서비스: 보조공학 기기의 선택, 구입, 활용에 있어 장애 아동을 직접적으로 지원하는 진단, 처방, 훈련, 사후관리 등 일련의 서비스를 말한다.
- 보조공학 기자재는 다음과 같이 기능별로 분류될 수 있다:
  ① 학업 및 교과활동: 컴퓨터 기기, 스위치, 마우스 스틱, 대체 입력 장치 등
  ② 일상생활 활동: 식사, 옷 입기 보조도구 등
  ③ 환경과의 상호작용: 편의시설, 환경 조절 장치 등
  ④ 의사소통: 보완대체의사소통 도구, 음성인식기, 음성 합성기 등
  ⑤ 자세 잡기와 다루기: 일상생활 자세 유지용 도구 등
  ⑥ 보장구와 보철: 신체기능 개선 도구, 브레이스 등
  ⑦ 이동성: 휠체어, 스쿠터, 리프트 장치 등
  ⑧ 여가 및 레크리에이션: 외발 스키, 스포츠용 휠체어 등
- 일반 학급에서 사용 가능한 공학도구는 간단한 도구나 대체 자판, 터치스크린, 각종 스위치 등 아동의 요구와 필요에 따라 다양하다.

5) 의사소통

- 대부분의 지체장애 아동은 교사나 또래의 말을 듣고 이해하거나 책을 읽고 이해하는 데에는 어려움이 없지만, 자신의 의견을 말로 표현하거나 글로 써서 표현하는 데 어려움을 겪어 의사소통에 제한이 생기기도 한다.
- 말과 글을 통해 독립적인 의사표현이 어려운 아동의 표현 능력을 증진시키기 위해, 제스처, 발성, 얼굴 표정, 고개 끄덕이기, 지적하기 등 비언어적 의사표현 방법을 지도할 수 있다.
- 그림, 사진, 낱말판 등으로 구성된 의사소통판이나 컴퓨터 기반의 보조기구를 활용한 보완대체의사소통(AAC: Augmentative and Alternative Communication)

방법을 적용할 수도 있다.

→ 보완대체의사소통을 성공적으로 활용하기 위해서는 개별 아동의 신체적, 언어적, 인지적 수준을 고려하여 적합한 도구와 방법을 선택해야 한다.

❶ 말하기에 어려움이 있는 아동을 위한 지원전략

- 신호체계를 사용하여 아동이 자신의 의사나 필요를 표현할 수 있도록 한다.
- 말할 시간을 충분히 제공하여 아동이 급하지 않게 자신의 속도로 표현할 수 있도록 한다.
- 의사소통이 중단되는 상황을 민감하게 파악하고, 이를 적절하게 지원하여 대화를 지속할 수 있도록 돕는다.
- 또래 아동에게도 의사소통 방법을 교육하여, 서로 상호작용할 수 있는 환경을 만든다.
- 의사소통 환경에 적합한 어휘와 그림 상징이 포함된 의사소통판 또는 도구를 제공하여, 아동의 표현을 도와준다.
- 녹음 기능이 있는 간단한 의사소통 도구를 활용하여, 자주 사용하는 문장이나 표현을 쉽게 재생할 수 있도록 한다.

❷ 쓰기에 어려움이 있는 아동

- 연필 끼우개, 고무 그립 등 간단한 보조도구를 활용하여 필기 활동을 보다 쉽게 할 수 있도록 돕는다.
- 책상 경사판(슬랜트 보드)을 사용하여 눈과 손의 거리와 각도를 조절해 자세를 개선한다.
- 받아쓰기 대신 말하기로 대체하거나, 타인에게 받아 적게 하기 등의 대안 평가 방법도 병행한다.
- 컴퓨터 키보드 또는 터치스크린 타이핑을 통한 쓰기 활동을 권장한다.
- 음성 입력(음성 인식 타이핑) 프로그램을 활용해 말로 쓰기를 대신할 수 있게 한다.
- 맞춤법 자동 교정 기능이 있는 워드프로세서, 예측 텍스트 기능 등을 통해 쓰기의 효율성을 높인다.

– 특수 타자기나 스위치형 입력기기(예: 키가 큰 키보드, 누르기 쉬운 스위치 등)를 활용한다.

6) 이동성

• 지체장애 아동의 이동성(mobility)은 아동이 자신의 신체를 공간 속에서 의도적으로 움직일 수 있는 능력을 의미한다.
  → 이는 단순히 걷는 능력뿐 아니라, 기어가기, 앉기, 일어서기, 이동하기, 휠체어 타기, 자세 전환하기 등 일상생활에서의 모든 물리적 이동 능력을 포함한다.

지원 영역	구체적 내용	예시
물리적 접근성 개선	학교 공간을 무장애 환경으로 구성하여 보조기구 사용이 가능하도록 함	- 경사로, 자동문, 엘리베이터, 넓은 복도 - 책상 높이 조절, 보조 의자 - 장애인용 화장실 및 시설 구조화
보조기구 및 보조공학	아동의 신체 상태에 적합한 이동 보조기기 및 에너지 절약을 위한 보조공학 기기 제공	- 보행기, 목발, 지팡이 - 수동/전동 휠체어 - 자세 유지 의자, 전동 보조기, 자세 조정 장치 등
개별 물리치료 및 훈련	물리치료사와 협력하여 이동 능력 향상 훈련 제공	- 근력 및 균형 훈련 - 보조기기 사용법 연습 - 자세 바꾸기, 짧은 거리 걷기 훈련 등
학교 내 이동 지원	교내 이동을 지원하고 이동 거리나 환경을 조정하여 학습 접근성을 높임	- 특수교육실무원 등 도우미 배치 - 교실 위치 조정 - 이동식 책상·자료카트 활용
사회적 참여 촉진	이동성 제한으로 인한 사회적 고립 방지, 활동 참여 기회 확대	- 체육 수업 역할 조정 - 소풍·현장학습 대체 활동 마련 - 또래와의 상호작용 기회 제공

• 지체장애 아동의 경우 근육, 뼈, 신경계의 이상 등으로 인해 이동에 제한이 있거나, 보조도구의 도움 없이 독립적인 이동이 불가능한 경우도 많다.
  → 이동성의 제한은 학습 참여, 또래와의 상호작용, 자율성, 자존감 등에 직접적인 영향을 미치므로, 이를 보완하고 증진하기 위한 다양한 지원이 필요하다.

• 최근에는 공공기관의 편의시설에 관한 법률(예: 「장애인·노인·임산부 등의 편의증진 보장에 관한 법률」)과 장애인 차별금지에 관한 법률(예: 「장애인차별금지 및

권리구제 등에 관한 법률」)이 제정되면서, 장애 아동의 교육권과 이동권에 대한 사회적 인식이 점차 확산되고 있다.

- 휠체어를 사용하는 아동이 교실에서 오랜 시간 앉아 있는 경우, 올바른 자세 유지가 학습 참여, 신체 건강, 정서 안정에 매우 중요한 요소가 된다.
  → 교사는 아동이 편안하고 기능적인 자세를 유지할 수 있도록 신체 정렬, 휠체어 조정, 피로도, 피부 상태 등을 지속적으로 관찰하고 확인해야 한다.

휠체어 사용 아동을 위한 점검리스트

점검 항목	관찰 내용
골반 정렬	좌우 균형이 맞고, 좌골이 시트에 평행하게 닿아 있는가?
척추 자세	허리가 구부정하거나 과하게 젖혀져 있지 않은가?
머리 위치	머리가 앞이나 옆으로 기울지 않고 정면을 보는가?
어깨 정렬	어깨 높이가 좌우 대칭이고, 과도하게 올라가 있지 않은가?
팔의 위치	팔걸이에 자연스럽게 놓여 있는가(어깨에 힘이 들어가 있지 않은가)?
무릎 각도	무릎이 90도에 가깝고, 다리가 안정적으로 위치하는가?
발 위치	발이 발판 위에 편안하게 놓여 있고, 발바닥이 뜨지 않는가?
자세 유지 시간	장시간 앉아 있을 때 불편함 없이 자세 유지가 가능한가?
자세 변경 빈도	자주 자세를 바꾸거나, 움직이며 불편함을 보이는가?
피부 상태	엉덩이, 등, 발 등에 발적 또는 궤양이 있는가(관찰 가능한 범위 내)?
피로 또는 무기력	수업 중 졸림, 집중력 저하 등 피로감이 나타나는가?

제 6 장

지적장애

지적장애 아동이 일상생활에 얼마나 잘 적응하는지는 그 아동의 장애 정도, 성장 과정, 그리고 어떤 지원과 교육을 받아왔는지에 따라 크게 달라진다. 최근에는 지적장애인의 개인적인 능력뿐만 아니라, 주변에서 어떤 방식으로 도움을 주는지도 지적장애를 정의할 때 중요한 요소로 보고 있다. 이런 흐름 속에서 지적장애 아동을 일반 아동과 함께 교육하는 통합교육이 예전보다 더 활발하게 이루어지고 있다.

지적장애 아동도 어릴 때부터 일반 아동과 함께 공부하고 생활하면, 인지능력뿐 아니라 또래 수준에 맞는 적응 행동도 충분히 익힐 수 있다. 통합교육의 핵심 목적 중 하나는 지적장애 아동이 자라서 주변 환경을 잘 활용할 줄 아는 어른으로 성장하게 하는 데 있다.

따라서 배운 내용을 실제 생활에 잘 적용하지 못하는 지적장애 아동일수록 일반 아동과 함께 배우는 통합된 환경에서의 교육이 더 효과적이다. 이는 앞으로 살아가게 될 일반 사회와 비슷한 환경에서 미리 익숙해질 수 있기 때문이다.

생각해봅시다!

당신은 배움의 속도가 느린 학생에게 충분한 기다림을 주고 있는가?

단순한 것 같아 보이는 과제조차 익히는 데 오랜 시간이 걸린다면, 그 학생은 어떤 감정을 느낄까? 지적 능력이 다르다는 이유로 낮은 기대를 품은 적은 없는가? 배움의 '결과'보다는 '과정'을 존중하는 교육을 실천할 준비가 되어 있는가?

의견을 적어주세요.

1. 지적장애의 정의 및 분류

- 우리나라 현행법상 지적장애의 정의는 다음과 같다.

우리나라 현행법상 정의

장애인 등에 대한 특수교육법	지적기능과 적응행동상의 어려움이 함께 존재하여 교육적 성취에 어려움이 있는 사람
장애인복지법	지능지수가 70 이하인 사람으로서 교육을 통한 사회적·직업적 재활이 가능한 사람
발달장애인법	정신발육이 항구적으로 지체되어 지적능력의 발달이 불충분하거나 불완전하고 자신의 일을 처리하는 것과 사회생활에 적응하는 것이 상당히 곤란한 사람

※ 발달장애인법: 2014년 5월 20일에 제정된 발달장애인의 권리보장과 지원을 규정한 법이다.

- 지적장애는 18세 이전에 나타나는 발달장애로, 지능이 평균보다 많이 낮고 일상생활에 필요한 적응 능력이 부족해서 혼자서 생활하기 어려운 상태를 말한다.
  - → 과거에는 '정신지체'라는 용어를 사용했지만, 2016년 2월 3일에 특수교육법이 일부 개정됨에 따라 '지적장애'라는 용어로 바뀌었다.
- 지적장애를 정의할 때는 단순히 지능만이 아니라 이런 적응행동의 능력도 함께 고려해야 한다.
- 미국 AAIDD는 2021년 제12판 매뉴얼에서 지적장애 진단 시 '발달 기간'의 기준을 기존 만 18세에서 만 22세로 확대하였다.
  - → 이는 뇌의 구조적 발달이 20대 초반까지 지속된다는 신경과학적 연구 결과와 DSM-5, ICD-11 등 국제 기준과의 정합성을 반영한 조치이며, 진단 시기를 놓친 청년기 이후의 사례까지 포괄함으로써 보다 공정한 서비스 접근을 보장하려는 목적도 담고 있다.
- 한국에서도 '진단 시점'이 만 18세 이후인 경우는 있지만, '장애 원인의 발현 시기'는 여전히 만 18세 이전이어야 지적장애로 진단받을 수 있다.
  - → 만 20세에 처음 병원을 방문해 검사받은 사람이 있다고 해도, 지적 기능 저하나 적응 행동 문제가 청소년기 이전부터 있었다는 증거(예: 학교 기록,

미국 AAIDD의 정의

미국 지적 및 발달장애협회(2021) (AAIDD: American Association on Intellectual and Developmental Disabilities)
지적장애란 지적 기능과 적응 행동에서 현저한 제한성을 가지며, 22세 이전에 시작되는 장애로, 개인의 문화적·환경적 맥락에서 평가되고 적절한 지원을 통해 기능 향상이 가능한 발달장애이다. 이러한 정의를 적용하기 위해선 다음과 같은 가정들이 전제되어야 한다. ① 사람의 기능은 그가 살아가는 환경과 문화 속에서 평가해야 한다. → 한 사람의 지적 능력이나 생활 능력은 또래와 비교하되, 그가 속한 지역 사회와 문화적 배경을 함께 고려해야 한다. 따라서 단순히 표준화된 검사 결과만으로 지적장애 여부를 판단해서는 안 된다. ② 진단할 때는 개인의 다양한 특성을 종합적으로 고려해야 한다. → 말하는 능력, 감각·운동 기능, 행동 특징뿐만 아니라, 문화적·언어적 배경까지 포함해 다양한 요소를 함께 살펴야 한다. 이런 종합적인 평가를 통해 진단의 정확성과 공정성을 높일 수 있다. ③ 제한이 있다고 해서 개인의 능력을 모두 부정해서는 안 된다. → 지적 또는 적응 기능에 제한이 있어도, 그 사람에게는 여전히 강점이나 잠재력, 독특한 특성이 함께 존재한다. 따라서 장애인을 바라볼 때는 균형 잡힌 시각과 긍정적인 관점을 유지해야 한다. ④ 진단의 목적은 개인에게 필요한 지원을 파악하는 데 있다. → 지적장애 진단은 사람을 분류하거나 낙인찍기 위한 것이 아니라, 어떤 도움과 서비스가 필요한지를 알아보기 위한 과정이다. 이를 통해 실질적인 삶의 질 향상과 자립을 도울 수 있다. ⑤ 장기적이고 적절한 지원은 기능 향상으로 이어질 수 있다. → 지속적이고 개인에게 맞는 지원을 받으면, 지적장애로 인한 어려움이 줄어들고 일상생활 능력이 좋아질 수 있다. 따라서 단기적인 개입이 아닌 꾸준하고 장기적인 지원이 중요하다.

부모 진술, 특수교육 이력 등)가 있으면 지적장애 진단이 가능하다.

→ 반대로, 만 19세 이후 외상, 질병, 사고 등으로 지적 기능이 손상된 경우는 지적장애가 아닌 후천적 뇌손상, 신경인지장애 등 다른 진단으로 분류된다.

1) 지적능력의 제한

- 지적능력(지능: intelligence)은 단순히 공부를 잘하거나 시험 점수가 높은 것만을 의미하지 않는다.
  → 지능은 자신을 둘러싼 환경과 상황을 이해하고, 무엇을 해야 할지를 판단할 수 있는 폭넓은 능력을 말한다.
- AAIDD에서는 '지능이 평균보다 심하게 낮다'는 기준을 보통 평균에서 2표준편차 이하인 경우로 본다.
  → 이때 사용한 검사 도구의 특성과 오차도 함께 고려해야 한다.

정규분포곡선에서의 IQ점수의 이론적 분포

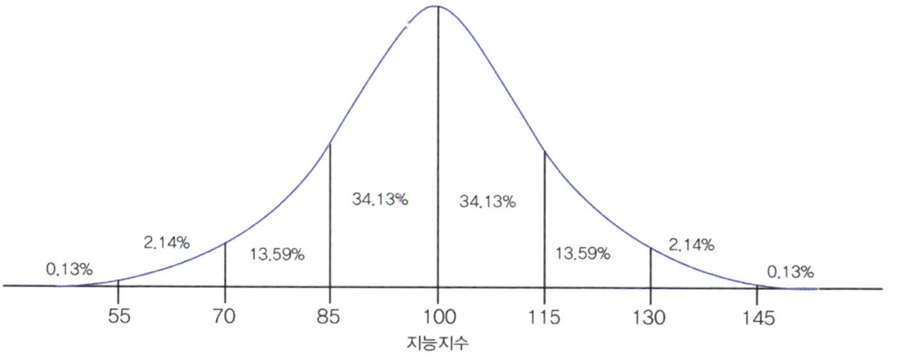

• 우리나라에서 많이 사용되는 지능검사도구로는 인물화에 의한 간편 검사, 한국 웩슬러 아동 지능 검사, 한국 웩슬러 유아 지능 검사, 한국판 그림 지능 검사, K-ABC, KISE 한국형 개인 지능 검사 등이 있다.

2) 적응행동의 제한

• 적응행동(adaptive behavior)이란 주변 환경에 효율적으로 잘 대처하고, 자신이 속한 사회에서 어느 정도 독립적으로 생활할 수 있는 능력을 말한다.
• AAIDD는 적응행동을 세 가지로 나눈다:
  - 개념적 적응기술 (Conceptual Skills): 정신인 능력이나 지식을 활용하는 기술
    예) 읽기, 쓰기, 수학, 시간 개념, 돈 계산, 문제 해결, 의사소통, 기억력, 자기관리 등
  - 사회적 적응기술 (Social Skills): 다른 사람과 원만하게 관계를 맺고 소통하는 능력
    예) 친구 사귀기, 감정 표현하기, 규칙 지키기, 타인 이해하기, 책임 있는 행동하기, 문제 상황에서 적절하게 반응하기 등
  - 실제적 적응기술 (Practical Skills): 일상생활을 독립적으로 수행하는 데 필요한 기술
    예) 옷 입기, 식사하기, 화장실 사용, 청소, 돈 관리, 교통수단 이용, 통신기술 이용, 직업 기술 등

- 적응행동에 큰 제한이 있다는 것은, 표준화된 검사에서 세 가지 중 하나 이상의 점수가 평균보다 약 2표준편차 이하이거나, 세 가지 영역 모두 낮은 점수를 보일 때를 말한다.
- 우리나라에서 많이 사용되는 적응행동검사도구로는 사회성숙도 검사, 바이랜드 적응행동척도, 지역사회적응검사, KISE 적응행동검사 등이 있다.

3) 지적장애의 분류

- 과거에는 지능지수(IQ)를 중심으로 지적장애를 분류했으며, 우리나라 장애인복지법에서는 IQ와 적응능력을 기준으로 지적장애를 3등급으로 분류했었다.
  - 1급: 일상생활이 불가능하며 타인의 도움이 꼭 필요한 상태
  - 2급: 단순한 행동은 가능하지만, 기술이 필요한 직업을 갖기는 어려운 상태
  - 3급: 교육을 받으면 사회생활이나 직장생활이 가능한 상태

  → 하지만 2019년 7월부터 장애등급제가 폐지되고, '장애 정도가 심한 경우'로 통합되었다.

분류	IQ범위	성인일 경우 정신연령	장애인복지법 (2017.7 이전)	지원의 강도에 따른 분류
경도	IQ 50~55에서 70	8~12세	3급	간헐적 지원
중등도	IQ 35~40에서 50～55	6~9세	2급	제한적 지원
중도	IQ 20~25에서 35～40	3~6세	1급	확장적 지원
최중도	IQ 20～25 미만	3세 미만		전반적 지원

- AAIDD는 단순히 지능이 낮다는 기준보다는, 개인이 어떤 도움을 얼마나 자주, 어느 정도 받아야 하는지를 중심으로 분류하며, 지원의 종류는 다음과 같다:

지원 수준	설명	특징 및 예시
간헐적 지원 (Intermittent support)	필요할 때만 단기적으로 제공되는 지원	• 일시적 위기 상황에서만 필요 • 주로 자립 가능 (예: 취업 준비, 급성 스트레스 상황에서의 지원
제한적 지원 (Limited support)	일정 기간 동안, 규칙적으로 제공되는 지원	• 변화나 전환기(졸업, 직장 적응 등)에 필요 • 비교적 예측 가능하고 짧은 기간 (예: 생활기술 훈련 프로그램)
확장적 지원 (Extensive	정기적이며 장기간에 걸쳐 여러 환경에서	• 일상생활 전반에서 지속적인 도움 필요 • 완전한 자립은 어려움

지원 수준	설명	특징 및 예시
support)	필요한 지원	(예: 일상적 의사결정, 식사·위생 관리 등에서의 지속적 지원)
전반적 지원 (Pervasive support)	일생에 걸쳐 거의 모든 영역에서 지속적이고 고강도의 지원	• 24시간 돌봄이나 감독이 필요 • 자발적 활동이나 의사소통이 매우 제한적 (예: 중증 또는 중복 장애를 가진 사람에 대한 종합적 지원)

• '적응행동 평가'는 현재 어떤 기술을 잘 하고 있는지를 평가하고, '지원 요구 평가'는 일상생활에 참여하기 위해 어떤 종류의 도움이 필요한지를 평가한다.

2. 지적장애의 원인

• 지적장애의 원인을 아는 것은 매우 중요하다. 그 이유는 다음과 같다.
  - 지적장애인이 가지고 있을 수 있는 다른 건강 문제나 심리적인 어려움과 어떤 관련이 있는지 생각해볼 수 있기 때문이다.
  - 모든 지적장애의 원인을 막을 수 있는 것은 아니지만, 어떤 원인은 예방이 가능하고 적절한 치료나 지원을 통해 증상을 줄일 수도 있기 때문이다.
  - 원인이 어떤 행동으로 드러나는 경우, 앞으로 어떤 도움이 필요한지를 미리 예측할 수 있기 때문이다.

• 최근에는 지적장애의 원인을 크게 생의학적 요인, 사회적 요인, 행동적 요인, 교육적 요인 등으로 나눈다.
  → 지적장애인의 절반 이상이 이 중 하나 이상의 원인을 가지고 있는 것으로 보고된다.

1) 생의학적 요인

• 생의학적 요인은 유전이나 신체적인 문제 등 몸의 생물학적 특성과 관련된 원인을 말한다.

출생시기별 지적장애의 원인이 되는 위험요인

구분	생의학적 요인	사회적 요인	행동적 요인	교육적 요인
출생 전	• 염색체 이상 • 단일유전자 이상 • 증후군 • 대뇌 이상 • 모체 질병 • 부모의 나이	• 빈곤 • 산모 영양결핍 • 가정폭력 • 부모관리 부족	• 부모의 음주, 흡연, 약물 남용 • 부모의 미성숙	• 지원을 받지 못한 지적장애 부모 • 부모가 될 준비의 결여
출생 시	• 미숙아 • 출생 시 상해 • 신생아 이상	• 출생 시 관리결여	• 부모의 보호거부	• 퇴원 시 중재 서비스에 대한 의료적 지식 및 정보의 부족
출생 후	• 외상성 뇌손상 • 영양실조 • 뇌수막염 • 발작장애 • 퇴행성 장애	• 잘못된 보호자 • 적절한 자극 결여 • 가족의 빈곤 • 가족의 만성 질병 • 시설 수용	• 아동학대와 유기 • 가정폭력 • 부적절한 안전수단 • 사회적 박탈 • 까다로운 아동행동	• 잘못된 육아방법 • 진단의 지연 • 부적절한 조기교육 • 부적절한 특수교육 • 부적절한 가족지원

- 염색체 우성·열성 유전 질환: 결절경화증, 신경섬유종증, 갈락토오스혈증, 후를러증후군, 단풍시럽소변병, 타이삭스병, 레쉬-니한증후군, 약체 X증후군, 페닐케톤뇨증, 레트증후군 등
- 염색체 수에 이상이 있는 질환: 다운증후군, 에드워드 증후군, 파타우 증후군, 클라인펠터 증후군, 터너 증후군, 5번 염색체 X증후군 등
- 염색체 구조에 이상이 있는 질환: 울프-허쉬호른 증후군, 묘성증후군, 윌리엄스 증후군, 제이콥스 증후군, 프라더-윌리 증후군, 안젤만 증후군 등

2) 사회적 요인

• 사회적 요인은 아동이 성장하는 환경이 발달에 나쁜 영향을 줄 수 있는 경우를 말한다.
  - 산모가 임신 중에 영양이 부족하거나 가정폭력을 겪는 경우
  - 출산 전후로 제대로 된 의료 서비스나 관리가 이루어지지 않은 경우
  - 아기가 태어난 후, 가정이 매우 가난하거나 부모가 충분한 자극과 돌봄을 주지 못하는 환경에서 자라는 경우

3) 행동적 요인

- 행동적 요인은 부모나 아이의 행동으로 인해 생길 수 있는 위험한 상황을 말한다.
  - 부모가 임신 중에 약물, 술, 담배 등을 섭취한 경우
  - 임신과 출산에 필요한 기본적인 관리나 준비가 부족했던 경우
  - 출산 후, 부모가 아이를 학대하거나 방임한 경우
  - 아이를 다른 사람이나 사회로부터 고립시키거나 적절한 보호를 하지 않은 경우

4) 교육적 요인

- 교육적 요인은 부모나 아이가 필요한 교육과 지원을 받지 못해 생길 수 있는 위험을 말한다.
  - 지적장애를 가진 부모가 아이를 임신했지만, 필요한 정보를 전혀 제공받지 못한 경우
  - 부모가 자녀 양육에 대한 준비가 되어 있지 않은 경우
  - 출산 전후에 아이의 문제를 조기에 발견해 치료받을 기회를 놓친 경우
  - 아이가 자란 뒤에도 부모의 양육 기술이 부족하거나, 조기 교육이나 특수교육, 가족 지원 같은 서비스가 제대로 제공되지 않은 경우

3. 지적장애 아동의 특성

- 지적장애는 일시적으로 나타나는 장애가 아니라 대부분 평생 영향을 준다.
  → 물론 교육을 통해 적응 기술을 향상시킬 수는 있지만, 지적장애는 시간이 지나도 완전히 없어지지는 않는다.
- 지적장애의 정도에 따른 특성
  - 경도 (mild): 초등학교 2~3학년까지는 지적장애인지 알아차리기 어려운 경

우가 많다. 6학년 정도의 교과과정을 익힐 수 있으며, 직업이나 일상생활에서도 스스로 또는 조금의 도움으로 독립적인 생활이 가능하다.

– 중등도 (moderate) 학령기 이전부터 발달이 느리게 나타나고, 나이가 들수록 일반아동과의 차이가 더 커진다. 이들은 신체장애나 행동 문제를 함께 보일 가능성이 높다.

– 중도와 최중도 (severe and profound): 대부분 태어날 때나 생후 얼마 지나지 않아 장애가 드러난다. 중추신경계에 문제가 있는 경우가 많고, 다른 질환도 함께 나타나는 경우가 흔하다. 이 경우에는 일상생활 전반에서 계속적인 도움이 필요하다.

- 지적장애 아동의 75~90%는 경도지적장애로 기본적인 학습능력을 가지고 있으며, 어린 시기부터 사회성이나 자조기술을 적절하게 교육한다면 독립적으로 살 수 있는 능력이 충분히 있다.
  → 따라서 적절한 학습의 기회를 제공하는 것이 매우 중요하다.

1) 인지 기능과 학습 특성

❶ 주의집중

- 지적장애 아동은 해야 할 일에 주의를 잘 기울이지 못하고, 산만한 경우가 많다. 주의집중 시간이 짧아 학습에 불리하게 작용한다.
  → 주의집중을 도와주기 위해서는 학습할 내용을 분명하게 제시하고, 학습에 방해가 되는 자극은 줄여야 한다.
- 과제를 단순하게 시작해 점차 난이도를 높여 나가며, 올바른 반응을 했을 때는 즉시 칭찬이나 보상을 제공해야 한다.
- 지속적인 연습을 통해 주의집중 능력은 향상될 수 있다.

❷ 기억

- 지적장애 아동은 정보를 기억하는 데 어려움이 있다.
  → 지능이 낮을수록 기억력도 더 떨어진다.
- 작동기억과 단기기억에 특히 제한이 있으며, 장기기억은 상대적으로 덜 손상된 경우가 많다.

– 작동기억 (Working Memory): 어떤 일을 하면서 동시에 정보를 기억하는 능력

↳ 처리하는 기억(정보 처리); 정보를 처리하고 조작하는 데 사용, 그 정보는 즉각적인 작업에 집중

– 단기기억 (Short-term Memory): 최근의 정보를 잠시 저장하고 사용하는 능력

↳ 잠깐 저장되는 기억(정보 저장); 기억하는 것에 초점이 맞춰져 있고, 정보가 저장되고 처리되지 않음

- 장기기억 (Long-term Memory): 오랜 시간 동안 정보를 저장하고 유지하는 능력

↳ 지속되는 기억(정보 보존); 반복적인 학습이나 경험을 통해 정보를 장기적으로 저장하고 필요할 때 꺼내어 사용할 수 있음

- 기억력 향상을 위해서는 반복 학습, 기억 전략(예: 관련된 정보를 연결하거나 조직하는 방법)을 사용하는 것이 효과적이다.
- 쌍연합학습 (Paired-Associate Learning): 서로 관련된 두 자극(정보)을 짝으로 제시하고, 한 자극이 주어졌을 때 다른 자극을 회상하도록 훈련하는 학습 방법이다.

→ 즉 정보 간의 관계를 연결하여 기억을 돕는 방법으로, 특히 지적장애 아동의 어휘 학습, 개념 이해, 기억력 향상에 효과적인 전략이다. 단어-뜻, 사물-용도 등 쌍을 이루는 자극을 반복적으로 연습함으로써 기억을 강화한다.

유형	자극 A (제시)	자극 B (기억할 내용)	활용 예시
어휘 학습	사진: 🍎 사과	단어: “사과”	그림카드와 함께 단어 말하게 하기
소리-단어 연결	그림: 강아지	소리: "멍멍"	강아지 그림 보고 짖는 소리 말하기
일상 개념	활동: 양치하는 모습	말: "양치질", "칫솔"	활동 그림 보고 해당 단어 말하거나 문장 만들기
기호 - 의미	기호: ✚	개념: “더하기”	수학 기호 보고 뜻 말하기, 연산 연결
위치 연상	순서: 1번, 2번, 3번 그림	활동: “세수”, “밥 먹기”, “양치질”	일과 순서 외우기: 시간표에 맞게 순서대로 배열하기

❸ 학습 동기

- 지적장애 아동 중에는 반복된 실패 경험으로 인해 학습된 무기력(learned helplessness) 상태에 빠지는 경우가 있다.
  → 학습된 무기력: 계속해서 학습에 실패한 아동이 자신은 아무리 노력해도 다른 과제에서도 실패할 것이라고 생각하는 상태이다.
- 반복되는 실패를 피하려 하거나 실패를 줄이기 위해 자신에게 너무 낮은 기대를 걸고, 열심히 하지 않으려는 경향을 보이는 경우도 있다.
  → 이런 낮은 동기는 지적장애아동이 태어날 때부터 가진 특성이 아니라, 계속된 실패나 다른 사람에게 의존하는 습관에서 생길 수 있다.
- 어려운 과제에 부딪히면, 학습된 무기력에 빠진 지적장애 아동은 과제를 포기하거나 다른 것에 관심을 돌리거나, 다른 사람의 도움에 의존하려 한다.
  → 외부의존성 (outer-directedness): 아동이 자신의 능력을 믿지 않고, 다른 사람이 문제를 해결해 주기를 기대하는 태도이다.
- 지적장애 아동이 학습에 책임감을 가지게 되는 것은 자기결정능력(self-determination)을 키우는 중요한 요소일 뿐만 아니라, 일반 통합학급에서 교육활동에 더 적극적으로 참여하는 데 도움이 된다.

❹ 학습 속도

- 지적장애 아동은 새로운 지식이나 기술을 습득하는 속도가 또래 일반 아동에 비해 상당히 느리다.
  → 교사는 지적장애 아동의 학습속도에 맞춰 교수 속도를 늦추어야 한다는 점을 인식하고 교육을 진행해야 한다.
  → 예를 들어, 두 가지 형태의 도형을 구별하는 과제에서 또래 아동은 피드백을 받고 두세 번 정도의 시도만으로 과제를 습득할 수 있지만, 지적장애 아동은 과제를 완전히 습득하기 위해 20~30번의 시행이 필요할 수도 있다는 점을 인식해야 한다.
- 학습속도 측정에 가장 많이 사용되는 것
  → 학습기준에 도달하는 데 걸리는 학습시행 횟수: 지적장애 아동이 타인의 도움 없이 학습과제에 정확히 반응할 수 있게 될 때까지 필요한 연습 횟수나 학

습시행 횟수이다.

❺ 적응행동

- 지적장애 아동은 일상생활에서 필요한 기본적인 행동을 수행하는 데 어려움이 있다.
  → 이런 어려움은 여러 가지 생활 활동에 영향을 미치며, 다양한 방식으로 나타날 수 있다.
- 의복 입고 벗기, 식사하기, 개인위생 유지하기, 사회적 상호작용, 그리고 행동 조절 등에서 제한이 있는 경우가 많다.
  → 적응행동기술은 삶의 질에 영향을 주기 때문에, 교사의 직접적인 지도와 교육적 지원이 반드시 필요하다.

적응행동기술	구체적인 지도 방법	지원 방식
의복 입기	옷 입는 순서를 단계별로 가르침(예: 티셔츠 뒤집어서 입기, 팔 넣기, 위로 끌어올리기)	처음에는 교사가 손을 잡고 도와주고, 점차 아동이 독립적으로 할 수 있도록 단계적으로 지원
음식 먹기	숟가락 사용법, 음식을 떠먹는 방법을 단계적으로 가르침(예: 숟가락 잡는 법, 음식을 떠서 입에 넣기)	교사가 시범을 보이거나, 아동이 숟가락을 올바르게 사용할 수 있도록 돕고, 점차 독립적으로 먹을 수 있도록 지원
개인위생 관리	손 씻기나 양치질 등 위생 관리를 단계별로 설명(예: 손에 비누 묻히고, 손바닥과 손등 문지르기)	교사가 직접 모델링을 해주고, 아동이 점차 혼자 할 수 있도록 단계적으로 돕고 지원
사회적 상호작용	인사하기나 대화 시작 방법을 가르침(예: "안녕하세요"라고 말하고 미소 짓기, 손 흔들기)	아동이 스스로 인사나 대화를 할 수 있도록 반복적으로 시범을 보이고, 대화 시작을 돕는 방식으로 지원

2) 언어적 특성

- 대부분의 지적장애 아동은 전형적인 언어 발달 단계를 따르지만, 발달 속도는 또래 일반 아동에 비해 지체되는 경향이 있다.
- 거의 모든 지적장애 아동에게서 언어 발달의 지체나 비정상적인 발달 패턴이 나타난다.
  → 예를 들어, 말소리를 정확하게 발음하지 못하는 조음의 문제, 수용 언어와 표현 언어의 부족이 있다.

- 언어 발달이 심하게 지체되거나 구어가 전혀 발달하지 못해 말소리를 통한 의사소통이 불가능한 경우에는 보완대체의사소통체계(AAC: Augmentative and Alternative Communication)를 사용할 수 있다.
- 언어를 통해 자기표현이나 주변 환경의 통제가 어려울 때는, 그 부족한 부분을 문제행동으로 표출할 수 있으므로, 이에 대한 적절한 지원이 필요하다.

3) 사회 · 정서적 특성

- 지적장애 아동은 행복, 슬픔, 화남, 두려움 등의 감정을 나타내는 얼굴 표정을 인식하거나 다른 사람과 정서를 공유하는 데 어려움을 겪는 경우가 많다.
- 또래 친구와의 상호작용 방법을 잘 모르기 때문에, 친구를 사귀지 못하는 경우가 많다.
- 자신이 다른 또래 친구들과 다르다는 것을 알게 되면 빈약한 자아개념을 형성하게 되어, 결국 사회성 발달에 부정적인 영향을 미칠 수 있다.
  → 따라서 어렸을 때부터 일반 아동들과 함께 어울리며 긍정적인 상호작용을 할 기회를 제공하여, 지적장애 아동의 사회성 발달을 지원해야 한다.
- 통합환경은 지적장애 아동이 대화 시작하기, 차례 지키기 등의 다양한 사회성 기술을 연습하고 습득하는 데 도움이 되며, 또래 일반 아동들이 지적장애 아동에 대해 올바른 인식을 갖도록 돕는 역할을 한다.
  → 이를 위해서는 교사의 구조화된 중재가 필수적이다.

구조화된 중재	목표	구체적인 방법
긍정적인 피드백 제공	아동이 자신감을 얻고, 학업 및 사회적 활동에서 더 적극적으로 참여하도록 돕는다.	수업 중에 과제를 잘 마친 후, 구체적이고 즉각적인 피드백을 제공(예: "오늘 발표 정말 잘했어!", "너의 아이디어가 좋았어!")
역할놀이 및 사회적 상호작용 훈련	아동이 동급생과 원활하게 소통하고, 사회적 상황에서 자신감을 가질 수 있도록 지원한다.	친구들과의 대화나 그룹 프로젝트에서의 상호작용 방법을 역할놀이로 연습(예: "친구에게 도움 요청하기", "의견 교환하기")
자기 표현 촉진 활동 제공	아동이 자신을 더 잘 표현하고, 자아개념을 확립할 수 있도록 돕는다.	일기 쓰기나 그림 그리기 등으로 자신의 감정과 생각을 표현하는 기회를 제공(예: "오늘의 감정을 글로 써보자")

구조화된 중재	목표	구체적인 방법
목표 설정 및 자기주도적 학습 지원	아동이 목표를 설정하고, 자기 주도적으로 학습할 수 있도록 지원하여 자아개념을 높인다.	단기 목표 설정(예: "이번 주까지 숙제를 다 끝내기") 후, 학습 과정에 대한 피드백 제공 및 계획 수립 지원
자기주장 훈련	아동이 자신의 의견을 자신 있게 표현하고, 자아개념과 자존감을 높일 수 있도록 돕는다.	수업 중 자기주장 훈련을 통해 아동이 자신의 의견을 표현하도록 연습(예: "다른 친구들에게 내 생각을 말해볼까요?")

4. 지적장애 아동 교육지원

1) 통합교육을 위한 기본적인 지침

- 지적장애 아동을 일반 학급에서 함께 교육하려면 교사의 태도와 역할이 매우 중요하다.
  → 교사는 열린 마음으로 지적장애 아동을 학급의 구성원으로 받아들이고, 아동의 교육에 대해 책임감을 가져야 한다.
- 교사는 지적장애 아동의 특성을 빠르게 파악하고, 이에 맞는 교육환경을 만들어야 한다.
- 지적장애 아동이 학급에 오기 전, 일반 아동들에게 장애 이해를 돕기 위한 오리엔테이션을 실시해야 한다.
  → 모의 장애 체험, 장애인 초청 강연, 특수학급 견학 등 다양한 활동을 진행할 수 있다.
- 지적장애 아동이 학급과 학교에 소속감을 느끼고 적응할 수 있도록 돕는 것이 중요하다.
- 아동이 학급에 들어온 이후에는 또래 친구들과 잘 어울릴 수 있도록 교사가 다양한 활동을 통해 상호작용을 유도해야 한다.
  → 또래교수, 협동학습을 통해 참여 기회를 높일 수 있다.
- 특수교사와 긴밀히 협력하여 문제를 함께 해결하려는 자세가 필요하다.

→ 개별화교육지원계획 회의 등과 같은 사전 모임을 계획한다.

- 지적장애 아동의 행동 문제에 대한 적절한 대처도 필요하다.

→ 행동문제를 단순히 '지적장애 때문에'라고 규정하지 말고, 문제가 되는 행동을 기능적으로 분석하여 근본적인 원인을 찾아 해결해야 한다.

2) 교과 교육과정

- 지적장애 아동도 일반 아동과 마찬가지로 읽기, 쓰기, 수학 같은 기본 교과를 배워야 한다.

→ 그러나 일부 교사는 지적장애 아동이 따라가지 못할 거라는 편견을 갖고 이들에게 기본적인 교육 기회를 제한하는 경우가 있다.

→ 이런 편견은 지적장애 아동이 일상생활과 미래에 필요한 기술을 배우는 기회를 빼앗는 결과를 낳을 수 있으므로 주의해야 한다.

학업기술의 기능적 연습활동의 예

학업기술	기능적 연습활동
읽기	• 건물이나 지역사회에서 흔히 볼 수 있는 표지판 해독 • SNS와 뉴스 읽기 • 패스트푸드점이나 일반음식점의 메뉴 읽기 • 학급 시간표나 기차나 지하철 시간표 보기 • 영화상영 시간표나 TV채널 방영 시간표 보기 • 마트 상품전단지나 지역신문의 구인광고 읽기 • 완구 조립이나 신청서 작성을 위한 설명문 읽기 • 음식, 약, 옷 등의 라벨 읽기
쓰기	• 쇼핑 목록, 해야 할 일의 목록 작성하기 • 친구나 가족에게 이메일이나 문자 보내기 • 소셜미디어에 게시물 작성하기 • 초대장, 친구에게 손편지 쓰기 • 자기소개서나 간단한 이력서 작성하기 • 다른 사람을 위해 전달할 내용 메모하기
수학	• 스마트폰을 이용한 물건 구입과 결제하기 • 용돈 예산 세우기 • 물건 값 비교하기 • 온라인 뱅킹 사용하기 • 음식 준비하기 • 측정도구 이용하기(예: 온도계, 체중계, 키 재기) • 시계 보기, 달력 보기, 시간 계산하기

- 일반 교과만 강조하면 교육 효과가 떨어질 수 있으므로, 생활 속에서 직접 활용할 수 있는 기능적인 교과 목표도 함께 설정해야 한다.
- 어떤 기술이 기능적인지는 아동마다 다를 수 있으므로, 교사는 각 아동이 생활하는 환경을 자세히 살펴보고 그에 맞는 기술을 선택해야 한다.
  → 예를 들어, 한 아동에게는 식품 목록을 쓰는 것이 필요할 수 있지만, 다른 아동에게는 일터에서 작업한 물건의 수를 기록하는 것이 더 실용적일 수 있다.
- 또한 지적장애 아동이 앞으로 살아갈 환경에서 꼭 필요한 기술이 무엇인지도 함께 고려해야 한다.

3) 기능적 교육과정

- 지적장애 아동이 집이나 학교, 지역사회, 그리고 미래의 일터에서 스스로 생활하고 건강하고 행복한 삶을 살기 위해서는 기능적 교육과정이 꼭 필요하다.
- 교사는 특수교사와 협력하여, 세탁기 사용하기, 대중교통 이용하기, 마트에서 장보기, ATM 사용하기, 음식점에서 (키오스크)주문하기, 여가시간 활용하기 등 실제 생활에 꼭 필요한 기술을 가르쳐야 한다.
- 어떤 기술이 기능적인지 결정할 때는 다음과 같은 질문을 던져 보면 도움이 된다.
  ① 이 지식이나 기술을 습득하는 것이 아동이 가정, 학교, 지역사회에서 독립적이고 성공적인 삶을 사는 데 도움이 되는가?
  ② 이 지식이나 기술을 배우지 못할 경우, 아동은 어려움을 겪을 가능성이 있는가?
- 지적장애 아동의 교육과정이 실제로 아동의 자립이나 삶의 질 향상으로 이어지지 않는다면, 몇 년 동안의 소중한 학습 기회를 허비하는 셈이라는 사실을 교사는 반드시 기억해야 한다.
- 어떤 기술이 기능적인 교육내용인지를 결정하는 가장 궁극적인 방법은 지적장애 아동의 관점에서 이 질문을 생각해 본다.
  → "내가 21세가 되었을 대, 이 기술이나 지식이 실제로 내 삶에 도움이 될까?"

4) 자기결정 기술

- 자기결정(self-determination)이란 자신이 무엇을 원하고, 그것을 어떻게 얻을 수 있는지를 알고 선택하고 실행하는 능력을 말한다.
- 자기결정기술을 가진 아동은 자신의 목표를 정하고, 그 목표를 이루기 위한 계획을 세우며, 결과를 스스로 평가하고 필요하면 계획을 바꿔 나간다.
  → 자신의 생각이나 요구를 말하거나, 문제 해결을 위한 구체적인 행동을 계획하는 것 등이 포함된다.
- 최근 연구에 따르면, 지적장애 아동도 자기지시, 자기점검, 자기평가 같은 방법을 배우면 자기조절이나 자기주도 학습이 가능하다고 한다.
  → 이러한 기술은 개별화교육계획(IEP)을 더 효과적으로 수행하는 데 도움이 되고, 학교에서 성인 생활로 넘어가는 과도기에도 긍정적인 영향을 준다.

기술	교수법	예시 활동
선택의 기회 제공	아동이 다양한 선택을 할 수 있도록 환경을 조성하고, 자신이 선택할 수 있도록 돕는다.	여러 가지 간식 중에서 아동이 원하는 것 고르기
시각적 지원 사용	선택지를 명확하게 보여주기 위해 그림이나 카드, 시각적 도구를 활용한다.	쇼핑 목록에서 물건 그림을 보고 원하는 항목 선택하기
간단한 단계로 나누어 가르치기	결정을 내리는 과정에서 어려움을 덜 느끼도록 단계를 나누어 가르친다.	“아침에 무엇을 입을지 선택하기”: 의상 카드 보여주고 하나씩 고르게 하기
결과에 대한 이해 촉진	선택의 결과를 명확히 설명하여 아동이 자신이 한 선택의 결과를 이해하도록 돕는다.	음료를 고를 때, "이 음료는 달고, 저 음료는 덜 달다"라고 설명하며 선택하도록 유도하기
모델링 (시범 보이기)	올바른 선택을 어떻게 하는지 직접 보여준다.	교사가 물건을 고르고 결정을 내리는 모습을 보여주며 설명하기
강화 사용	아동이 적절한 결정을 내렸을 때 긍정적인 강화를 통해 동기를 부여한다.	아동이 올바른 선택을 했을 때 칭찬하거나 작은 보상 제공하기
반복 연습	아동이 기술을 반복적으로 연습하고 자신감을 얻을 수 있도록 한다.	선택을 해야 하는 상황을 여러 번 연습하여 자연스러운 결정 훈련하기
사회적 상황에서 연습	실제 상황에서 결정을 내리는 연습을 통해 사회적 기술을 개발한다.	친구와 함께 어떤 활동을 할지 선택하기(게임, 놀이 등)
자신의 의견 표현하기	아동이 자신의 생각과 의견을 표현할 수 있도록 돕는다.	“내가 좋아하는 음식은 무엇일까?” 아동이 자신의 선호를 말하도록 유도하기

5) 교수방법

❶ 교사주도 교수방법

- 과제분석은 복잡한 활동이나 여러 단계를 거쳐야 하는 과제를 작게 나누어 단계별로 가르치는 방법이다.
  → 어떤 행동을 하기 위해 먼저 어떤 기술이 필요한지를 살펴보고, 그 과제를 작은 단위로 나누어 순서대로 가르치는 방식이다.
- 모델링은 교사가 먼저 과제를 직접 보여주고, 아동이 이를 따라 하도록 하는 방법이다.
  → 교사가 여러 번 시범을 보여주고, 아동이 반복해서 연습할 수 있도록 도와주며, 잘할 때마다 칭찬이나 피드백을 제공하면 효과가 좋다.
  → 단순한 행동뿐 아니라, 어떤 생각을 하면서 과제를 해야 하는지도 말로 설명해 주면 아이가 이해하기 쉽다. 이런 방식을 인지적 모델링이라고 부른다.

인지적 모델링

단계	행동/과제	교사의 역할	아동의 역할	예시
1단계	과제 설명	교사가 아동에게 과제를 설명하고 목표를 명확히 한다.	아동은 교사의 말을 듣고 과제의 목적을 이해한다.	"오늘은 네가 어떻게 쇼핑 목록을 만들 수 있는지 배울 거야."
2단계	모델링 (시범 보이기)	교사가 과제를 해결하는 과정을 시범 보인다.	아동은 교사가 하는 행동을 주의 깊게 관찰한다.	교사가 쇼핑 목록을 만들면서, "이것은 내가 오늘 사야 할 물건을 적는 거야"라고 말하며 시범 보임
3단계	사고과정 언어화	교사가 자신의 사고 과정을 말로 표현한다	아동은 교사의 말로 된 사고 과정을 듣고 이해한다.	"먼저 냉장고를 열고 필요한 것이 무엇인지 확인해 봐야 해."
4단계	아동의 시도	교사가 아동이 과제를 시도할 수 있도록 격려하고 지원한다.	아동은 교사의 지원을 받으며 과제를 시도한다.	아동이 쇼핑 목록을 만들 때 교사가 필요한 항목을 함께 정리하고 도와줌
5단계	피드백 제공	교사가 아동의 작업을 확인하고 잘한 점과 개선할 점을 피드백한다.	아동은 피드백을 받아들이고 개선점을 반영하려 한다.	"좋아, 고양이 사료는 잘 적었어. 그런데 우유는 아직 적지 않았네. 그걸 추가해 보자."
6단계	자립적 수행	교사가 점진적으로 지원을 줄이고 아동이 혼자서 과제를 수행할 수 있도록 한다.	아동은 점점 독립적으로 과제를 해결하려 한다.	아동이 혼자서 쇼핑 목록을 완성하도록 하며, 교사는 조금씩 피드백만 제공함

단계	행동/과제	교사의 역할	아동의 역할	예시
7단계	완성 및 평가	교사가 아동이 과제를 완성했을 때 칭찬하거나 평가한다.	아동은 자신의 작업을 평가하고 만족감을 느낀다.	"잘했어! 너가 만든 목록으로 물건을 구매할 수 있겠어. 아주 잘 했어!"

❷ 아동주도 교수방법

- 아동이 스스로 배우고 행동할 수 있도록 돕는 방법으로는 자기점검, 자기강화, 자기교수 같은 자기조절 기술을 활용하는 방법이 있다.
- 자기점검법은 아동이 자신의 행동을 직접 기록하면서 스스로 잘하고 있는지를 확인하도록 하는 방법이다.

  → 아동이 자신의 행동을 의식하게 하고, 올바른 행동을 더 자주 하도록 돕는다.
- 자기강화법은 아동이 미리 정해 놓은 목표를 달성했을 때 스스로에게 보상을 주는 방법이다.

  → 예: '숙제를 다 끝내면 나만의 시간을 보내면서 좋아하는 게임을 할 수 있어.'
- 자기교수법은 아동이 과제를 하면서 필요한 단계를 스스로 말로 떠올리며 수행하도록 하는 방법이다.

  → 아직 완전히 익숙하지 않은 과제를 배울 때 효과적이다.

❸ 또래주도 교수방법

- 교실에 아동 수가 많거나, 다양한 수준의 아동이 함께 있을 때는 지적장애 아동이 필요한 연습과 도움을 더 잘 받을 수 있도록 또래 친구를 활용할 수 있다.
- 또래주도 교수방법은 같은 반 친구나, 나이가 더 많은 형·언니 같은 또래가 교사의 역할을 도와주는 것이다.

  → 또래는 새로운 내용을 가르치기보다는, 배운 내용을 함께 복습하거나 연습을 도와주는 역할을 한다.
- 이 방법은 교사의 사전 계획이 꼭 필요하며, 또래교수자와 지적장애 아동 모두에게 학습, 사회성, 행동에 긍정적인 영향을 줄 수 있다.
- 협동학습처럼 서로 다른 수준의 아동들이 모여 함께 학습하는 활동도 좋은 또래주도 교수방법이 된다.

❹ 컴퓨터 및 디지털 자료 활용

- 요즘은 인터넷과 스마트기기 사용이 보편화되면서 지적장애 아동을 위한 다양한 교육 방법도 함께 발전하고 있다.
- SNS, 블로그, 유튜브 영상 등 디지털 자료를 활용하면 실생활과 관련된 내용을 다양하게 접할 수 있어 지적장애 아동의 사회적 통합에도 도움이 된다.
- 반복학습용 소프트웨어나, 시각과 소리를 함께 활용할 수 있는 프로그램은 주의집중을 도와주고 동기부여에 효과가 크다.
  → 예: 간단한 수학 연습이나 단어 학습에서 컴퓨터 프로그램을 사용하면, 바로 피드백을 줄 수 있어 학습효과가 높아진다.
  → 주의점: 프로그램의 난이도가 아동의 이해 수준에 맞아야 하고, 아동의 생활연령(실제 나이)에 어울리는 내용이어야 한다.
- 블로그 글쓰기, 유튜브 영상 시청, 웹 검색, 이메일 보내기 등 실생활에서 사용하는 디지털 도구를 활용한 학습도 가능하다.
- 가상현실(VR)과 증강현실(AR) 그리고 인공지능(AI) 기술도 지적장애 아동의 학업, 일상생활, 안전, 직업 교육 등에 점점 더 많이 활용되고 있다.

❺ 일반화와 유지

- 일반화는 아동이 배운 기술을 다른 상황이나 장소에서도 잘 사용하는 것을 말한다.
- 유지는 시간이 지나도 배운 내용을 계속 사용할 수 있는 능력을 뜻한다.
- 일반 아동은 보통 교실에서 배운 것을 다른 상황에서도 쉽게 적용하지만, 지적장애 아동은 이러한 학습의 일반화나 전이에서 어려움을 보인다.
- 지적장애 아동에게는 학습한 내용을 실제 생활에서 잘 활용할 수 있도록 도와주는 연습이 반드시 필요하다.
  → 어떤 기술을 가르쳤을 때, 그것을 다양한 상황에서 활용할 수 있도록 반복 연습하고, 실생활과 연결된 예시를 통해 교육하는 것이 중요하다.

전략/방법	설명	예시
다양한 환경에서 학습하기	새로운 기술을 다양한 환경에서 반복적으로 연습하여 학습을 전이한다.	학교, 집, 공원 등 여러 장소에서 같은 과제를 반복하여 연습하기
실생활과 연계된 과제 설정	교실에서 배운 내용을 실제 생활에 적용할 수 있는 과제를 설정한다.	쇼핑 목록 작성하기, 길 찾기, 대중교통 이용하기 등 실생활 연습하기
다양한 사람들과의 상호작용	교사 외에도 친구, 가족 등 다양한 사람들과 함께 학습하여 전이를 유도한다.	친구나 부모와 함께 하는 활동을 통해 배운 기술을 적용해보기
점진적 지원 제공 (Scaffolding)	초기에는 많은 지원을 제공하고, 아동이 점차 독립적으로 수행할 수 있도록 점진적으로 지원을 줄여간다.	처음에는 교사가 직접 도와주고, 점차 아동이 독립적으로 과제를 완수하도록 유도하기
반복적인 연습과 피드백	아동이 자주 연습할 수 있도록 하고, 반복적으로 피드백을 제공하여 기억을 강화한다.	주기적으로 과제나 활동을 반복하며 피드백을 제공해 학습을 강화하기
사회적 모델링	다른 사람들이 올바르게 행동하는 모습을 보며 학습을 촉진한다.	교사나 친구가 과제를 수행하는 모습을 보여주고 아동이 이를 따라하도록 유도하기
자기강화법 적용	아동이 스스로 성취감을 느끼고 학습을 지속할 수 있도록 자기강화법을 사용한다.	목표를 달성한 후 스스로에게 보상을 주어 동기부여하기
생활 속 루틴에 통합	아동이 일상생활에서 자연스럽게 기술을 활용할 수 있도록 루틴에 통합한다.	매일 일정한 시간에 할 일 목록을 작성하고 관리하는 활동을 통해 기술 습득하기
실수에서 학습하기	아동이 실수를 두려워하지 않도록 하여 실수를 통해 배울 수 있는 기회를 제공한다.	아동이 잘못된 선택을 하더라도, 그 선택을 통해 올바른 방법을 배우도록 유도하기
타임라인과 일정 관리	아동이 학습한 내용을 실제 생활에서 사용하려면 일정을 정리하고 관리할 수 있도록 돕는다.	하루 일정을 적고, 시간을 관리하며, 할 일을 차례대로 마치는 연습하기

제 7 장

자폐범주성장애

자폐라는 장애는 1943년에 처음 소개된 이후 오랫동안 '있는가, 없는가'로만 나뉘는 것으로 여겨져 왔다. 하지만 최근에는 자폐가 뚜렷하게 구분되는 장애라기보다는, 사람마다 정도가 다른 '자폐적 성향(autistic propensity)'이 이어지는 연속적인 특성으로 이해되기 시작하면서 '자폐스펙트럼장애(ASD: autistic spectrum disorder)'라는 이름으로 불리고 있다.

이는 자폐와 함께 나타나는 다양한 증상들 때문에 일반적인 발달 문제와 자폐 특유의 문제를 뚜렷하거 나누기 어렵다는 점을 반영한 것이다. 그럼에도 불구하고 자폐에 대해서는 0-직도 밝혀진 것이 많지 않아, 자폐 아동을 둔 가족들은 여전히 많은 어려움을 겪고 있다.

따라서 자폐에 대한 이해와 지원을 강화하는 것이 무엇보다 중요한 과제가 되며, 사회 전반의 인식 개선과 함께 자폐 아동과 그 가족들이 더 나은 환경에서 성장할 수 있도록 지속적인 노력과 연구가 필요하다.

생각해봅시다!

사람들과의 관계가 힘들다는 것은 어떤 의미일까?

또래와 눈을 마주치기 어렵고, 말보다는 반복 행동이나 고정된 관심사에 집중하는 아이를 마주한 적이 있는가? 타인의 감정을 이해하기 어려운 이 학생이 진심으로 원하는 건 무엇일까? 우리는 모두 다른 방식으로 세상을 이해한다는 점에서, 자폐아동도 '다름'이지 '이상함'이 아니라는 사실을 받아들이고 있는가?

의견을 적어주세요.

1. 자폐범주성장애의 정의 및 판별

1) 자폐범주성장애의 정의

- 자폐는 1943년 Kanner에 의해 처음 소개된 이후, 오랫동안 장애가 있다/없다로 나뉘는, 즉 명확히 구분되는 장애로 여겨졌다. 하지만 시간이 지나면서 자폐는 그런 이분법적인 개념이 아니라, 누구나 어느 정도는 가질 수 있는 '자폐적 성향'이 강약의 차이로 나타나는 연속적인 특성으로 이해되기 시작했다.
  → 예를 들어, 다른 사람과 잘 어울리지 못하거나, 말이나 몸짓으로 의사소통하는 데 어려움이 있거나, 환경의 변화를 싫어하고 반복적인 행동이나 감각에 민감하게 반응하는 등 다양한 특징이 사람마다 정도와 형태가 다르게 나타날 수 있다는 것이다.
- 사회적 의사소통과 상호작용의 지속적인 결함과 제한적이고 반복적인 행동, 흥미, 활동 양상을 특징으로 하며, 생후 3세 이전에 나타나 일상 기능에 영향을 주는 신경발달장애로 정의된다.
- 과거 DSM-Ⅳ-TR(2000)에서는 자폐범주성장애, 레트장애, 소아기 붕괴성 장애, 아스퍼거 장애, 달리 분류되지 않는 전반적 발달장애 등 다섯 가지로 나누었다.
  → 이후 연구에서 이들 사이에 뚜렷한 차이가 없다는 결론이 나오면서 DSM-5(2013)판에서는 이들을 하나로 통합하여 '자폐범주성장애(ASD: Autism Spectrum Disorder)'라는 용어를 사용하게 되었다.
- 아스퍼거장애: DSM-5에서는 더 이상 독립된 진단명으로 사용하지 않고 자폐범주성장애로 통합했지만, 실지 사회에서는 여전히 '아스퍼거'라는 용어가 당사자, 가족, 연구자들 사이에서 사용되고 있다.
  → 이는 많은 이들에게 '아스퍼거'라는 명칭이 단순한 진단을 넘어 자기 이해와 정체성의 중요한 부분으로 여겨지기 때문이며, 그 명칭 아래 형성된 공동체와 소속감도 여전히 의미 있게 작용하고 있기 때문이다.
- 우리나라 현행법상 자폐범주성장애의 정의는 다음과 같다.
  → 우리나라에서는 현재 공식적인 용어로 '자폐성장애(autistic disorder)'를 사용하고 있으며 이에 대한 개선이 요구된다.

우리나라 현행법상 정의

장애인 등에 대한 특수교육법	사회적 상호작용과 의사소통에 결함이 있고, 제한적이고 반복적인 관심과 활동을 보임으로써 교육적 성취 및 일상생활 적응에 도움이 필요한 사람을 의미한다.
발달장애인법	소아기 자폐증, 비전형적 자폐증에 따른 언어 · 신체표현 · 자기조절 · 사회 적응기능 및 능력의 장애로 인하여 일상생활이나 사회생활에 상당한 제약을 받아 다른 사람의 도움이 필요한 사람을 의미한다.
장애인복지법	제10차 국제질병사인분류(International Classification of Disease, 10th Version)의 진단기준에 따른 전반성발달장애(자폐증)로 정상발달의 단계가 나타나지 않고, 기능 및 능력 장애로 일상생활이나 사회생활에 간헐적인 도움이 필요한 사람

※ 발달장애인법: 대한민국의 장애인 관련 법률 중 하나로 2014년 5월 20일에 제정된 발달장애인의 권리보장과 지원을 규정한 법이다.

2) DSM-5-TR (2022) 자폐범주성장애의 진단기준

• DSM-5TR에서는 다음의 진단기준을 만족시켜야 자폐범주성장애라는 진단을 내린다.

1. 다양한 분야에 걸쳐 나타나는 사회적 의사소통 및 사회적 상호작용의 지속적인 결함이 있어야 한다.
   a. 사회적-감정적인 상호성에 결함이 나타난다.
   → 이는 비정상적인 사회적 접근, 정상적인 대화의 실패, 흥미나 감정 공유의 감소, 사회적 상호작용을 시작하거나 반응하는 데의 어려움으로 나타난다.
   b. 사회적 상호작용을 위한 비언어적인 의사소통 행동에 결함이 나타난다.
   → 언어적 · 비언어적 의사소통이 잘 통합되지 않고, 눈맞춤이나 몸짓 언어가 비정상적이며, 몸짓을 이해하거나 사용하는 데 어려움이 있으며, 얼굴 표정과 비언어적 소통에서도 결핍이 드러난다.
   c. 관계를 형성하고 유지하며 관계의 맥락을 이해하는 데 결함이 있다.
   → 다양한 사회적 상황에 맞는 적응적 행동을 하기 어렵고, 상상 놀이를 공유하거나 친구를 사귀는 데 어려움을 보이며, 또래에 대한 관심이 부족하게 나타난다.
2. 제한적이고 반복적인 행동, 흥미 또는 활동이 아래 항목 중 두 가지 이상 나타나야 한다.
   a. 상동적이거나 반복적인 운동 동작, 물건 사용, 말하기가 나타난다.
   → 예를 들어 단순한 몸의 반복적 움직임, 장난감을 정렬하거나 물체를 튕기기, 반향어 사용, 특이한 문구를 반복하는 것 등이 이에 해당한다.
   b. 동일성에 대한 고집이나 일상에 대한 융통성 없는 집착이 나타난다.
   → 작은 변화에 대해 강한 저항을 보이며, 의례적인 말과 행동을 반복하고, 같은 길로

만 가거나 매일 같은 음식을 먹는 등의 경향을 보인다.

c. 강도나 초점 면에서 비정상적으로 극도로 제한되고 고정된 관심이 있다.

→ 예를 들어 특이한 물체에 대한 강한 집착이나 과도하게 좁고 고집스러운 관심 주제를 보인다.

d. 감각 자극에 대해 과잉 혹은 과소 반응을 하거나, 감각 자극에 대해 특이한 흥미를 보인다.

→ 통증이나 온도에 무감각하거나, 특정 소리나 감촉에 매우 민감하게 반응하며, 냄새를 지나치게 맡거나 사물을 과도하게 만지고, 빛이나 움직임에 매료되기도 한다.

3. 이러한 증상은 초기 발달 시기부터 존재해야 한다.

→ 다만, 사회적 요구가 개인의 능력을 넘어서기 전까지는 증상이 완전히 드러나지 않을 수 있으며, 이후 학습된 보상 전략에 의해 증상이 감춰질 수도 있다.

4. 이러한 증상은 사회적, 직업적 또는 다른 중요한 기능 영역에서 임상적으로 뚜렷한 손상을 초래해야 한다.

5. 이러한 장애는 지적장애나 전반적 발달지연으로 더 잘 설명되지 않아야 한다.

→ 자폐스펙트럼장애와 지적장애는 함께 나타나는 경우가 많으므로, 두 진단을 동시에 내리기 위해서는 사회적 의사소통 능력이 발달 수준에 비해 더 저조해야 한다.

※ 주의사항: DSM-IV 기준에서 자폐증, 아스퍼거 증후군, 달리 분류되지 않는 전반적 발달장애로 진단받은 경우에는 DSM-5에서 자폐스펙트럼장애로 진단해야 한다. 한편, 사회적 의사소통에 뚜렷한 결함이 있으나 자폐스펙트럼장애의 다른 진단 기준을 만족하지 못할 경우에는 사회적 의사소통장애(Social Communication Disorder)로 진단해야 한다.

- 자폐범주성장애로 분류되는 모든 장애는 다음과 같은 공통된 특성을 가진다.
  ① 사회적 의사소통의 결핍이 나타난다.
  ② 행동, 관심, 활동의 반복적이고 상동적인 양상이 존재한다.
  → 이 두 가지 측면에서 다양한 정도의 손상을 보이는 것을 특성으로 한다.
- 자폐범주성장애의 조기 발견과 정확한 진단을 위해 다음과 같은 도구들이 사용된다.
  – 18~24개월 유아 선별도구: The Checklist for Autism in Toddlers (K-CHAT)
  – 24~35개월 유아 선별도구: Screening Tool for Autism in Two-year-olds(STAT)
  – 자폐진단면담 도구: Autism Diagnostic Interview, Revised(ADI-R)

– 자폐증 진단관찰척도: Autism Diagnostic Observation Schedule-2 (ADOS-2)
– 아동기 자폐 평정척도: Childhood Autism Rating Scale(K-CARS-2)
– 한국형 자폐 진단검사: Korean-Autism Diagnostic Scale(K-ADS)

3) DSM-5-TR 자폐범주성장애 분류

심각도 수준	사회적 의사소통	제한적·반복적 행동
수준 1 (지원이 필요한 수준)	• 지원이 없는 경우 사회적 의사소통의 결함이 뚜렷한 손상을 초래한다. • 사회적 상호작용을 시작하는 데 어려움이 있으며, 사회적 접근에 대해 비전형적이거나 성공적이지 못한 반응을 보인다. • 사회적 상호작용에 대한 흥미가 감소된 것처럼 보일 수 있다. • 완전한 문장을 말할 수 있는 사람으로서 의사소통에 참여하나, 대화의 주고받기가 어렵고 친구를 만들기 위한 시도가 괴상하거나 어색하여 대부분 실패한다.	• 융통성 부족으로 일상생활에 간섭이 생긴다. • 전환이나 변화에 어려움을 보인다. • 조직화나 계획에서 지원이 필요하다.
수준 2 (상당한 지원이 필요한 수준)	• 언어적 및 비언어적 사회적 의사소통 기술에 뚜렷한 결함이 있으며, 지원이 주어져도 명백한 사회적 손상이 있다. • 사회적 접근에 대한 반응이 감소되어 있거나 비정상적이며, 사회적 의사소통의 시각이 제한되어 있다. • 단순한 문장 정도를 말할 수 있는 사람으로서 상호작용이 제한된 특정 관심사에만 집중되어 있고, 비언어적 의사소통이 기이하게 나타난다.	• 행동 유연성의 심각한 제한이 있고, 일상 변화에 큰 저항을 보인다. • 반복적 행동이 자주 관찰되며 중단이 어렵다. • 관심이 매우 제한적이고 고정되어 있다.
수준 3 (아주 상당한 지원이 필요한 수준)	• 언어적 및 비언어적 사회적 의사소통 기술에 심각한 결함이 있고, 이로 인해 심각한 기능상의 손상이 나타난다. • 사회적 상호작용을 맺는 데 극도로 제한적이며, 사회적 접근에 대해 최소한의 반응을 보인다. • 이해할 수 있는 말이 극소수의 단어뿐인 사람으로서 상호작용을 거의 시작하지 않으며, 필요를 충족하기 위해서만 이상한 방식으로 접근하고, 매우 직접적인 사회적 접근에만 반응한다.	• 융통성이 거의 없으며, 변화나 전환에 극심하게 저항한다. • 반복적 행동이 자주, 강도 높게 나타난다. • 주변 세계에 대한 반응이 매우 제한적이며 특이한 행동이 지속된다.

- DSM-5-TR에서는 '자폐스펙트럼장애'라는 용어를 사용하며, 사회적 의사소통 능력과 제한적이고 반복적인 행동 양상의 정도에 따라 자폐의 심각도를 세 단계로 나누어 제시하고 있다.
- 우리나라에서는 2019년 7월부터 기존의 장애등급제가 폐지되고, 장애 정도에 따라 분류하는 방식으로 변경되었다. 이에 따라 자폐범주성장애는 지적장애와 함께 '장애 정도가 심한 장애', 즉 중증으로 판정하는 단일 기준이 적용되고 있다.
  → 자폐범주성장애로 판정받기 위해서는 전문가의 정확하고 신뢰할 수 있는 진단이 필요하다.

2. 자폐범주성장애의 원인

- 자폐범주성장애는 후천적인 정서적 요인이나 행동주의적 요인에 의해 발생하지 않는다.

자폐범주성장애를 야기하는 요인

생물학적 요인	특성
선천적인 요인	자폐범주성장애는 태어나기 전 또는 출생 직후의 다양한 신체적 또는 대사적 문제로 인해 발생할 수 있다. 대표적으로 페닐케톤뇨증, 구리대사장애, 납중독, 갑상선 기능항진증, 결정경화증 같은 대사장애와 신체질환, 풍진이나 헤르퍼스 뇌염 같은 감염으로 인한 뇌 손상이 있다.
신경학적·생화학적 불균형	자폐범주성장애 아동은 신경전달물질인 세로토닌의 수치가 과도하게 높거나, 생체 내에서 자연적으로 생성되는 아편 유사 물질이 많아 타인과 상호작용하려는 의지가 낮을 수 있다.
뇌의 구조적 문제	뇌의 전두엽처럼 주요 기능을 담당하는 부위에 이상이 있거나, 좌우 뇌의 크기가 비정상적인 경우, 또는 외부 자극에 대한 뇌의 반응이 기능적으로 비정상적인 경우 주의력 결핍, 언어 능력 저하, 강박적 행동 등이 나타날 수 있다.

- 자폐범주성장애의 원인에 대해서는 여러 가지 요인과 가설이 제시되고 있으나, 현재까지 그 원인이 정확히 무엇인지는 명확하게 밝혀지지 않았다.

→ 일반적으로는 생물학적인 유전적 요인, 신경전달물질의 불균형과 같은 신경학적 요인, 뇌 기능의 구조적 이상, 그리고 환경오염과 같은 복합적인 생태학적 요인이 서로 상호작용한 결과로 발생한다고 보고 있다.

3. 자폐범주성장애 아동의 특성

1) 사회적 의사소통의 어려움

- 자폐범주성장애 아동은 다른 사람과 자연스럽게 어울리거나 소통하는 데 어려움을 겪는다.
- 아기 때부터 웃거나 관심을 보이지 않으며, 안기려 하지 않는다.
- 눈을 잘 마주치지 않으며, 표정과 몸짓이 부자연스럽다.
- 말을 할 수 있는 경우에도 억양이 단조롭고, 자신이 좋아하는 주제에 대해 일방적으로 말한다.
- 또래와 놀거나 관심을 나누는 데 어려움을 느끼며, 혼자 놀기를 선호한다.
- 즐거움이나 흥미를 다른 사람에게 보여주거나 표현하지 않는다.
- 부모 외의 사람과 관계를 잘 형성하거나 유지하지 못한다.
- 상황에 맞는 행동을 하기 어렵다.
- 상상 놀이를 하거나 친구를 사귀는 것이 힘들다.
- 주변 사람에게 자발적인 관심을 잘 보이지 않는다.

2) 반복적인 행동과 제한된 관심

- 자폐범주성장애 아동은 특정 행동을 반복하거나 변화에 강한 거부감을 보이는 경향이 있다.
- 장난감을 본래 용도대로 사용하지 않고, 같은 방식으로 반복해서 논다.
- 빙글빙글 돌거나 몸을 흔드는 등의 반복적인 행동을 보인다.
- 공룡, 자동차 등의 특정한 것에 깊은 관심을 보이며, 다른 사람과 그 관심을

나누려 하지 않는다.

- 정해진 일과를 고집하며, 일상의 작은 변화에도 불안을 느낀다.
- 물건의 위치가 바뀌는 것, 특정 옷만 입으려는 행동, 한 가지 음식만 고집하는 행동을 보인다.
- 환경의 작은 변화에도 민감하게 반응하여 문제행동을 보이기도 한다.
- 감각 자극에 과민하거나 둔감하게 반응한다.
  - 과민 반응: 특정 소리나 촉감, 냄새, 맛 등에 예민하게 반응한다.
  - 둔감 반응: 통증이나 자극에 거의 반응하지 않는다.

> 이러한 일탈적인 행동 특성은 또래와의 관계가 본격적으로 형성되기 시작하는 유아기에 더욱 뚜렷하게 나타나며, 이후 학령기까지도 계속된다.
> → 타인에 대한 무관심은 비언어적 의사소통 능력의 발달을 방해한다.

3) 말과 언어 사용의 특성

- 구어반응이 없는 아동부터 말을 유창하게 하는 아동까지 다양하다.
- 자폐범주성장애 아동은 말과 언어 사용에서 독특한 특징을 보인다.
- 다른 사람이 말한 것을 그대로 따라 하는 반향어를 자주 사용한다.
  → 과거에는 반향어가 단순한 반복으로 여겨졌지만, 최근에는 다양한 기능이 있는 것으로 이해된다.
- 어휘는 많지만, 상황에 맞게 적절하게 사용하지 못한다.
- 말이나 글을 문자 그대로 이해하며, 추상적 표현이나 유머는 잘 이해하지 못한다.
- 얼굴 표정, 몸짓, 억양 등 비언어적 의사소통에 어려움을 보인다.
- 말하고자 하는 의도가 없는 것처럼 보이지만, 실제로는 그 의도를 적절하게 표현하지 못한다.
- 손을 잡아끌기 등의 비전형적인 방식으로 의사소통을 시도한다.
- 자폐범주성장애 아동을 위한 언어 교육은 생활 중심의 기능적인 교육이어야 한다.

- 기능성 중심의 사회적 의사소통 기술을 가르치기 위한 주요 원칙
  - 아동의 현재 발달 수준과 실생활에서 필요한 기능적인 기준을 바탕으로 지도해야 한다.
  - 실제 생활 속 자연스러운 상황에서 사용할 수 있는 사회적 의사소통 기술을 중심으로 가르쳐야 한다.
  - 상대방과 균형 있게 주고받는 상호적인 의사소통이 이루어지도록 도와야 한다.
  - 의사소통의 상대가 되는 사람도 함께 교육하여 상호작용이 원활하도록 해야 한다.
  - 문제행동을 줄이기 위한 행동중재 프로그램과 함께 연계하여 운영해야 한다.

4) 지능과 학업 능력의 다양성

- 자폐범주성장애 아동은 지능과 학업 능력에서 다양한 특성을 보인다.
- 대부분은 인지적, 학습적인 어려움을 가지고 있으며, 새로운 것을 배우는 데 시간이 오래 걸린다.

발달 시기	인지적 특성	상세 설명
유아기 (0~5세)	감각 자극 반응, 모방과 상징놀이 부족	• 눈맞춤, 주의 집중 어려움 • 모방 학습과 상징놀이 제한 • 회전 장난감, 숫자 등 특정 자극에 집착 • 문제 해결력과 상황 이해력 미숙
초등학교시기 (6~12세)	세부 중심 사고, 유연한 사고 어려움	• 전체보다는 세부에 집중 • 추상적 개념, 은유 이해 부족 • 특정 분야(수학, 퍼즐 등) 강점 가능 • 일반 교실 활동의 유연한 사고나 사회적 추론에서 어려움
중·고등학교시기 (13~18세)	실행기능 약화, 사회적 사고 어려움	• 시간 관리, 계획 수립, 전이 학습에 어려움 • 은유, 유머, 뉘앙스 이해 미숙 • 강한 관심 분야에 몰두 • 협력, 토론 등 사회적 인지 요구 활동에 제약
성인기 (19세~)	체계적 사고 강점, 융통성 제한	• 전문적인 기술 영역에서 뛰어난 능력 발휘 가능 • 사회적 직관, 감정 조절은 지속적으로 어려움 • 변화에 대한 저항감, 반복적 문제 해결 방식 선호 • 일상·직장 생활에서 정서적 지원 필요할 수 있음

- 지능 수준은 매우 낮은 경우부터 평균 이상까지 다양하다.
  → 지적장애가 함께 있는 경우, 사회성, 언어, 행동 조절 등에서 더 많은 어려움을 겪는다.
- 지적지능은 자폐범주성장애 진단 기준에 포함되지 않지만, 아동의 자폐성 증상의 심각도를 예측하게 해주는 강력한 변인 중 하나로 강조된다.
- 경도 자폐범주성장애 아동은 평균 이상의 지능을 보이는 경우가 많다.
  → 뛰어난 기억력으로 학업 성취도가 높은 경우가 있다.
- 고집, 융통성 부족, 사회적 이해 부족 등으로 인해 문제를 겪기도 한다.
- 어른 같은 말투와 높은 어휘 수준으로 인해 장애가 잘 드러나지 않기도 한다.
- 아동 중 약 10%는 특정 분야에서 뛰어난 능력을 보이기도 한다.
  → 이러한 현상을 서번트 증후군(Savant Syndrome) 또는 자폐성 우수성이라고 부른다.
- 자폐범주성장애 아동의 우수성 증후군 및 교수 방법
  - 자폐범주성장애 아동의 특정 영역에서 보이는 뛰어난 능력은, 전반적인 지적 능력이나 일반적인 기능과는 무관하다.
  - 이들은 특정 능력 외의 다른 영역에서는 매우 낮은 수행을 보이기도 한다.
  - 교사는 우수성 증후군을 보이는 아동에게 보다 기능적이고 실생활에 유용한 기술을 가르쳐야 한다.
  - 이를 위해서는 직접교수를 활용하고, 집중적인 반복 연습을 제공해야 한다.

4. 자폐범주성장애 아동 교육지원

1) 통합교육을 위한 일반적 지침

- 자폐범주성장애 아동은 사회성 및 의사소통에 결함이 있기 때문에, 통합교육이 특히 중요하게 여겨진다.
  → 또래와의 자연스러운 경험을 통해 사회성과 의사소통 능력을 발달시킬 수

있다.

→ 습득한 기술도 자연스러운 상호작용 속에서 사용될 때 효과가 높다.

- 자폐범주성장애 아동의 원활한 학교생활을 위해 가장 필요한 것은 학교와 교사, 그리고 또래 아동들의 이해와 배려이다.

  → 교사는 자폐범주성장애 아동이 학교에서 학습하고 또래와 잘 어울릴 수 있도록 돕는 것이 중요하다는 점을 인식하고, 그들의 특성을 이해하며 배려해야 한다.

- 자폐범주성장애 아동의 성공적인 통합교육을 위한 원칙
  - 아동의 특성을 고려하여, 체계적으로 계획하고 실행하는 개별화된 통합교육이 이루어져야 한다.
  - 통합 환경은 아동의 흥미와 관심을 끌 수 있도록 사회적 맥락과 활동이 구성되어야 한다.
  - 통합된 환경에서 성인과 또래 아동은 각자의 역할을 적절히 수행해야 한다.
  - 가능한 한 조기에 통합교육의 경험이 시작되어야 한다.

❶ 물리적 배치의 구조화

- 환경을 시각적으로 명확하게 구성해서 아동이 '지금 여기서 무엇을 해야 하는지'를 쉽게 이해할 수 있도록 해주어야 한다.
- 자폐범주성장애 아동들은 시각적 정보 처리에 강점을 보이는 경우가 많기 때문에, 시각적 단서를 제공하는 것이 효과적이다.

  → 예를 들어, 유색 테이프를 사용해 시각적 경계를 설정하거나, 문자 · 사진 · 그림 등을 이용해 각 영역의 기능을 명확히 알 수 있도록 도와야 한다.

- 물건의 배치: 교재, 교구, 학습 자료 등은 정리정돈된 방식으로 체계적으로 배치해야 한다.
- 혼자만의 공간 마련: 자폐성범주장애 아동이 필요할 때 감정을 안정시키고 긴장을 풀 수 있도록 혼자만의 공간을 마련해야 한다.

  → 이 공간은 진정 영역, 이완 영역, 안전 영역, 쉼터 등으로 불리며, 자극 수준이 낮은 환경이어야 한다.

❷ 학업적 지원

- 학습양식 평가: 아동이 어떤 유형의 학습자인지를 파악하기 위해 학습양식을 평가해야 한다.

  → 학습자는 보통 시각적 학습자, 청각적 학습자, 운동감각적 학습자로 나뉜다.

학습 유형	특징	효과적인 지원 방법
시각적 학습자 (Visual)	- 그림, 색깔, 도표를 통해 잘 학습함 - 시각 정보에 민감 - 글보다는 이미지를 잘 기억함	- 그림 스케줄표, 픽토그램 제공 - 색상·도형 활용한 시각 자료 - 마인드맵, 플래시카드 활용
청각적 학습자 (Auditory)	- 말로 들은 내용을 잘 기억함 - 반복 청취에 강함 - 말소리에 집중함(단, 민감할 수 있음)	- 명확하고 반복적인 구두 설명 - 오디오북, 노래 활용 - 지시사항을 녹음해서 제공
운동감각적 학습자 (Kinesthetic)	- 손으로 만지거나 움직이면서 학습함 - 체험과 활동 중심의 학습 선호 - 활동적이고 집중 짧음	- 조작 가능한 교구 사용 - 역할놀이, 신체활동 학습 - 움직이면서 할 수 있는 학습 활동 제공

- 학습평가: 공식적인 평가와 비공식적인 평가를 병행하여 아동의 학습 수준을 파악해야 한다.

구분	공식적인 평가	비공식적인 평가
정의	교육기관이나 전문가가 표준화된 절차로 실시하는 평가	교사나 보호자가 일상적인 상황에서 관찰하며 실시하는 평가
목적	- 학습 성취도 확인 - 진단 및 선별 - 교육적 지원 자격 판단	- 현재 수준 파악 - 수업 중 피드백 - 개별화된 지도 방향 설정
형태/도구	- 표준화 검사 - 성취도 평가 - IQ, 언어, 사회성 검사 등	- 관찰 기록 - 체크리스트 - 포트폴리오 - 비공식 인터뷰 등
실시자	전문가, 교사, 평가 기관	교사, 부모, 치료사 등 누구나 가능
객관성/표준화	높음(정해진 기준 있음)	낮음(개인의 관찰과 해석에 따라 달라질 수 있음)
활용 예	- 특수교육 대상자 선별 - 치료 서비스 자격 판단 - 성적 평가	- 개별화 교육계획(IEP) 수립 - 수업 중 개입 조정 - 행동 변화 모니터링

- 교과 내용 지도
  - 미리 보여주기: 수업 전 아동에게 수업 내용을 미리 안내함으로써 학습에 대한 예측 가능성을 높여야 한다.
  - 도해조직자 활용하기: 도해조직자는 개념이나 주제의 주요 내용을 구조화하여 시각적으로 제시하는 방식으로, 아동의 이해를 도울 수 있다.
- 과제 제시
  - 과제 지시는 명확하고 구체적이어야 한다.
  - 말로만 전달하기보다 문장, 그림, 사진 등을 활용한 시각적 지시를 병행해야 한다.
  - 아동이 과제를 완성할 수 있도록 충분한 시간을 제공해야 한다.

❸ 기타 지원 사항

- 정보를 시각적으로 제시해야 한다(본 장의 '3) 시각적 지원' 참고).
- 아동이 하지 못하는 것보다 할 수 있는 것에 초점을 맞추어야 한다.
- 제한된 관심 영역을 넓힐 수 있도록 유도해야 한다.
- 목소리와 표정을 풍부하게 사용해야 한다.
- 아동이 다양한 사회적 활동에 참여할 수 있도록 도와야 한다.

2) 통합교육을 위한 교수전략

❶ 몸짓 언어

- 아동 주변에서는 최소한의 신체 동작만 사용한다.
- 아동에게 다가갈 때는 신체적 접근을 통제하고 최소화한다.
  → 아동에게 신체적인 촉진을 제공하기 전에, 적절한 행동을 직접 보여주어 모델링한다.
- 아동의 주의집중(joint attention) 기술을 강화한다.

❷ 구두 언어

- 아동이 이해할 수 있도록 특정 용어나 설명을 사용한다.
- 조용하고 일정한 어조의 목소리를 사용한다.
- 아동이 과제에 집중할 수 있도록 돕는 단어를 사용한다.

• 질문보다는 확실한 진술과 명확한 지시를 사용한다.
• 상황에 따라 아동이 선택할 수 있도록 선택지를 제공하는 진술을 사용한다.

구분	사용 목적 / 효과	표현 예시
주의 집중 유도	시각적 주의 끌기	"이쪽을 봐줘."
	현재 활동에 대한 명확한 안내	"지금은 ○○ 시간이야."
	청각적 주의 전환 유도	"잠깐 멈추고 내 말 들어줘."
	과제의 핵심 지점 제시	"여기를 봐, 이거야."
과제 시작 유도	시작 시점 명확히 알리기	"지금은 ○○을 할 시간이야."
	과제를 순서대로 시작하게 유도	"먼저 이걸 해보자."
	선호 활동을 활용한 동기 부여	"○○ 끝나면 ○○ 할 거야."
	자발적인 참여 유도	"이거 해보고 알려줘."
지속·격려 표현	즉각적인 칭찬과 강화 제공	"잘 하고 있어!"
	짧은 목표로 과제 지속 유도	"조금만 더 해보자."
	보상이나 기대감 통한 집중 지속	"이거 다 하면 ○○ 할 수 있어."
	시각적 피드백(체크리스트) 활용	"이거 하고 체크하자!"
과제 구조화 도움	활동 순서를 명확히 구분하여 제시	"처음 – 다음 – 마지막"
	과제를 수행할 공간 구조화	"이건 네 자리야."
	시범과 함께 직접적인 행동 안내	"이렇게 해보는 거야."
	과제 종료와 전환을 명확히 표현	"끝났어. 이제 다음 거야."

❸ 과제분석

• 과제를 작은 단계로 나누며, 한 번에 모두 제시하지 않아도 된다.
• 과제를 제시하기 전 필요한 경우 교수자료를 수정하고 조절한다.
• 과제 설명에는 단순하고 이해하기 쉬운 지시를 사용한다.
• 아동이 가장 잘 이해할 수 있는 방법(시각적 단서나 모델링 등)을 활용하여 지시한다.

❹ 전이 지원

• 전이 전, 중, 후에 아동을 도와주는 다양한 촉진 전략을 사용한다.
• 전이가 다가오고 있다는 것을 알리는 체계를 사용한다.
• 수집한 전이 관련 데이터를 일관성 있게 활용한다.
• 사회적 상황 이야기나 파워카드 등의 시각 자료를 함께 사용한다.

❺ 선행사건 및 후속결과 중재

- 아동의 행동에 영향을 미치는 일상적인 선행사건에 대한 자료를 수집하고, 이를 바탕으로 중재 전략을 설정한다.
- 적절하거나 부적절한 행동에 대해 논리적이고 자연스러운 결과를 적용하며, 강화 전략을 사용한다.

❻ 장·단기 목표의 교육과정 삽입

- 매일의 진도 확인을 위해 자료 수집지를 활용한다.
- 장·단기 교수목표를 학급 활동 및 수업과 연결하기 위해 도표를 사용한다.
- 또래주도 지원을 지속적으로 통합한다.

❼ 과제 완수 지원

- 보조가 필요할 경우에는 최소한의 개입부터 시작한다.
- 아동이 과제를 미루는 경우에도 최소한의 신체적 촉진만 제공한다.
- 아동이 과제에 집중할 수 있도록 구두로 격려하며 지도한다.
- 아동이 실수하거나 정답을 모를 경우에는 집착하지 않고 자연스럽게 다음 활동으로 넘어가게 한다.

❽ 기술의 일반화

- 문제해결 기술이나 일반화된 행동이 나타났을 때 즉각적으로 강화한다.
- 과거에 익힌 교수 전략을 새로운 상황이나 장소에서도 일관되게 활용한다.

❾ 독립성 증진

- 아동이 어려움을 느끼더라도 무조건 촉진하지 않고 기다리는 시간을 제공한다.
- 보조원은 필요 이상으로 아동 가까이 있지 않으며, 학급 전체를 위한 지원자로 행동한다.
- 아동의 모든 행동(양치하기, 식사하기 등 당연히 해야 하는 행동)이나 성취에 대해 과도하게 칭찬하지 않는다.
- 문제해결을 위한 작은 시도도 강화한다.
- 촉진을 줄여나갈 때는 사전에 수집한 자료를 기반으로 한다.

→ 어떤 촉진수준에서 과제를 성공하는지, 얼마나 자주 촉진을 필요로 하는지, 어떤 촉진이 가장 효과적인지, 스스로 시도하는 모습은 있는지 등

⑩ 일관성 있는 중재

- 아동의 바람직한 행동에는 보상(강화)을 정확히 주고, 바람직하지 않은 행동에는 항상 같은 방식으로 일관되게 반응한다.
- 하루 일과를 미리 알고 예측할 수 있게 해주고, 활동이 바뀔 때는 미리 알려주며, 일정이 달라질 때도 아동이 당황하지 않도록 설명하고 안내한다.
- 교실 전체 아동을 위한 규칙과 보상 체계를 잘 지키면서, 동시에 각 아동의 특성과 필요에 맞춘 행동지도도 꾸준히 실천한다.

⑪ 우발 교수 (Incidental Teaching)

- 자연스러운 상황 속에서 아동의 자발적인 관심이나 행동을 활용하여 학습의 기회를 만들어내는 전략을 뜻한다.
- 아동의 선호도와 사전에 설정한 학습 목표를 중심으로 학습 환경을 구성한다.
- 아동이 특정 물건이나 활동에 관심을 보이면, 교사는 질문하거나 반응을 유도하여 그 관심을 학습 기회로 연결한다.
- 아동이 적절한 반응을 보였을 때는 선호하는 물건이나 활동을 보상으로 제공한다.

3) 시각적 지원

- 시각적 지원은 아동이 기술을 더 독립적이고 정확하게 사용할 수 있도록 돕기 위한 전략이며, 시각적 단서와 촉진을 포함한다.
- 시각적 활동계획표, 사회적 상황 이야기, 파워카드 등은 자폐범주성장애 아동에게 매우 효과적인 전략이다.

❶ 시각적 활동계획표

- 시각적 활동계획표는 하루일과나 한 과제의 단계별 활동 순서를 시각적으로 보여주는 촉진 도구다.

예를 들어 손 씻기 활동의 경우

수도꼭지 열기 → 손 적시기 → 비누칠 → 문질러 씻기 → 헹구기 → 수도꼭지 잠그기의 순서를 시각적으로 보여준다.

- 이 계획표는 아동이 전환 기술과 사회적 기술을 익히는 데에도 도움이 된다.
- 집단 활동이나 게임에 또래 아동을 함께 포함시켜 활용할 수 있다.

❷ 사회적 상황 이야기 (Social Stories)

- 자폐범주성장애 아동은 사회적 변화에 적응하고 규칙을 따르는 것을 어려워한다.
- 사회적 상황 이야기를 통해 아동은 사회적 맥락에서 적절한 행동과 의사소통 방식을 익힐 수 있다.
- 사회적 상황 이야기는 아동이 이해할 수 있는 방식으로 사회적 규칙이나 기대 행동을 설명하는 글이다.
- 상황에 따라 아동의 불안을 줄이고 행동을 조절하는 데 도움이 된다.
- 이야기의 문장은 설명문, 지시문, 관점문, 확정문, 협조문, 통제문 등 여섯 가지 형식으로 구성된다.

사회적 상황 이야기 문장 구성의 예

문장 유형	정의	예시
설명문	어떤 상황에서 무슨 일이 일어나는지를 객관적으로 설명하는 문장	"학교에서는 아침에 인사를 해요." "점심시간에는 급식을 먹어요."
관점문	다른 사람의 감정이나 생각, 관점을 설명해주는 문장	"선생님은 내가 인사를 하면 기뻐해요." "친구는 기다려주는 걸 좋아해요."
확정문	사실이나 규칙, 일관된 진실을 알려주는 문장	"사람들은 차례를 지켜야 해요." "놀이가 끝나면 장난감을 치워야 해요."
협조문	아이가 적절한 행동을 할 수 있도록 격려하는 문장	"나는 차례를 기다리려고 노력할 수 있어요." "나는 손을 씻을 수 있어요."
통제문	아이가 자신만의 기억 전략이나 행동 규칙을 스스로 정할 수 있도록 돕는 문장	"나는 '기다리자'라고 속으로 말하면서 내 차례를 기다릴 거예요."

• 이야기의 시점은 1인칭이나 3인칭이며, 한 문장을 한 장에 구성하고 그림이나 사진을 첨부하기도 한다.

→ '연재 만화 전략(comic book conversation)'은 말풍선 등을 활용해 상황을 만화 형식으로 구성한 사회적 이야기의 변형이다.

→ 이야기에는 또래 아동이나 본인의 비디오 모델링을 포함시킬 수도 있으며, 스마트기기를 이용해 활용할 수 있다.

❸ 파워카드

• 파워카드는 자폐범주성장애 아동의 특별한 관심 주제를 활용하여 사회적 의사소통 기술을 가르치는 시각적 전략이다.

구성 요소는 다음과 같다:

– 휴대용 파워카드: 아동의 관심 대상과 관련된 그림, 그리고 스크립트 내용의 요약이 포함된 명함 크기의 카드다.

→ 아동이 실제 상황에서 이를 휴대하고, 필요 시 시각적 촉구로 활용할 수 있다.

– 스크립트: 아동이 좋아하는 대상이 자신이 경험하고 있는 문제와 유사한 상황에서 어떻게 행동하는지를 이야기 형식으로 구성한 것이다.

→ 아동의 이해 수준에 맞춰 구성하고, 목표 행동을 자연스럽게 전달한다.

제 8 장

정서 및 행동장애

최근 학령기 아동들 사이에서 정서와 행동에 관련된 문제가 점점 더 심각해지는 추세를 보이고 있으며, 이에 따라 사회 전반의 관심도 그 어느 때보다 높아지고 있다. 실제로 아이들이 겪는 어려움은 우울감, 불안, 자살 충동 같은 정서적인 문제는 물론이고, 주의력결핍 과잉행동장애(ADHD), 음주나 흡연, 비행, 폭력, 인터넷 및 게임 중독 등 다양한 행동 문제로도 나타난다.

이처럼 아동이 정서적·헝동적인 문제를 보일 경우, 학교나 가정에서 또래 친구나 가족에게 받아들여지지 못하고 소외되는 일이 생기기도 한다. 학령기에 나타나는 정신적 문제나 행동장애는 단순히 그 시기에만 나타나는 것이 아니라, 성인이 된 이후에도 다양한 방식과 강도로 이어질 수 있다는 점에서 매우 심각한 문제로 볼 수 있다.

따라서 교사와 부모는 아동의 문제행동이 어떤 것이며 그 원인이 무엇인지 정확히 파악하고, 이를 해결하기 위한 적극적인 자세를 가져야 한다.

생각해봅시다!

문제 행동을 보이는 학생 뒤에 감춰진 이야기를 본 적이 있는가?

수업 중 갑자기 소리를 지르거나, 친구에게 공격적인 행동을 하는 학생을 단지 통제 대상으로만 본 적은 없는가? 정서적 어려움을 겪는 학생이 보이는 행동은 그 자체가 '도움 요청'일 수 있다는 것을 이해하고 있는가? 교사의 한마디, 한 눈빛이 그 학생의 하루를 바꿀 수 있다는 걸 잊지 않고 있는가?

의견을 적어주세요.

1. 정서·행동장애의 정의 및 판별

1) 문제행동이란 무엇인가?

• 정서·행동장애는 다른 장애 영역과 마찬가지로 그 정의를 명확히 하기 위한 다양한 시도가 이루어졌지만, 아직까지 모두가 동의하는 하나의 정의를 내리는 데에는 어려움이 있다.

→ 이는 '문제행동'이라는 개념 자체가 단순하지 않고, 다음과 같은 여러 복합적인 이유들로 인해 정의하기가 어렵기 때문이다.

• 문제행동의 정의가 어려운 이유

– 문제행동은 사회적으로 구성된 개념이기 때문에, 정신건강의 바람직한 기준에 대해 명확한 합의가 존재하지 않는다.

– 정의를 내리는 사람의 입장이나 목적에 따라 그 기준이 달라질 수 있다.

– 인간의 감정과 행동은 측정하기 어려운 특성을 가지고 있다.

– 사람의 행동은 사회적 맥락과 연관되어 있으며, 인종이나 문화에 따라 기대되는 행동 기준이 다를 수 있다.

– 정서·행동장애는 종종 다른 장애들과 함께 나타나며, 이 경우 원인과 결과의 구분이 어려울 수 있다.

– 문제로 간주되는 감정이나 행동이 일시적인 경우도 있어서, 지속성이 없는 경우 진단이 어렵다.

– 정의에 따라 아동에게 장애라는 낙인이 찍히면, 교육, 사회 적응, 직업 선택 등에서 불이익을 받을 가능성도 존재한다.

• 따라서 정서·행동장애의 개념을 정의하고 아동의 장애 여부를 판별하는 과정은 환경을 무시한 상태에서 이루어져서는 안 되며, 그 아동을 포함하고 있는 환경 전체가 하나의 단위로 인식된 상태에서 아동의 행동이 관찰되는 과정이어야 한다.

2) 정서·행동장애의 정의

• 우리나라의 특수교육법은 1981년 Bower가 제시한 다섯 가지 기준을 근거로

다음과 같이 정서·행동장애를 정의하고 있다.

우리나라 현행법상 정의

장애인 등에 대한 특수교육법
장기간에 걸쳐 다음 각 목의 어느 하나에 해당하여, 특별한 교육적 조치가 필요한 사람 가. 지적, 감각적, 건강상의 이유로 설명할 수 없는 학습상의 어려움을 지닌 사람 나. 또래나 교사와의 대인관계에 어려움이 있어 학습에 어려움을 겪는 사람 다. 일반적인 상황에서 부적절한 행동이나 감정을 나타내어 학습에 어려움이 있는 사람 라. 전반적인 불행감이나 우울증을 나타내어 학습에 어려움이 있는 사람 마. 학교나 개인 문제에 관련된 신체적인 통증이나 공포를 나타내어 학습에 어려움이 있는 사람

- 우리나라 법에서는 교육적 성취를 학습상의 어려움에 국한시켜, 정서·행동장애의 적격성을 지나치게 제한하는 결과를 초래하고 있다.
  → 그 결과, 학습능력이 있는 아동의 경우, 정서·행동장애가 심각하더라도 지원 대상에서 제외되는 일이 발생하기도 한다.

3) 정서·행동장애의 분류 및 판별도구

❶ 분류

- 정서·행동장애는 매우 다양한 특성과 행동을 지닌 사람들을 포함하는 이질적인 집단으로, 현재까지 보편적으로 인정받는 하나의 분류 체계는 존재하지 않는다.
- 사용자와 목적에 따라 서로 다른 분류 기준이 사용되며, 가장 널리 활용되는 것은 미국정신의학협회가 발행한 DSM-5-TR(2022)에 따른 체계이다.
  → 이 체계는 정신의학과 심리학 분야에서 주로 사용된다.
- 교육 현장에서는 이와 같은 진단 중심의 분류보다는 아동의 개별 행동 특성이나 유형을 중심으로 통계적으로 분석하는 접근이 더 바람직하다.
- 행동 중심의 분류 방식은 아동의 행동 유형이 얼마나 자주, 얼마나 강하게 나타나는지를 기준으로 하며, 주로 행동평가와 요인 분석 같은 통계적 방법을 통해 비슷한 행동을 묶어 분류한다.
  → 이러한 분류 방식은 보통 내재적(감정 중심의) 행동문제와 외현적(눈에 잘 드러나는)로 나누어진다.

교육현장에서 흔히 발견되는 문제행동들

행동 문제	내재적 행동문제	외현적 행동문제	전문기관 의뢰 시점
집중력 부족	지속적인 집중력 결여 (수업 중 쉽게 산만해짐)	수업에 자주 방해가 되는 행동 (예: 소리 지르거나 자리 이동 등)	집중력 부족이 지속적이고 수업 진행에 심각한 방해가 될 때
불안과 걱정	시험이나 발표에 대한 극도의 불안	지나치게 불안해하며 과도한 질문을 하거나 수업 중 불안한 행동을 보임	불안이 지속적이며 일상생활에 영향을 미칠 때 (예: 학교 가기를 거부)
자존감 문제	자주 우울한 기분을 보이며 자신감을 잃은 상태	자존감 저하로 자주 자학적인 발언을 하거나, 친구들 앞에서 위축됨	자존감 문제로 자주 위축되거나 타인과의 관계에 심각한 어려움이 있을 때
사회적 고립감	또래와의 관계에서 계속해서 소외감을 느낌	다른 아이들과 잘 어울리지 않거나 불편한 행동으로 갈등을 일으킴	사회적 고립감이 지속적이고 타인과의 상호작용에 큰 영향을 미칠 때
과잉 행동	조용히 앉아 있지 못하고 계속해서 안절부절하는 모습 (내적 불안 또는 과잉 행동)	자주 방해하거나 물건을 던지고, 친구나 교사를 괴롭힘	과잉 행동이 일상적으로 나타나며 다른 학생들에게 방해가 될 때
반항적인 태도	교사의 지시에 대한 불만이나 불편함을 내면화	교사의 지시를 무시하거나, 반복적으로 규칙을 어기며 반항적인 행동	반항적인 행동이 지속적이고 수업 진행에 큰 영향을 미칠 때
학업 스트레스	수업 내용에 대한 강한 스트레스와 불안으로 스스로 문제 해결을 못함	과도한 스트레스로 수업 중 불안정한 행동을 보임 (예: 과도한 흥분, 짜증 등)	학업 스트레스가 지속적이고 건강에 심각한 영향을 미칠 때
친구와의 갈등	친구와의 갈등으로 내면적 불편함이 커짐 (걱정, 외로움 등)	친구와의 물리적 충돌이나 감정적 갈등을 외부에 표출함	친구와의 갈등이 지속적이고 갈등 해결이 불가능할 때
충동적 행동	순간적인 불안이나 스트레스로 자신을 자주 제어하지 못함	충동적으로 말하거나 행동하여 수업에 방해를 일으킴	충동적인 행동이 빈번하고 반복되며 다른 학생들에게 영향을 미칠 때
자아 상실	자신에 대한 부정적인 생각이 지속되고 자존감이 낮음	과도하게 자신을 비하하거나 친구들에게 공격적인 태도를 보임	자아 상실과 자기 비하가 지속적이고 교실 활동에 영향을 미칠 때

❷ 판별도구

- 우리나라에서는 정서·행동장애 판별을 위해 '한국 아동·청소년 행동평가척도(K-CBCL)'가 널리 사용되고 있다.
- 또한 직접 행동을 관찰하고 측정하는 방법도 중요하게 사용되는데, 이 경우에는 교실이나 운동장과 같이 자연스러운 환경에서 아동의 행동을 구체적으로 관찰하고 정의해야 한다.
  → 행동 측정에는 행동이 나타나는 비율, 지속 시간, 반응 시간, 행동의 형태와 강도 등이 기준으로 활용된다.
- 결국, 정서 및 행동장애 아동을 정의하고 판별하는 일은 객관적 관찰을 기반으로 하더라도 본질적으로 매우 주관적이며, 이를 위해서는 아동의 행동뿐 아니라 환경적 요인과 주변인의 반응까지 함께 고려해야 한다.

2. 정서·행동장애의 원인

정서 및 행동장애의 원인과 관련해 중요한 개념 중 하나는 '기여 요인'으로, 이는 장애가 하나의 직접적인 원인에 의해 발생하기보다는 여러 요인이 함께 작용해 나타난다는 것을 의미한다.

1) 생물학적 요인

- 정서나 행동은 유전, 신경학적 구조, 생리적 특성 등과 같은 생물학적 요인의 영향을 받을 수 있다.
- 비록 아직까지 생물학적 요인에 대한 명확한 규명은 부족하지만, 많은 학자들은 유전, 기질, 체질 등이 특정 행동 특성을 형성하는 데 일정한 역할을 한다는 점에 공감하고 있다.
  → 같은 환경에 놓인 아동이라도 저마다의 생물학적 요소로 인해 서로 다르게 반응할 수 있다.

- 질병, 영양결핍, 뇌 손상, 약물 및 유해물질의 노출 등도 정서·행동장애의 발생에 영향을 미치는 요소로 작용한다.
- 조현병은 특히 유전적 요인이 질환 발생에 직접적인 영향을 준다고 알려져 있다.
  → 꾸준한 약물치료를 받는다면 대부분 일상생활에서 큰 문제 없이 생활이 가능하다.
  → 매스미디어에서 보여지는 조현병 환자의 공격적인 모습은 매우 예외적인 사례일 뿐이다.
- 이외에도 기분장애, 불안장애, 우울증, 반항장애, 품행장애, 주의력결핍 과잉행동장애(ADHD), 뚜렛증후군 등도 유전적 영향을 받을 수 있다는 연구결과가 보고되고 있다.
  → 의학적 치료는 정서·행동 장애 아동을 위한 유일한 접근법이 되어서는 안 되며, 아동의 심리적, 사회적, 교육적 측면을 모두 고려해야 한다.

2) 가정 및 지역사회 요인

- 아동이 성장하는 가정과 지역사회 환경은 아동의 정서와 행동 발달에 긍정적 혹은 부정적인 영향을 줄 수 있다.
  → 빈곤, 방임, 신체적·정서적 학대, 부모의 지속적인 스트레스, 일관성 없는 양육 기준, 사회적 고립 등의 환경은 아동의 문제행동 발생에 영향을 미칠 수 있다.
- 특히 부모의 양육 태도는 아동의 행동 발달에 중요한 영향을 미친다.
  → 아동의 필요에 민감하게 반응하고, 부적절한 행동에 대해서는 사랑과 지지를 바탕으로 한 대응을 하며, 바람직한 행동에 대해서는 관심과 칭찬을 제공하는 양육 방식이 필요하다.
- 하나의 가정 안에서도 모든 자녀가 같은 영향을 받는 것은 아니며, 자녀들은 각각 가족 내 관계를 통해 개별적인 경험을 하며 그에 따라 행동 특성이 다르게 나타난다.
- 교사는 아동의 장애가 가정환경과 관련이 있다 하더라도 부모를 비난하거나 교육 주체로서의 책임을 무시해서는 안 된다.

- 가정 내 폭력이나 아동학대는 심각한 환경적 요인이다.
  → 대중매체의 폭력적 내용, 문화 간 행동기준 차이, 또래집단의 부정적인 영향 등도 고려해야 할 요소이다.

3) 학교 요인

- 학교는 아동이 하루 중 대부분의 시간을 보내는 공간으로, 교사와 학교 환경은 아동의 행동에 매우 큰 영향을 끼친다.
  → 실제로 많은 정서·행동장애는 초등학교 입학 이후 처음 발견되는 경우가 많다.
- 학교에서 정서·행동 문제를 유발할 수 있는 요인들
  - 아동 개개인의 특성을 무시하는 교사의 태도
  - 아동의 학업 성취나 행동에 대한 지나치게 높거나 낮은 기대
  - 학습 실패를 초래하는 비효율적인 수업
  - 바람직한 행동에 대한 명확하지 않은 규칙과 기대
  - 일관성 없는 훈육이나 체벌 중심의 지도
  - 부적절한 행동에는 주의를 주고, 바람직한 행동은 무시하는 분위기
  - 교사나 친구들의 부정적인 행동을 쉽게 모방할 수 있는 환경
- 교사와 학교 차원에서의 문제 예방 방법
  - 학교 전반에 걸쳐 명확한 규칙과 기대, 그에 따른 결과의 일관성 있는 운영
  - 긍정적인 학교 분위기 조성
  - 갈등 해결이나 소외된 학생을 위한 개입 전략을 학교 차원에서 마련
  - 교내 모든 상황에서의 철저한 감독
  - 문화적 다양성을 존중하는 태도
  - 아동이 학교에 대해 소속감과 애착을 느낄 수 있는 환경 만들기
  - 학급당 인원 수 적정하게 유지하기
  - 부모 및 지역사회 구성원의 적극적인 참여 유도

3. 정서·행동장애 아동의 특성

1) 지능 및 학업 성취

- 정서 · 행동장애 아동은 지적장애나 영재의 특성을 지닐 수도 있지만, 일반적으로는 평균 이하의 지능을 보이는 경우가 많다고 보고되고 있다.
  → 이러한 지능 수준은 실제 능력보다는, 지시를 잘 따르지 못하거나 주의가 산만한 특성 때문에 검사 수행이 제대로 이루어지지 않은 결과일 가능성도 있다.
- 다른 장애영역에 비해 학업 성취도가 가장 낮은 것으로 보고되기도 한다.
  → 경우에 따라서는 기본적인 자조기술조차 익히지 못하는 경우도 있다.
- 일반적으로 장애의 정도가 심할수록 학업 성과가 낮고, 비행이나 범죄로 이어질 가능성도 높아지는 경향을 보인다.
- 반면, 아동이 학업 과제에 몰입할 때는 방해 행동과 같은 문제 행동이 줄어든다는 연구 결과도 있다.
  → 교사는 단순히 문제 행동만을 다루는 데 그치지 않고 학업 기술 지도에도 적극적인 관심을 가져야 한다.

2) 사회 · 정서적 특성

- 정서 · 행동장애 아동은 다양한 정서적 문제를 경험하며, 다음과 같은 형태로 나타날 수 있다.
  - 불안장애는 아동기에서 가장 흔하게 나타나는 문제로, 두려움이나 걱정으로 인해 부적응적인 정서 상태나 행동이 나타난다.
  - 기분장애는 우울이나 과도한 고양 상태를 포함하며, 양 극단의 정서를 번갈아 나타내기도 한다.
  - 반항장애는 성인에 대한 무시, 언쟁, 쉽게 흥분하는 등의 특징을 보이며, 품행장애로 발전할 가능성이 있다.
  - 품행장애는 가정, 학교, 사회생활 전반에서 지속적인 반사회적 행동을 보이며, 기능을 심각하게 저해한다.

– 조현병은 망상, 환각, 이해하기 어려운 대화방식, 정서 표현 부족, 현실감각의 손상 등 다양한 증상을 동반하며, 제한된 감정과 공포 반응이 특징적으로 나타난다.

– 뚜렛 증후군은 유전적 신경학적 장애로, 눈 깜빡이기, 코 킁킁거리기, 얼굴 찡그리기, 음성 틱 등의 증상이 나타나며, 주로 남아에게서 더 흔히 발생하고, 스트레스 상황에서 악화된다.

3) 행동적 특성

• 정서·행동장애 아동은 외현적 또는 내재적 행동문제를 보일 수 있다.

• 외현적 행동문제는 주로 반항장애나 품행장애에서 나타나며, 때리기, 소리지르기, 친구 괴롭히기, 반항 등의 형태로 드러난다.

→ 이러한 행동은 주변 환경에서 부정적인 반응을 유발하고, 결국 아동과 환경 사이에 상호 부정적인 영향이 형성될 수 있으므로, 문제를 아동 개인에게만 귀속시켜서는 안 된다.

→ 아동의 행동뿐만 아니라 환경 내 다른 사람들의 반응도 함께 고려해야 한다.

• 내재적 행동문제는 불안, 우울, 사회적 위축 등으로 나타나며, 학급 활동에는 방해되지 않기 때문에 쉽게 눈에 띄지 않을 수 있다.

→ 지나치게 혼자 있는 시간이 많고, 또래와의 긍정적인 상호작용이 부족하며, 말수가 적고 의사소통 시도가 드물다.

→ 따라서 교사는 아동의 조용한 문제행동에도 세심한 주의를 기울여야 한다.

교사로서 잊지 말아야 할 것
• 아동의 사회적, 정서적, 행동적 특성을 모두 고려하더라도, 그것만으로는 정서 및 행동장애를 쉽게 판단할 수 없음을 명심한다. • 교사는 학령기의 모든 아동이 시기적으로는 달라도 어느 정도 부적절한 행동을 보인다는 사실을 인지하고, 문제행동이 아동의 학업 성취나 교우관계, 교사와의 관계, 또는 교수 프로그램의 진행을 심각하게 방해하는지 고려해야 한다. • 아동의 부적절한 행동을 볼 때, 단순히 그 행동 자체만이 아니라 그 행동이 얼마나 자주 나타나는지(빈도), 얼마나 강하게 반응하는지(강도), 그리고 얼마나 오래 지속되는지(지속 시간) 등을 살펴보아야 한다. • 아동의 행동을 부적절하다고 판단하기 전에 교사는 그 행동에 대해서 해줄 수 있는 모든 교수를 시도해 보아야 한다.

4) 주의력결핍 과잉행동장애 (ADHD)

- ADHD는 주의력 부족, 과잉행동, 충동성을 주요 특성으로 하는 신경생물학적 질환으로, 다음 세 가지 유형으로 나뉜다:
  - 부주의 우세형(ADHD-PI 또는 ADHD-I)
  - 과잉행동·충동성 우세형(ADHD-PH 또는 ADHD-HI)
  - 혼합형(ADHD-C)

DSM-5-TR의 ADHD진단기준

발현	증상
부주의	다음 증상 중 아동에게는 6개, 성인에게는 5개 이상의 증상이 6개월 이상 꾸준히 나타나며, 다른 정신적 혹은 의학적 증상으로 설명되는 경우는 제외한다. ① 상세한 것을 자주 놓치거나 부주의한 실수를 빈번히 저지름 ② 하나의 과제에 집중하거나 어떤 활동을 계속하는 것에 자주 어려움을 느낌 ③ 분명한 방해거리가 없는 경우에도 남의 말에 경청하지 못함 ④ 지시 사항을 끝내지 못하거나 과제를 완수하지 못하는 일이 잦음 ⑤ 과제나 활동의 조직, 마감 기한 준수, 물건 정리를 힘들어함 ⑥ 지속적인 주의를 필요로 하는 과제를 수행하기 어려움 ⑦ 물건을 자주 잃어버림(과제에 필요한 물건도 포함) ⑧ 관련 없는 일에 주의가 분산되기 쉬움, 성인과 10대의 경우 여러 생각들로 인해 집중력을 잃기도 함 ⑨ 일상 활동을 쉽게 잊어버리거나, 완수 후에도 그 사실을 잊어버리기 쉬움
과잉행동-충동성	다음 증상 중 아동에게는 6개 이상, 성인에게는 5개 이상의 증상이 6개월 이상 꾸준히 나타나며, 다른 정신적 혹은 의학적 증상으로 설명되는 경우는 제외한다. ① 자리에 앉으면 잠시도 가만히 있질 못하고 몸을 비틈 ② 저녁 식사, 숙제, 업무 중에 자리에 앉는 것에 있어 어려움을 느낌 ③ 상황에 맞지 않게 돌아다니는 경우가 잦음, 성인이나 10대의 경우엔 차분하지 못함(restlessness)으로 나타남 ④ 여가 활동이나 놀이에 조용히 참여할 수 없음 ⑤ 계속 움직이려 하거나 움직임이 없을 땐 불편함을 느끼는 것이 잦음 ⑥ 말이 너무 많음 ⑦ 질문이 끝나기 전에 답하거나 남의 말을 멋대로 끝냄 ⑧ 줄 서기 등 자기 순번을 기다리기 힘들어 함 ⑨ 타인의 대화나 활동에 방해나 침입이 잦거나, 묻지도 않고 남의 물건을 사용함
혼합	부주의형 및 과잉행동-충동성을 모두 충족하는 형태

- ADHD는 대개 어린 시기에 시작되며, 치료되지 않을 경우 성인기까지 지속될 수 있는 만성질환이다.
- 실제로 ADHD 아동의 33~66%는 성인이 되어서도 관련 증상을 겪으며, 이로

인해 학업, 직업, 인간관계 등에서 어려움을 겪을 수 있다.

→ 성인 ADHD는 어렸을 때 나타난 ADHD 증상이 제대로 치료되지 않았거나 혹은 방치되어 성인기에 나타나는 것을 말한다.

- ADHD 진단은 12세 이전에 증상이 시작되어야 하며, 집, 학교, 친구 관계 등 최소 두 가지 이상의 환경에서 문제가 드러나야 한다.
- ADHD의 진단은 상당히 주관적인 요소가 많으며, '끊임없이 움직인다'는 기준이나 '과제를 회피한다'는 행동을 ADHD로 단정짓기는 어려운 측면이 있다.
  → 이 때문에 의사의 진단도 부모나 교사의 관찰에 의존할 수밖에 없으며, 타당도 높은 독립적인 진단검사는 아직 부족한 실정이다.
- 대부분의 ADHD 아동은 또래에 비해 학업 성취도가 낮으며, 계획 세우기, 조직화하기 등과 같은 학문적 기술 습득에 어려움을 겪는다.
  → 이런 아동에게는 약물치료가 효과를 보이기도 한다.
- 사용되는 약물: 페닐페니데이트, 덱스트로암페타민 등
  → 과잉행동이 감소하고 주의 집중력이 향상될 수 있다.
  → 불면증, 식욕 감소, 두통, 체중 감소, 짜증과 같은 부작용도 발생할 수 있으며, 이는 약물 용량을 조절하여 완화할 수 있다.
- 전문가들은 학령 전 아동에게는 약물보다 행동중재가 우선되어야 하며, 청소년기에는 행동중재와 약물치료를 병행할 필요가 있다고 강조한다.

항목	ABA	FBA
의미	응용행동분석: 행동 원리를 실생활에 적용해 행동을 변화시키는 과학적 접근법	기능적 행동평가: 문제 행동의 원인(기능)을 파악하기 위한 평가 과정
범위	매우 넓음: 중재, 교육, 치료, 상담 등 다양한 영역에 사용	비교적 좁음: 특정 문제행동에 대한 분석 도구
목적	행동을 증가·감소시키고 전반적 기능을 향상	문제 행동의 원인을 분석하여 중재 계획 수립
사용 시기	지속적인 행동지도, 치료 과정 전반	문제 행동이 발생했을 때 중재를 위해 사전 실시
관계	ABA의 이론과 원리를 기반으로 FBA가 이루어짐	FBA는 ABA 기법 중 하나로 평가 도구 역할

- 특히 응용행동분석(ABA: Applied Behavior Analysis), 기능적 행동평가(FBA: Functional Behavior Analysis)를 바탕으로 한 개입 전략은 교사와 부모에게 실질적인 도움을 줄 수 있다.
  - 성공 경험을 제공하기 위한 과제 난이도 조정
  - 바람직한 행동에 대해 정적 강화 제공
  - 부적절한 행동은 무시하고, 필요한 경우 타임아웃이나 반응 대가 사용 등

4. 정서·행동장애 아동 교육지원

- 문제행동에 대한 교수 방법은 장애 여부와 상관없이 일반 아동의 문제행동을 다루는 데에도 적용될 수 있다.

1) 통합교육을 위한 일반적 지침

- 정서·행동장애 아동이 일반학급에 통합될 경우, 교사는 아동의 행동 문제, 사회적 기술, 학습 능력 세 가지 요소가 균형을 이루도록 교육을 구성해야 한다.
- 체계적인 교육을 통해 아동의 학업 성취도가 향상될 수 있으며, 그와 동시에 문제 행동도 줄어드는 효과가 있다.
- 교사는 먼저 아동의 현재 상태를 정확히 파악해야 하며, 관찰 가능한 행동을 중심으로 자료를 수집하고 이에 맞는 교수 전략을 선택해야 한다.
  → 일반 교사 혼자서도 수행할 수 있으나, 사안에 따라 특수교사의 협력, 학교 상담, 관련 전문가와의 연계 등을 통해 다각적으로 이루어질 때 더 효과적이다.
- 아동이 스스로 행동을 조절할 수 있도록 하려면, ① 목표로 삼을 행동을 정하고, ② 그에 대한 구체적인 관찰 자료를 수집하며, ③ 일관되게 교육을 실행해야 한다.
- 행동조절을 위한 목표행동 세 가지

① 적절한 행동 늘리기

② 부적절한 행동 줄이기

③ 새로운 행동 학습시키기

- 아동은 일반학급에서 또래 친구의 바람직한 행동을 모방하며 학습할 수 있기 때문에, 교사는 이를 긍정적으로 활용해야 한다.
  → 가정에서도 부모가 지도를 함께하는 것이 중요하다.

2) 사회적 기술 교수

- 정서·행동장애 아동은 대체로 사회적 기술 습득에 어려움을 보인다.
- 또래 친구나 성인과의 관계 형성 능력, 학업 외 활동에서 필요한 기술을 익히는 것은 이들이 학교에 잘 적응하는 데 매우 중요한 역할을 한다.
- 통합교육 환경에서 특히 중요한 사회적 기술은 다음과 같다.
  - 또래와의 갈등 상황에서 감정을 잘 조절하는 능력
  - 성인과의 갈등 상황에서 감정을 통제하는 능력
  - 지시를 이해하고 따르는 태도
  - 교사의 설명에 집중하는 습관
  - 한 활동에서 다른 활동으로 자연스럽게 전환하는 기술
- 교사는 먼저 아동의 사회적 능력을 정확히 평가하고, 개인에게 맞는 교수 전략을 선택하여 지도해야 한다.

위축된 아동을 위한 사회적 기술 교수의 예

전략	설명	구체적인 예시
긍정적 피드백과 격려 제공	자신감을 가질 수 있도록 긍정적 피드백과 격려를 자주 제공한다.	아동이 작은 성취를 이루었을 때 “잘 했어! 아주 용기 있게 시도했네!”라고 칭찬한다.
작은 목표 설정과 성공 경험 제공	작고 구체적인 목표를 달성함으로써 성공 경험을 축적하고, 자신감을 키울 수 있도록 돕는다.	아동에게 단기 목표(예: 1분간 혼자 앉기)를 설정하고 이를 달성할 때마다 칭찬과 보상 제공한다.
역할극	사회적 상호작용을 시도할 수 있도록 역할극을 통해 자신감을 높인다.	친구에게 인사하기, 간단한 대화 시도 등을 역할극으로 연습하여 두려움을 줄여준다.
비언어적	자신의 감정을 표현할 때 비언어적 신	“슬플 때는 고개를 숙이지 말고, 말

전략	설명	구체적인 예시
신호를 통한 자신감 표현	호(몸짓, 표정 등)를 인식하고 사용할 수 있도록 돕는다.	로 감정을 표현해 봐."와 같은 훈련을 제공한다.
차례대로 사회적 상호작용 확대	점차적으로 사회적 상호작용에 참여할 수 있도록 작은 그룹에서 시작해 큰 그룹으로 확대한다.	처음에는 두세 명과 함께 활동하고 점차적으로 사람 수를 늘려가며 연습한다.
감정 표현 기술 훈련	자신의 감정을 명확히 표현하는 방법을 배우도록 돕는다.	"슬플 때 어떻게 말할까?"라는 질문을 통해 감정을 표현하는 방법을 교육한다.
모델링을 통한 행동 시범 제공	교사나 또래가 적절한 사회적 상호작용을 보여주어 아동이 모방할 수 있도록 한다.	교사가 친구와 긍정적인 대화를 나누는 모습을 아동에게 보여주고, 이를 따라 하도록 유도한다.
점진적 노출법	두려워하는 사회적 상황에 점진적으로 노출시켜 불안을 줄여준다.	처음에는 교사나 친한 친구와 함께 대화하고, 점차 다른 사람들과도 대화할 수 있도록 유도한다.

공격성을 지닌 아동을 위한 사회적 기술 교수의 예

전략	설명	구체적인 예시
감정 조절 훈련	자신의 감정을 인식하고 조절하는 방법을 가르친다.	아동에게 "화가 나면 10초간 깊게 숨을 쉬어보기"와 같은 감정 조절 기법을 연습시킨다.
모델링	공격적이지 않은 대화나 행동을 시범을 통해 보여주어 아동이 이를 모방할 수 있도록 한다.	교사가 친구와 차분히 대화하는 모습을 아동에게 보여주며, 아동이 이를 따라 하도록 유도한다.
긍정적 강화법 사용	적절한 행동을 보일 때 즉각적인 보상이나 칭찬을 통해 그 행동을 강화한다.	아동이 공격적인 행동 대신 차분하게 말로 해결했을 때 칭찬하거나 작은 보상 제공한다.
비언어적 신호 훈련	공격적인 행동 대신 비언어적 신호(표정, 몸짓, 손동작 등)로 감정을 표현할 수 있도록 돕는다.	아동에게 얼굴 표정이나 손짓을 사용해 감정을 표현하도록 훈련(예: "화나면 팔짱을 끼어보자")시킨다.
소셜 스토리(Social Story) 사용	특정 사회적 상황에서 어떻게 행동해야 하는지에 대한 이야기를 통해 가르친다.	"친구가 내 장난감을 빼앗았을 때, 어떻게 해야 할지"에 대한 소셜 스토리를 제공하여 올바른 대응법을 학습시킨다.
불안과 두려움 다루기	공격적인 행동을 보이는 이유가 불안이나 두려움일 수 있음을 고려하여 이를 다룬다.	아동이 어려운 상황에서 공격적인 행동을 보일 때, "두려움을 어떻게 말로 표현할 수 있을까?"라고 질문을 통해 대화를 유도한다.
시간제한 또는 휴식 기법	공격적인 감정을 느꼈을 때 잠시 멈추고 차분히 감정을 가라앉힐 수 있도록 돕는다.	"너가 화났을 때, 5분 동안 혼자 시간을 가지며 차분해지면, 다시 대화할 수 있어"와 같은 방법을 적용한다.

3) 학업준비기술 지도

- 정서·행동장애 아동은 대체로 수업 시간에 집중하지 못하거나, 과제를 계획하고 수행하는 데 어려움을 겪는 경우가 많다.
  → 최근 학업을 준비하는 기초 기술을 가르치는 것이 매우 중요하다는 인식이 확산되고 있다.
- 이러한 아동을 지도할 때 교사는 다음과 같은 기본 원칙을 지켜야 한다.
  - 예측 가능한 하루 일과와 구조화된 수업 환경 제공
  - 분명한 규칙과 기대 수준을 알려주는 일관된 시간표
  - 긍정적인 교사-학생 상호작용을 위한 적절한 칭찬과 일관된 행동 대응
  - 자리에 앉아 혼자 하는 과제는 줄이고, 친구나 교사와 상호작용할 수 있는 많은 기회 제공하기
  - 수업에 몰입하게 하기 위해 자주 참여할 수 있는 기회를 주는 수업 구성

❶ 주의집중력 향상을 위한 전략

- 주의집중력 향상에는 작은 목표 설정, 시각적 자료 활용, 정기적인 점검이 중요하다. 이를 통해 아동은 긴 과제를 처리하는 동안 집중을 유지할 수 있다.

주의집중력 향상을 위한 교수전략의 예

전략	설명	구체적인 예시
단계별 작업 분할	아동이 긴 작업을 수행할 때 집중을 유지할 수 있도록 작업을 작은 단위로 나누어 수행한다.	긴 독서 과제를 여러 부분으로 나누고, 각 부분을 끝내면 잠깐의 휴식 시간을 준다.
시각적 보조 자료 사용	시각적인 자료(그림, 포스트잇 등)를 활용하여 아동의 주의를 집중시키고 기억을 돕는다.	학습 과제를 시각적으로 표현한 다이어그램이나 차트를 사용하여 아동의 주의를 끈다.
정기적인 간격으로 체크인	아동이 주의가 산만해지지 않도록 주기적으로 체크인하며 집중 상태를 확인하고 조정한다.	10분마다 아동에게 "지금 집중하고 있니?"라고 물어보거나 학습 상태를 확인한다.
긍정적 강화	주의집중력이 향상될 때마다 즉시 긍정적인 보상이나 칭찬을 제공하여 주의집중을 유지하도록 유도한다.	아동이 집중해서 학습했을 때 칭찬하거나 작은 보상을 주어 집중을 지속시킨다.

❷ 조직력 향상을 위한 전략

• 시간 관리, 체계적 자료 정리와 같은 방법을 통해 아동이 일관되게 학습을 할 수 있도록 돕는다.

조직력 향상을 위한 교수전략의 예

전략	설명	구체적인 예시
체계적인 시간 관리	아동이 할 일을 목록화하고, 각 작업의 시간을 설정하여 효율적으로 업무를 진행하도록 돕는다.	아동에게 '오늘 해야 할 일' 목록을 제공하고, 각 항목을 언제 끝낼지 시간을 설정한다.
학습 자료 정리법 교육	아동이 학습에 필요한 자료를 잘 정리하고, 찾기 쉽게 배치하도록 지도한다.	노트북을 정리하는 방법을 가르치고, 필기 내용과 참고 자료를 구분하여 보관하게 한다.
주요 정보 강조 및 색깔 활용	중요한 정보를 강조하거나 색깔을 활용하여 아동이 쉽게 정보를 구별하고 기억하도록 돕는다.	주요 포인트나 중요한 단어를 색깔로 강조하여 아동이 이를 기억하고 빠르게 찾을 수 있게 한다.
작업 완료 후 체크리스트 활용	아동이 완료한 작업을 체크리스트에 체크하며 진행 상황을 확인하고 작업을 놓치지 않도록 한다.	학습 후 각 항목을 체크리스트에 체크하게 하고, 완료된 작업을 눈으로 확인하도록 돕는다.

❸ 반응 정확도 향상을 위한 전략

• 반복 연습과 즉각적인 피드백 제공을 통해 아동의 정확한 반응을 유도하고, 점차적으로 정확도를 높일 수 있다.

반응 정확도 향상을 위한 교수전략의 예

전략	설명	구체적인 예시
작은 단위로 연습하기	아동이 복잡한 문제를 풀 때, 작은 단위로 연습하여 점차 정확도를 높여간다.	수학 문제를 풀 때, 먼저 간단한 문제를 풀게 한 후, 점차 난이도를 높여 정확도를 향상시킨다.
즉각적 피드백 제공	아동이 반응을 잘못했을 때, 즉시 정확한 반응을 알려주어 학습을 돕는다.	아동이 질문에 잘못 대답했을 때 바로 바로 정확한 답을 알려주고, 올바른 방식으로 해결하도록 돕는다.
반복 훈련 및 교정	아동이 자주 틀리는 부분에 대해 반복 훈련을 통해 정확도를 높이고, 교정하도록 유도한다.	아동이 자주 틀리는 문제를 반복적으로 풀게 하여, 점차 정확도를 높일 수 있도록 한다.
고려할 요소 분리하여 문제 풀기	아동이 문제를 풀 때 중요한 요소를 분리하여 하나씩 해결하도록 돕는다.	수학 문제에서 숫자와 기호를 분리하여, 각 항목을 차례대로 풀도록 유도한다.

4) 긍정적 행동지원 (PBS: Positive Behavior Support)

❶ 정의

- 긍정적 행동지원은 단순히 문제행동을 줄이는 데 그치지 않고, 사회적으로 바람직한 행동을 새롭게 형성하고, 이를 일상생활 속에서 지속적이고 일반화된 방식으로 유지할 수 있도록 도와주는 통합적인 접근법이다.
  → 이 방법은 행동에 영향을 주는 환경적·맥락적 요소를 고려하며, 선행사건의 조정, 대체행동의 지도, 후속결과의 조정과 같은 긍정적인 절차를 중심으로 실행된다.
- 긍정적 행동지원을 효과적으로 적용하기 위해서는 먼저 기능적 행동평가(FBA: Functional Behavior Assessment)를 기반으로 한 행동지원 계획이 수립되어야 한다.
  → 기능적 행동평가는 특정 행동이 왜 나타나는지를 파악하기 위한 방법으로, 행동 이전의 자극(선행사건), 행동 자체, 그리고 행동 이후에 나타나는 결과를 수집하고 분석하는 과정을 포함한다.
- 바람직한 행동이 일어날 가능성을 높이기 위해 환경을 계획적으로 조정하는 데 중점을 둔다.

❷ 실행 단계

1단계: 문제행동의 정의 및 우선순위 결정

- 먼저 문제행동을 명확하게 정의해야 하며, 가장 좋은 방법은 아동의 행동을 주의 깊게 관찰하고 있는 그대로를 정확하게 기록하는 것이다.

우선순위	문제행동	문제행동의 예
1	파괴행동	아동이나 주위사람의 건강이나 생명을 해칠 수 있는 행동. (예: 물기, 때리기, 눈 찌르기, 머리 흔들기, 긁기, 자르기, 아무거나 먹기)
2	방해행동	집, 학교, 지역사회에서의 일상생활 참여를 방해한다거나 학습을 방해하는 행동. (예: 교실 뛰어다니기, 말 안하기, 울기, 남을 밀어 제치기)
3	분산행동	귀찮은 행동이지만 크게 해가 되지 않는 행동. (예: 공공장소에서 계속 손 흔들기, 몸 흔들기, 교실에서 어슬렁거리기, 책 찢기)

- 여러 행동이 동시에 발생한다면, 각각의 행동을 모두 따로 기록해야 한다.
- 여러 가지 문제행동이 관찰될 경우에는 가장 시급하고 중요한 행동부터 우선적으로 지도해야 한다.

2단계: 정보 수집

- 아동의 문제행동을 정확히 이해하려면 그 행동이 언제, 어디서, 누구와 함께 있을 때 발생하는지, 어떤 상황이나 자극이 문제행동을 유발하는지에 대한 정보를 수집해야 한다.
- 행동을 분석한다는 것은 곧 인간의 행동과 그 환경적 요인 간의 관계를 파악한다는 것을 의미한다.

상황사건 (setting)	선행사건 (Antecedent)	문제행동 (Behavior)	후속결과 (Consequences)	기능 (function)
수학시간	교사가 문제를 주며 풀어보라고 지시한다.	짜증내며 연필을 던진다.	교사가 복도로 나가라고 한다.	좋아하지 않는 과제의 회피
마트에서 장보기	엄마가 오늘은 장난감을 사줄 수 없으니 제자리에 놓으라고 말한다.	바닥에 드러누워 소리치며 운다.	엄마가 장난감을 사준다.	좋아하는 물건의 획득

3단계: 가설 설정

- 관찰을 통해 수집된 자료를 바탕으로 선행사건(자극), 행동, 후속 결과 사이의 관계를 분석하고, 문제행동의 기능(목적)이 무엇인지를 추론한다.
  → 예를 들어, 관심을 끌기 위한 것인지, 과제를 피하려는 것인지, 감각 자극을 얻기 위한 것인지 등을 가설로 설정한다.

4단계: 긍정적 행동지원 계획 실행

- 설정된 가설에 기반하여, 행동지원 계획을 실제로 실행한다.
- 이 단계에서는 문제행동이 발생하지 않도록 선행조건을 변화시키는 것이 중요하다.
  → 예를 들어, 과제 난이도를 조절하거나, 활동의 양을 줄이거나, 아동이 선호하는 활동을 선택할 수 있는 기회를 주는 방법 등이 있다.

- 또한 문제행동을 대체할 수 있는 적절한 행동을 가르치는 것도 중요하다.
  → 예를 들어, 아동이 물을 마시고 싶은데 말을 하지 못해 소리를 지른다면, 그림이나 손짓, 의사소통 도구 등을 사용해 자신의 욕구를 표현할 수 있도록 대체행동을 지도한다.

대체행동의 조건	• 아동이 배우기 쉬워야 한다. • 아동에게 언제, 어떻게 사용해야 되는지를 지도해야 한다. • 문제행동보다는 더 효과적인 방법이어야 한다.

5단계: 계획 실행에 대한 평가

- 계획이 제대로 실행되었는지, 아동의 행동에 긍정적인 변화가 있었는지, 사용한 전략이 효과적이었는지 등을 종합적으로 평가해야 한다.
- 필요하다면 전략을 수정하거나 보완하여 보다 효과적인 지원이 가능하도록 한다.

5) 학교차원의 긍정적 행동지원 (SWPBS: School-Wide Positive Behavior Suppor)

- 학교차원의 긍정적 행동지원은 앞에서 설명한 긍정적 행동지원의 기본적인 요소를 학교 차원으로 적용하는 것이다.
  → 전교적인 예방 중심의 다층적 행동지원 체계로, 모든 학생의 긍정적인 행동을 촉진하고 문제행동을 예방 및 중재하기 위한 구조화된 접근이다.
- 학교차원의 긍정적 행동지원의 핵심은 다음과 같다.

❶ 예방 중심으로 접근한다.

예방 중심의 접근을 통해 문제행동이 발생하기 전에 이를 방지할 수 있는 환경을 조성한다.

→ 이는 학생에게 명확한 규칙을 제시하고, 기대되는 행동을 사전에 가르치는 과정을 포함한다.

❷ 학교 차원의 기대 행동을 명확히 가르친다.

→ 교사나 학교 구성원들은 모든 학생에게 '존중하기', '책임지기', '안전하게 행동하기' 등 학교 차원의 공통 기대 행동을 구체적으로 지도한다.

❸ 긍정적 행동을 강화하는 전략을 사용한다.

→ 학생이 기대에 부합하는 행동을 했을 때 즉각적이고 일관되게 칭찬하거나 보상함으로써 긍정적 행동이 반복되도록 유도한다.

❹ 데이터 기반 의사결정을 활용한다.

→ 학생의 행동을 지속적으로 관찰하고 데이터를 수집·분석하여, 문제행동의 원인을 파악하고 효과적인 지원 방안을 결정한다.

❺ 다층적 지원 체계를 운영한다.

→ 이는 모든 학생을 대상으로 하는 1차 보편적 예방, 소수 학생을 위한 2차 중재 지원, 집중 지원이 필요한 학생을 위한 3차 개별 개입으로 구성된다.

❻ 일관된 실행과 전교직원의 참여가 중요하다.

→ 교사뿐만 아니라 행정직, 보조인력 등 모든 학교 구성원이 공통된 원칙과 대응 방식으로 학생을 지도해야 SWPBS의 효과가 극대화된다.

❼ 학교 문화를 긍정적으로 개선하는 데 기여한다.

→ SWPBS는 학생들이 존중받고, 예측 가능한 환경에서 안정감을 느끼며 학습할 수 있도록 돕는 학교 문화를 조성한다.

• SWPBS는 특수교육뿐 아니라 일반교육 현장에서도 적용 가능하며, 학업 성취뿐 아니라 사회적·정서적 역량 증진을 통해 학교 전체의 긍정적 분위기 형성을 목표로 한다.

SWPBS 예시 : 장애아동 괴롭힘 방지

예방 단계	대상	지원 내용
1차 예방 (보편적 수준)	전체 학생 및 교직원	• 모든 학생을 위한 반괴롭힘 교육 및 장애 인식 교육 실시 • 장애에 대한 공감·다름의 존중강조하는 학교 문화 조성 • 학교 규칙에 '괴롭힘 금지' 명시 및 시각 자료 게시 • 포용적 또래 관계형성을 위한 협동 학습, 공동 활동 확대 • 교직원 대상 괴롭힘 인식 및 예방 교육실시 • 괴롭힘 발생 시 신고 절차 및 대응 체계 안내
2차 예방 (선별적 지원)	괴롭힘 관련 위험군 학생 (피해·가해 가능성 있는 학생)	• 장애아동 및 관련 학생을 위한 소집단 활동운영(예: 사회적 기술 훈련, 또래 멘토링) • 또래 중재 프로그램, 또래 도우미제도활용 • 반복적 언어폭력·소외 등 관찰 기반 조기 개입 • 피해 아동에 대한 정서적 지지 상담 및 보호자 연계 • 잠재적 가해 학생 대상 공감 훈련, 감정조절 프로그램제공
3차 예방 (집중적 지원)	지속적 피해를 입는 장애아동 및 심각한 괴롭힘 가해자	• 피해 아동에 대한 개별 심리·정서 지원 및 안전 확보 • 개별 행동지원계획수립하여 가해 행동에 대한 중재 진행 • 가해자에 대한 회복적 훈련(피해 인식, 책임감 교육 등) • 보호자, 전문가, 행정팀과의 다학제 협력 체계구축 • 필요 시 외부 전문기관 연계(정신건강센터, 아동보호전문기관 등)

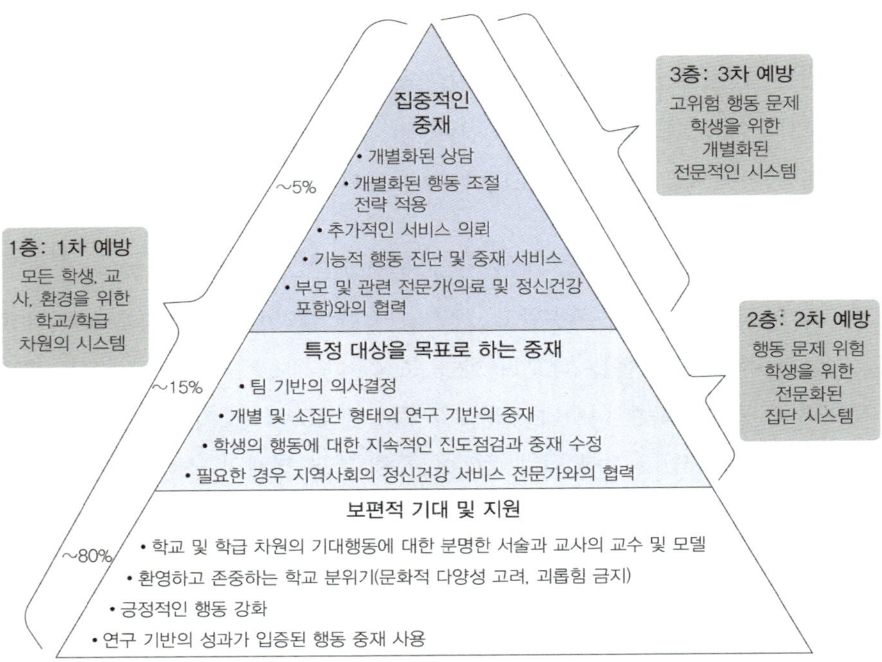

제 9 장

의사소통장애

말에 어려움을 겪는 아동은 소리나 단어를 정확하게 발음하지 못하거나, 말을 더듬거나 지나치게 빠르게 말하기도 한다. 또한 목소리가 작거나 불분명하여 상대방이 이해하기 어려운 경우도 있다. 이러한 말과 언어의 문제는 지적장애, 자폐성 장애, 청각장애 등 다른 장애와 함께 나타나기도 한다.

그러나 대부분의 의사소통장애 아동은 일반학급에서 교육을 받으며, 부분적으로 특수교사나 언어치료사 등 전문가의 도움을 받는다. 또한 일반학급에서 또래의 올바른 말 사용을 자연스럽게 들을 수 있기 때문에, 이들에게는 일반학급에서의 교육이 바람직하다. 따라서 교사는 의사소통장애를 가진 아동의 특성을 잘 이해하고, 이들이 학업과 사회생활에 잘 적응할 수 있도록 도와야 한다.

또한 AAC(보완대체의사소통) 활용 시, 의사소통장애 아동뿐만 아니라 그들과 소통해야 하는 일반 아동들도 함께 교육이 이루어져야 한다. 이를 통해 상호 이해와 소통이 원활하게 이루어질 수 있도록 교사는 신경써야 한다.

생각해봅시다!

생각은 분명한데, 말로 표현할 수 없다면 어떤 느낌일까?

말을 더듬거나, 단어가 떠오르지 않거나, 다른 사람의 말을 이해하지 못할 때 느끼는 답답함을 경험해 본 적이 있는가? 의사소통이 어려운 학생에게는 학습 이전에 '이해받고 싶은 마음'이 더 클 수 있다는 점을 인식하고 있는가? 우리는 얼마나 다양하고 열린 방식으로 학생의 목소리를 들으려 하고 있는가?

의견을 적어주세요.

1. 의사소통장애의 정의 및 분류

1) 의사소통의 구성요소

- 의사소통은 송신자(화자), 메시지, 수신자(청자), 그리고 피드백으로 이루어진다.
- 송신자 (화자): 의사소통을 시도하는 사람으로, 메시지를 부호화하는 역할을 한다.
- 메시지: 송신자가 부호화한 결과물로, 말이나 음성, 글과 같은 언어적 표현뿐만 아니라 몸짓, 표정, 형태 등 비언어적인 표현도 포함된다.
- 수신자 (청자): 송신자로부터 메시지를 받아 해독하는 사람이다. 부호화와 해독은 송신자와 수신자 모두에서 동시에 일어나는 활동이다.
- 피드백: 송출된 정보가 원래 출발한 지점으로 되돌아가 그 정보에 대한 반응을 보내는 것을 뜻한다.

의사소통 전달과정

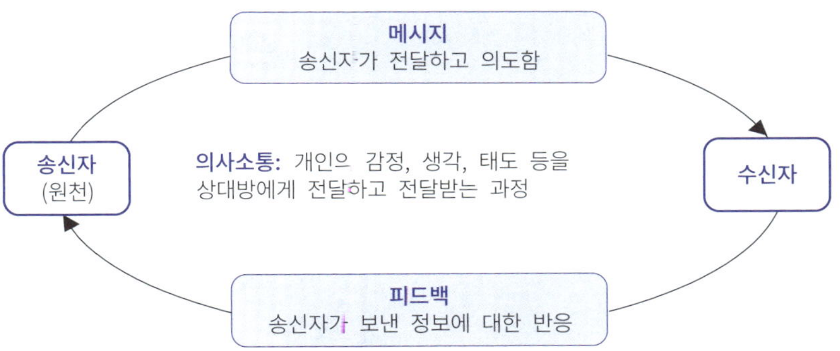

2) 의사소통의 유형

- 의사소통 (communication): 두 사람 이상이 말과 언어를 통해 자신의 느낌, 생각, 정보를 주고받는 과정이다. 이 과정에는 정보를 부호화하는 송신자와 해독하는 수신자가 포함된다. 정보는 언어적일 수도 있고 비언어적일 수도 있으며, 상징적 또는 비상징적일 수 있다(예: 표정, 눈맞춤, 목소리, 억양, 몸짓 등).
- 언어 (language): 다른 사람과 소통하기 위한 상징적 구조체계이다. 자신의 생

각, 느낌, 경험을 표현하기 위해 음을 규칙적으로 배열한 것으로 음운적, 형태적, 구문적, 의미적, 화용적 요소로 구성된다.

- 말 또는 구어 (speech): 언어의 음성적 산출, 즉 입으로 발음하는 소리를 말한다. 말이 언어를 표현하는 유일한 방법은 아니지만, 대부분의 사람들이 가장 빠르고 효율적인 의사소통 수단으로 선호한다.
  → 우리가 주로 사용하는 의사소통 체계는 구어와 언어이지만, 언어를 말이나 글로 나타내는 것이 반드시 의사소통에 필수적인 것은 아니다.
  → 준언어적 행동에는 비언어적 음성(예: '우~~', 웃음)과 메시지의 의미와 형식을 바꾸는 구어 수식법(예: 어조, 억양, 속도) 등이 있다.
  → 비언어적 단서에는 몸짓, 자세, 얼굴 표정, 눈 맞춤 등이 포함된다. 사람들은 얼굴을 보며 의사소통할 때 2/3 이상의 정보를 구어가 아닌 비언어적 방법으로 얻는다.

의사소통의 상위 단계 및 유형과 수단

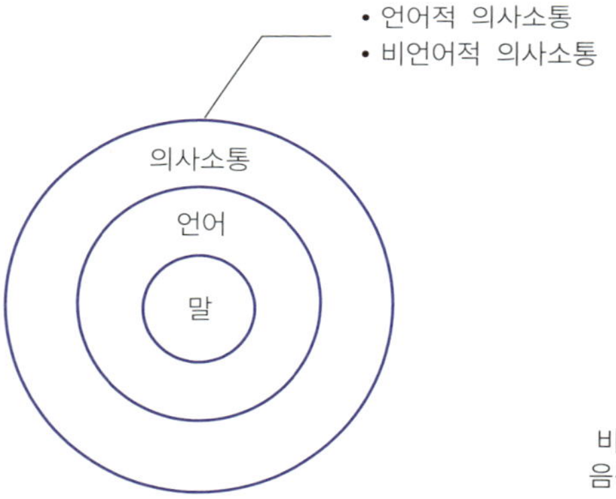

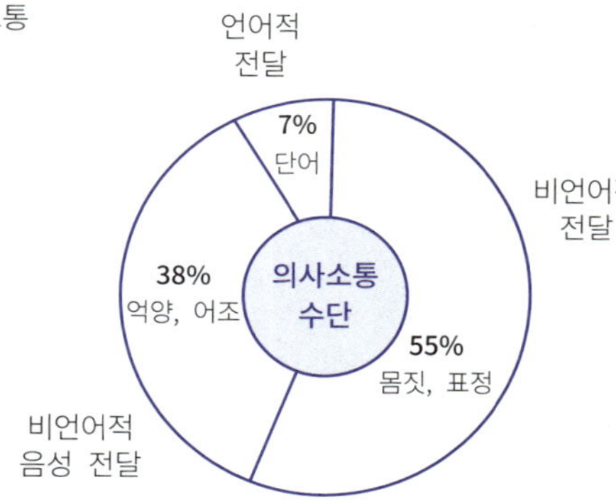

3) 의사소통장애의 정의

- 우리나라 현행법상 의사소통장애는 다음과 같다.
- 의사소통장애(communication disorder)는 말과 언어를 사용하는 데 장애가 나타나는 것을 뜻한다.
  → 자신과 같은 언어, 지역, 문화를 공유하는 다른 사람들과 비교했을 때, 언

우리나라 현행법상의 정의

장애인 등에 대한 특수교육법	다음 각 목의 어느 하나에 해당하여 특별한 교육적 조치가 필요한 사람 가. 언어의 수용 및 표현능력이 인지능력에 비하여 현저하게 부족한 사람 나. 조음능력이 현저히 부족하여 의사소통이 어려운 사람 다. 말 유창성이 현저히 부족하여 의사소통이 어려운 사람 라. 기능적 음성장애가 있어 의사소통이 어려운 사람
장애인복지법	가. 장애의 정도가 심한 장애인 음성기능이나 언어기능을 잃은 사람 나. 장애의 정도가 심하지 않은 장애인 음성·언어만으로는 의사소통을 하기 곤란할 정도의 음성기능이나 언어기능에 현저한 장애가 있는 사람

※ 장애인복지법에서는 '언어장애인'이라 지칭함

어적 또는 비언어적으로 정보를 표현하거나 이해하는 과정에 심각한 어려움이 있는 상태를 말한다.

- 미국언어청각협회(ASHA: American Speech-Language-Hearing Association)는 의사소통장애를 '개념이나 구어 및 비구어, 그래픽 상징체계를 인지하고 전달하며 이해하는 데 손상이 있는 경우'로 정의하며, 이러한 장애가 청각이나 구어·언어 과정에서 두드러지게 나타난다고 설명한다.

4) 의사소통장애의 분류

- 의사소통장애를 분류하는 하나의 기준은 없다.
  → 가장 널리 사용되는 분류 체계 중 하나는 미국언어청각협회(ASHA)의 분류 체계로 크게 말장애와 언어장애로 나눈다.

❶ 말장애 (Speech Disorders)

- 말장애는 말소리를 만드는 과정(조음), 말의 흐름 유지(유창성), 목소리 조절(발성)에 어려움을 보이는 세 가지 형태의 장애를 포함한다. 이들 장애는 하나 이상 동시에 나타나거나 다른 언어장애와 함께 나타날 수 있다.
  - 조음장애 (Articulation Disorders): 발음을 정확하게 하지 못하는 경우다. 특정 소리를 잘못 발음하거나, 발음이 불명확한 경우가 포함된다. 예를 들어, '가'를 '따'로 발음하거나 '수'를 '쑤'로 발음하는 경우가 있다. 보통 영유아에게서 많이 발생하지만, 연령이 증가면서 자연스럽게 개선되는 경우

도 있다.

– 유창성장애 (Fluency Disorders): 말의 흐름이 끊기거나 반복되는 문제를 가진다. 말더듬이 대표적인 예이며, 반대로 말하는 속도가 너무 빠르고, 음을 추가하거나 잘못 발음하여 듣는 사람이 말을 이해하기 어려운 말빠름증도 있다. 심리적 요인이나 신경학적 원인도 유창성장애에 영향을 줄 수 있다.
– 음성장애 (Voice Disorders): 목소리의 질, 높낮이, 음량에 문제가 생기는 경우다. 목소리가 너무 거칠거나 쉰소리로 들리거나, 지나치게 고음이거나 저음인 경우가 있다. 과도한 목소리 사용이나 부적절한 발음으로 인해 음성에 문제가 발생할 수 있다.

❷ 언어장애 (Language Disorders)

- ASHA에서는 언어장애를 언어의 구조적 구성요소를 기준으로 하여 형식(form), 내용(content), 사용(use)의 세 가지 측면에서 분류한다. 즉, 언어의 이해나 사용에 관련된 문제로, 언어의 구조나 의미를 이해하고, 표현하는 데 어려움이 있는 것을 뜻한다.
- 또한 언어발달의 양상 또는 패턴을 기준으로 다음과 같이 분류한다.
  – 구어의 결여 (absence of spoken language): 형식, 내용, 사용 모두 결여된 상태로 볼 수 있다. 의사소통을 위한 언어 표현 자체가 나타나지 않는 경우다.
  – 질적으로 다른 언어 (qualitatively different language): 일반적인 발달 경로와는 다른 방식으로 언어를 사용하는 경우로, 특히 사용(화용)에서 비정상적인 양상을 보이거나, 형식·내용의 결합 방식이 비정상적일 수 있다. 자폐범주성장애 아동의 언어가 대표적이다.
  – 지연된 언어발달 (delayed language development): 일반적인 발달 경로는 따르지만 형식, 내용, 사용 중 한두 영역에서 연령에 비해 뒤처지는 경우이다. 예를 들어, 문장 구성력이 낮거나 어휘 수가 적을 수 있다.
  – 중단된 언어발달 (regressed or plateaued language): 발달하던 언어 능력이 멈추거나 퇴행한 경우로, 발달적 언어장애 외에도 신경학적 손상이나 퇴

행성 질환에서 나타날 수 있다. 형식·내용·사용 중 어느 영역이든 영향을 받을 수 있다.

구성 요소	언어의 하위체계	정의	사용의 예	
			수용언어	표현언어
형태	음운론	소리체계의 이해와 사용	말소리를 식별함	말소리를 만들어서 분명하게 발음함
	형태론	단어의 구성요소 (접사, 어미 등)	단어의 문법적인 구조를 이해함	단어 내에서 문법을 사용함
	구문론	단어의 배열, 문장의 구조 등과 같은 문장 구성 규칙	단어의 의미와 단어들 간의 관계를 이해함	단어의 의미와 단어 간의 관계를 사용함
내용	의미론	어휘력, 단어 간 관계, 추론 능력 등	문구와 문장을 이해함	문구와 문장 내에서 문법을 사용함
사용	화용론	상황에 맞는 언어 사용, 대화 순서 지키기, 비언어적 단서 이해 등	사회적 또는 상황적 단서를 이해함	다른 사람에게 영향을 미치기 위하여 언어를 사용함

유형	정의	원인	관련 장애
구어의 결여	3세가 될 때까지 말이나 언어 표현이 전혀 없거나 매우 제한적이며, 의사소통이 이루어지지 않는 상태	• 심각한 발달적 지연 • 신경학적 문제(뇌 손상 등) • 청각 손실 • 유전적 요인	• 자폐범주성장애 • 지적장애 • 청각장애
질적으로 다른 언어	정상적인 언어 발달 패턴과 다른 경우로, 의사소통을 위한 의미와 유용성이 거의 없거나 전혀 없음	• 발달적 장애 • 뇌의 구조적 문제 • 환경적 요인 (언어 자극 부족 등)	• 발달적 언어장애 • 자폐범주성장애 • 뇌 손상 또는 뇌성마비
지연된 언어발달	언어발달이 전형적인 단계를 거치기는 하지만 동일 연령의 또래에 비해 지나치게 지체됨	• 발달적 지연 • 청각 문제 • 환경적 요인 (언어 자극 부족 등)	• 언어발달지연(SLI) • 청각장애 • 심리적 요인(부모와의 상호작용 부족 등)
중단된 언어발달	기존의 언어 능력이 갑자기 중단되거나 후퇴하는 상태	• 심리적 외상 (정신적 외상, 트라우마) • 신경학적 문제 (뇌손상, 뇌졸중 등) • 심리적 장애	• PTSD(정신적 외상 후 스트레스 장애) • 신경학적 질환 • 발달적 언어장애

- 전문가들은 원인에 따라 1차 언어장애와 2차 언어장애로 분류하기도 한다.
  - 1차 언어장애: 지능, 청각, 신경학적 손상 없이 언어 습득과 발달에만 문제가 있는 경우이다.
  - 2차 언어장애: 지적장애, 청각장애, 자폐범주성장애 등 다른 장애로 인해 2차적으로 언어 습득 및 발달에 문제가 생긴 경우이다.
- 언어장애 아동의 언어 발달 순서는 일반 아동과 같으나, 발달 속도가 느리다.

2. 의사소통장애의 원인

- 일반적으로 신체의 특정 기관이나 일부가 손상되거나 기능에 문제가 생기고, 정상적으로 발달하지 못하는 경우에 나타나는 구어장애는 기질적인 장애이다.
  → 그러나 대부분의 의사소통장애는 기질적인 원인보다는 기능적인 장애로 분류된다.
- 기능적 의사소통장애는 신체적인 문제에서 비롯된 것이 아니며, 그 정확한 원인은 아직 명확하지 않다.

1) 기질적 요인

- 기질적 요인은 중추신경계나 입, 후두 등에 손상을 초래하는 질병이나 사고에서 비롯된다.
  → 이러한 손상은 출산 전부터 모든 시기에 걸쳐 발생할 수 있다.
- 손상이 생기면 시기와 상관없이 비정상적인 반사운동이나 운동 기능 장애가 나타날 수 있다.
  → 이는 정상적인 말 소리를 내기 위한 움직임이 어려워지는 상태이다.
- 감각장애나 제한된 시·청각적 환경과의 상호작용 문제도 나타난다.
  → 예를 들어, 만성 중이염은 청각 손상을 일으켜 언어 발달에 심각한 영향을 준다.

2) 기능적 요인

- 기능적 요인은 원인이 명확하지 않은 말과 언어장애를 뜻한다.
- 환경적인 요소가 중요한 원인이 되기도 한다.
  → 예를 들어, 언어 자극이 부족하거나 적절한 경험이 제공되지 않는 경우가 이에 해당한다.
- 너무 많은 말을 듣거나 언어 모델이 전혀 없는 환경도 문제가 될 수 있다.
- 의사소통 시도를 할 때 벌을 받거나 무시당하는 경우에도 문제가 될 수 있다.
- 아동기 전체에 걸친 환경적 요소는 적절한 말과 언어 기술 발달을 돕기도 하고 방해하기도 한다.

3. 의사소통장애 아동의 특성

1) 언어적 특성

❶ 수용언어

- 질문에 제대로 대답하지 못하고, 말로 하는 지시를 따르기 힘들어한다.
- 추상적인 생각을 하지 못하거나 관용구에 담긴 추상적인 의미를 이해하지 못한다.
- 말로 설명할 때 관사, 조동사, 시제 표현 같은 덜 구체적인 단어를 놓치기 쉽다.
- 이야기 순서를 잘 기억하지 못하거나 유머와 은유 같은 표현을 이해하기 어렵다.
- 비슷한 소리의 글자를 헷갈리거나 단어의 음절 순서를 바꿔서 이해한다.
- 양, 기능, 크기 비교, 시공간 관계를 나타내는 개념을 이해하기 어려워한다.
- 복합문, 즉 중문이나 종속절이 포함된 문장을 이해하기 어렵다.

❷ 표현언어

- 문법을 정확하게 사용하지 못하고 제대로 설명하지 못한다.
- 말을 할 때 자주 멈칫거리고 '있잖아', '저기', '음' 같은 말을 자주 사용한다.

- 주제를 자주 바꾸며 제한된 어휘만 사용한다.
- 정확한 의미를 전달할 적절한 단어를 찾기 어렵다.
- 사회적 언어 사용 능력이 부족해 상황에 맞게 의사소통 방식을 바꾸지 못한다.
- 대화가 끊어지면 다시 이어가지 못하고, 대화 주제를 유지하지 못한다.
- 질문하는 것을 어려워한다.
- 대화 중 같은 정보를 반복해서 말한다.
- 추상적이거나 시공간적 개념에 대해 말하기 힘들어 한다.

2) 지능 및 학업성취

- 말하는 데 어려움이 있는 아동들은 읽기와 쓰기에도 어려움을 겪을 수 있다.
- 말이나 언어 문제를 가진 의사소통장애 아동은 지능 검사나 학업 성취도 평가에서 평균보다 낮은 점수를 보이기도 한다.
  → 그러나 많은 아동이 의사소통장애뿐 아니라 지적장애나 학습장애 등 다른 장애를 함께 가지고 있을 수 있기 때문에, 단순히 의사소통장애 때문이라고 단정하기 어렵다.
- 의사소통 문제는 단어 인지력, 독해력, 수학 능력 등 거의 모든 학습 능력 습득에 방해가 된다.
  → 말장애는 학업 성취에 큰 영향을 미치지 않으나 또래와의 상호작용에 영향을 준다.
  → 언어장애는 인지 발달과 학업 성취에 부정적인 영향을 준다.

3) 사회-정서적 특성

- 의사소통장애 아동은 학교생활과 사회적 발달에서 많은 어려움을 겪는다.
- 대체로 타인과 의사소통할 때 수동적인 태도를 보이며, 먼저 대화를 시작하는 것을 어려워하는 경우가 많다.
- 또래에게 무시당하거나 사회적 지위가 낮은 경우가 많다.
- 말장애 아동은 낮은 자존감, 좌절감, 분노, 적대감, 위축 행동을 보이기도 한다.
  → 특히 화용론적 의사소통에 어려움을 가진 언어장애 아동은 문제 해결 기술 발달에 부정적인 영향을 받는다.

- 의사소통의 어려움은 사회성 기술 부족을 초래하고, 이는 문제행동의 발현으로 이어지기 쉽다.
  → 일반아동에 비해 행동문제를 일으킬 위험 가능성이 더 높으며, 이로 인해 많은 아동이 정서·행동장애로 진단되기도 한다.

4. 의사소통장애 아동 교육지원

- 교사는 일반 학급에 통합된 의사소통장애 아동을 위해 교실 환경이나 수업 방식을 크게 바꿀 필요는 없다.
  → 말이나 언어에 어려움이 있지만, 일반교육 과정에 참여할 수 있는 능력을 갖추고 있다.
- 교사는 '사회적인 수용'과 '말/언어 기술 촉진' 두 가지 측면에 특히 관심을 가져야 한다.

1) 수용적인 학급 분위기 조성

- 환경 조성하기: 시간에 쫓기거나 긴장하지 않도록 편안한 학급 분위기를 만든다.
- 말할 때 관심 보이기: 말장애 아동이 이야기할 때 온전한 관심을 가지고 경청하며, 다른 학생들도 잘 듣도록 주의를 기울인다. 아동의 표현에 문제가 있다고 해서 말 자체를 무시해서는 안 된다.
- 실수 허용하기: 아동의 말실수를 비판하지 않는다. 대신 아동이 한 말을 반복하여 정확한 표현을 시범 보인다. 예를 들어, 아동이 "이건 느리타 버선이에요"라고 말하면, 교사는 "맞아, 이 버섯은 느타리 버섯이지"라고 반응한다.
- 말의 내용에 관심 보이기: 아동의 발음이나 유창성 문제에 집중하기보다는 말하고자 하는 내용에 관심을 둔다.
  → 이러한 교사의 태도를 보고 또래 학생들도 교사를 따라 아동의 말실수를 문제 삼지 않게 된다. 유창성장애 아동에게 특히 중요한데, 관심이 집중될

수록 말하기 문제가 악화되기 때문이다.

- 또래의 이해 증진: 학급 친구들이 아동의 말실수를 웃거나 놀리지 않도록 주의시킨다. 교사는 말실수를 놀리는 행동이 부적절함을 분명히 가르쳐야 한다.
- 다양한 활동으로 말하기 연습하기: 노래 부르기, 큰 소리로 함께 읽기, 속삭이기, 음률 변형 없이 말하기, 목소리 높낮이 변화 주기, 박자에 맞추어 말하기 등 다양한 활동을 통해 말더듬 문제가 줄어들거나 사라질 수 있다.
- 집단 구성하기: 소집단 또는 1:1 짝 활동을 통해 의사소통 기술을 연습할 기회를 충분히 제공한다.
- 인내심 가지기: 말하는 속도가 느리거나 힘들어하는 아동에게 조급함을 보이지 않는다. 말더듬 아동은 한 문장을 완성하는 데 시간이 오래 걸리며, 뇌성마비 아동은 단어 하나하나를 발성하는 데 매우 힘들어 한다. 보조도구를 사용하는 아동도 말할 내용을 선택하는 데 시간이 필요하다.
  → 교사가 조급해하거나 문장을 대신 마무리해 주면 오히려 아동에게 좌절감을 줄 수 있다.

2) 말을 활용한 의사소통 기술 촉진

- 교사는 아동이 하루 일과 전반에 걸쳐 말을 통한 의사소통 기술을 충분히 연습할 수 있도록 기회를 제공해야 한다.
- 의사소통 연습은 국어, 수학, 사회 등 거의 모든 과목에서 이루어져야 한다.
- 점심시간이나 휴식시간은 의사소통장애 아동이 또래와 교류하며 사회성을 발달시킬 수 있는 자연스러운 기회이다.
- 의사소통 기술 연습 기회는 일상생활 속 자연스러운 상황에서 제공한다.
  - 아동의 필요를 미리 예측하여 먼저 도와주지 않는다.
  - 아동이 흥미를 가질 수 있는 상황을 만든다.
  - 예기치 못한 상황을 제공한다.
  - 도움이 필요한 상황을 만든다.
  - 다른 사람에게 정보를 전달해야 하는 기회를 제공한다.
  - 선택할 기회를 제공한다.
- 교사는 아동에게 가장 중요한 언어 모델이므로, 항상 적절한 억양과 또렷한

발음으로 유창하게 말하도록 주의를 기울여야 한다.

- 말하는 속도를 상황에 맞게 조절할 수 있어야 한다.
- 문장의 길이나 복잡한 표현도 아동의 이해 수준에 맞게 조절할 수 있어야 한다.
- 한 번에 주는 지시의 양도 아동이 부담을 느끼지 않도록 조절해야 한다.

• 학급의 또래 아동들도 언어 모델이 될 수 있다는 점을 인식한다.

→ 또래 아동들이 바람직한 언어 사용의 본보기가 될 수 있도록 관심을 기울여야 한다.

3) 언어 기술 교수

• 언어장애 아동은 어휘력이 부족한 경우가 많아 어휘 발달에 특히 신경 써야 한다.

→ 아동은 교사나 또래가 사용하는 어휘에 익숙하지 않을 수 있으며, 기대되는 수준으로 생각을 표현하지 못할 수도 있다.

• 교사는 아동의 수용언어와 표현언어 발달을 돕는다.

• 아동이 이해하지 못하는 단어에 대해 교사에게 질문하도록 가르친다.

• 조사나 동사 같은 단어는 단어만으로 의미 전달이 어렵기 때문에, 단어의 의미를 직접 시범 보이며 가르친다.

• 각 단어에 대해 정의, 설명, 예시를 함께 사용해 가르친다.

→ 예: '보관함'은 '무엇인가를 넣어 둘 수 있는 통'이라 정의하고, 실제 보관함과 그렇지 않은 물건을 비교해 보여준다.

• 단어 의미를 나타내는 다양한 예시를 활용해 가르친다.

→ 예: '먹는다'는 '사과를 먹는다'뿐 아니라 '밥을 먹는다', '과자를 먹는다', '사탕을 먹는다', '약을 먹는다' 등 여러 예시를 함께 사용한다.

• 모든 교과목 시간에 걸쳐 어휘 교육을 실시한다. 사회, 과학, 수학 과목의 새로운 용어도 포함한다.

→ 모르는 단어가 나올 때 사전이나 그림사전을 사용하도록 지도한다.

• 새로운 단어를 가르칠 때 가능하면 실제 자연스러운 상황을 활용한다. 실제 상황 조성이 어렵다면 가상 환경이나 역할놀이를 활용한다.

- 언어 발달 촉진 시 이해력과 표현력을 모두 지도한다. 새로 배운 문법, 단어, 기능을 이해하고 표현할 수 있도록 한다.
- 하루 일과 전반에서 아동이 새 단어를 사용하도록 충분한 연습 기회를 제공한다.
- 아동의 말을 확장하거나 정교화하도록 격려한다.
  → 예: "정말 재미있었구나. 좀 더 말해 볼래?", "좀 더 자세히 설명해 줄래?", "그래서 어떻게 되었니?"

> 언어 기술 교수 방법은 언어장애가 있는 아동에게 꼭 필요한 접근일 뿐만 아니라, 장애의 유무와 관계없이 모든 학령기 아동에게 유익한 방법이다. 교사는 수업 중 적절한 문법 사용을 시범으로 보여주고, 아동의 말하기 및 듣기 능력을 확장시킨다. 또한 언어 기술이 필요한 활동이나 과제를 아동의 수준에 맞게 적절히 조정함으로써 참여도를 높인다.

4) 소그룹 토의 활동을 통한 의사소통 참여 촉진

- 소그룹 토의 활동은 의사소통장애 아동이 사회적 상호작용을 통해 자신감을 얻고, 의사소통 능력을 향상시킬 수 있는 중요한 기회를 제공한다.
- 효과적인 소그룹 토의 활동은 아동이 자신의 생각을 명확히 전달하고, 타인의 의견을 존중하는 능력을 기를 수 있게 한다.
  → 이를 통해 의사소통장애 아동은 적극적인 참여와 협력적 학습을 경험하게 된다.
- 아동이 자신의 의견을 자유롭게 표현하고, 다른 사람의 의견을 경청하며, 그룹 내에서 활발히 상호작용할 수 있도록 돕는 교수 전략이 필요하다.

명확한 규칙 제시	• 소그룹 활동 전, 토의의 규칙을 간단하고 명확하게 설명하여 아동이 활동에 대한 기대를 이해하도록 돕는다. 예를 들어, 차례로 말하기, 다른 사람의 말을 경청하기 등을 구체적으로 안내한다.
구조화된 질문 제공	• 토의에서 아동이 쉽게 참여할 수 있도록 간단하고 구체적인 질문을 준비하여 제공한다. 예를 들어, "이 주제에 대해 어떻게 생각해?" 대신 "이 문제를 해결하려면 어떻게 해야 할까?"와 같은 명확한 질문을 통해 아동이 답변을 쉽게 할 수 있도록 돕는다.

시각적 지원 도입	• 아동이 이해하고 참여하는 데 도움이 될 수 있도록 시각적 자료(그림, 카드, 차트, 플래시카드 등)를 제공한다. 이는 아동이 토의의 주제나 핵심 내용을 더 쉽게 이해하고 기억할 수 있도록 돕는다.
짧고 간결한 피드백	• 아동이 말을 할 때마다 짧고 긍정적인 피드백을 제공하여 자신감을 높이고, 참여를 유도한다. 예를 들어, “좋은 의견이야! 조금 더 설명해줄 수 있을까?”와 같은 방식으로 피드백을 제공한다.
역할 분담	• 각 아동에게 명확한 역할(예: 발표자, 기록자, 시간 관리 등)을 부여하여 아동이 자신이 해야 할 일을 정확히 알도록 한다. 역할을 분담함으로써 참여도와 책임감을 증대시킬 수 있다.
충분한 시간 제공	• 의사소통장애 아동이 생각을 정리하고 표현할 수 있도록 발언 시간을 충분히 주는 것이 중요하다. 빠르게 진행하는 것보다는 아동이 천천히 생각을 정리할 수 있는 시간을 충분히 확보한다.
다양한 의사소통 방안 제공	• 아동이 글로 표현하거나 그림으로 표현하는 등 다양한 방법으로 의견을 제시할 수 있도록 의사소통 방식을 다양화한다. 예를 들어, 말하기 외에도 글쓰기, 그림 그리기 등을 통한 의견 발표를 격려한다.
긍정적 학습 환경 조성	• 아동이 실수나 어려움을 겪더라도 두려움 없이 참여할 수 있도록 안전하고 지지적인 학습 환경을 제공한다. 모든 발언은 존중받고, 아동이 자유롭게 의견을 나눌 수 있도록 한다.
디지털 자료 활용	• 디지털 도구(예: 온라인 화이트보드, 타이핑 소프트웨어, 스마트폰 앱 등)를 활용해 아동이 생각을 글로 표현하거나 그림으로 정리할 수 있도록 돕는다. 이를 통해 아동은 의사소통 능력을 향상시키고, 비언어적 표현도 가능해진다. 예를 들어, Google Docs에서 실시간으로 의견을 작성하거나, Jamboard로 아이디어를 시각적으로 정리할 수 있다.

5) 특수교육적 중재

❶ 보완대체의사소통 (AAC: Augmentative and Alternative Communication)

- 말이나 글을 사용하여 의사소통하는 것이 어려운 아동을 지원하기 위한 말(구어) 외의 다양한 의사소통 방법을 의미한다.
  → 말의 발달이 늦거나 조음에 어려움이 있는 아동의 언어 표현을 보완하여, 타인과의 의사소통을 원활하게 하고 상호작용을 향상시키며 지원하는 데 목적이 있다. 또한, 성대 수술이나 조음 기관의 마비 등으로 인해 발화를 할 수 없는 경우에는 말 대신 사용할 수 있는 다양한 대체 의사소통 도구를 통합적으로 활용한다.
- 아동의 의사소통 능력을 지원하고 향상시키기 위해, 개인의 의사소통에 사용되는 상징(symbol), 보조도구(aids), 전략(strategies), 기법(techniques) 등을 포함한 총체적인 접근 방법이다.

- 상징: 실제 사물, 제스처, 수어, 사진, 그림, 표의문자, 낱말, 점자 등
- 보조도구: 의사소통 책, 의사소통판, 음성 출력 도구 등 메시지를 전달하거나 받는 도구
- 전략: 의사소통 기술을 신장시키기 위한 효과적인 방법
- 기법: 의사소통 도구나 상징을 사용해 의사를 표현하는 방법(예: 직접 선택, 눈 응시, 스캐닝 등)

• 보완대체의사소통 도구는 간단한 수제 도구(no technology)부터 조작이 간편한 도구(low technology), 그리고 고도의 기술이 적용된 시판 제품(high technology)까지 다양하다.

• 복잡한 도구 사용 시 특수교사나 언어치료사와 협력하여 아동의 의사소통을 적절히 지원해야 한다.

> 보완대체의사소통을 활용하면 아동의 언어 발달이 촉진될 수 있으며, 원활한 의사소통을 통해 학습 효과도 높일 수 있다. 또한 아동이 자신의 생각이나 감정을 표현하고, 사람들과의 대화를 통해 적극적으로 사회에 참여할 수 있게 된다.

❷ 언어치료사와의 협력

• 의사소통장애가 심하거나 교사의 도움만으로는 충분하지 않은 경우, 특수교사와 언어치료사의 전문적인 도움을 받는다.

• 특수교육 및 관련 서비스 프로그램을 개별화하여 제공받으며, 교사와 언어치료사가 긴밀히 협력한다.

• 우리나라에서 의사소통장애가 있는 아동은 주로 사설 언어치료실, 전문 재활병원, 복지관 등에서 언어치료 서비스를 받고 있다.
  → 일부 지역에서는 특수학교에 언어치료사가 배치되어 방과 후 수업 형태로 언어치료를 제공하기도 한다.
  → 또한 지역별로 교육청 산하 특수교육지원센터에 언어치료사를 배치하여, 해당 지역의 여러 학교를 순회하면서 의사소통장애 아동의 교육과 언어치료를 지원하고 있다.

제 10 장

학습장애

학습장애 아동은 지적장애가 있는 것은 아니지만, 학업 성취에 있어 심각한 어려움을 겪는 경우가 많다 이러한 아동들은 신체적으로는 건강해 보일 수 있지만, 학교에서 기본적인 과목이나 기술을 배우는 데 큰 어려움을 느낀다. 예를 들어, 읽기나 쓰기에 문제가 있더라도, 듣기, 말하기에는 문제가 없으므로 교사가 설명해 주는 내용을 잘 듣고 친구들과 주제에 맞는 토론을 하는 데는 어려움이 없다. 즉, 시각장애 아동처럼 듣기를 통한 학습에서는 일반 아동들과 차이가 없는 것이다.

대부분의 학습장애 아동은 일반학교에서 일반학급이나 특수학급에 배치되어 교육을 받는다. 따라서 일반학급의 교사는 학급 내 학습장애 아동을 위해 특수학급 교사와 협력하며 필요한 교육적 지원을 제공해야 한다.

따라서 학습장애 아동에게는 읽기나 쓰기와 같은 특정 학습 영역에 대한 맞춤형 지원이 필요하며, 교사는 이러한 아동의 강점을 활용해 학습을 돕고, 그들이 자신감을 얻을 수 있도록 격려하는 것이 중요하다.

생각해봅시다!

충분히 똑똑한데, 왜 성적이 안 좋을까?

글을 읽거나 쓰고, 계산하는 데 어려움을 겪는 학생이 단순히 '노력이 부족하다'고 느껴진 적은 없는가? 학습장애는 지능과 관계없는 뇌의 정보 처리 방식 차이임을 알고 있는가? 반복된 실패를 경험한 학생에게 필요한 것은 무엇보다 '신뢰'와 '성공 경험'임을 생각해 본 적이 있는가?

의견을 적어주세요.

1. 학습장애의 정의 및 판별

1) 학습장애의 뜻

- 의사들은 주로 미국정신의학회(APA: American Psychiatric Association)가 사용하는 '특정 학습장애(specific learning disorders)'라는 말을 사용한다.
  → 모든 과목에 문제가 있는 게 아니라 몇몇 특정 과목에서 심한 어려움이 집중된다는 뜻이다.
- 학습장애, 학습부진, 난독증 등 유사한 용어들이 혼용되면서 이들의 차이를 명확히 구분하는 데 어려움이 있다. 실제로 교육현장에서는 학습장애 특성을 보이는 아동이 다른 용어로 지원받고 있으며, 학업 성취가 어려운 아동이 학습장애로 분류돼야 한다는 주장도 있다.
  → 따라서 학습장애 아동 교육은 정확한 정의와 진단 기준을 바탕으로, 적절한 특수교육 지원을 제공할 수 있는 체계 마련이 시급하다.

학습장애의 다양한 정의

출처	정의
장애인 등에 대한 특수교육법	개인의 내적 요인으로 인하여 듣기, 말하기, 주의집중, 지각, 기억, 문제해결 등의 학습기능이나 읽기, 쓰기, 수학 등 학업 성취 영역에서 현저하게 어려움이 있는 사람을 뜻한다.
장애인교육법 (IDEA)	특정학습장애를 '읽기, 쓰기, 수학 등의 학습 영역에서 심각한 어려움을 겪는 장애'로 정의한다. 이 정의에 따르면, 특정학습장애는 인지적 차이로 인해 학습에 어려움을 겪지만, 감각적 문제나 지적 장애와는 관련이 없다. IDEA는 특정학습장애 아동이 표준화된 검사를 통해 학업 성취와 능력 차이를 보일 때 이를 학습장애로 간주한다. 주로 읽기 장애(난독증), 쓰기 장애, 수학 장애 등이 해당되며, 감각적 장애나 정서적 문제 등 다른 원인으로 인한 학습의 어려움은 포함되지 않는다.
학습장애 공동협회 (NJCLD)	학습장애를 '지능적인 결함 없이 학습에 심각한 어려움을 겪는 상태'로 정의한다. NJCLD에 따르면, 학습장애는 아동이 적절한 교육적 기회를 받았음에도 불구하고 특정 학습 영역에서 지속적인 어려움을 겪을 때 발생한다. 이는 읽기, 쓰기, 수학 등의 특정 학습 영역에서 학업 성취도가 낮은 상태를 의미하며, 지적 장애, 감각 장애, 정서적 문제와는 구별된다.

- 학습장애에 대해 모두가 똑같이 인정하는 정확한 정의는 아직 없다.
  → 하지만 여러 정의를 종합해 보면, 학습장애 아동은 평균적인 지능을 가지고

있으면서도 특정 기술을 배우는 데 심각한 어려움을 겪는 아동을 뜻한다.

- 학습장애 아동들은 각자 행동하는 모습이 매우 다를 수 있지만, 공통적으로 보이는 특징도 있다.
  → 교사는 모든 학습장애 아동이 똑같이 행동하지 않는다는 점을 알고, 아동마다 다른 점을 이해해야 한다.

2) 학습장애와 학습부진

- 학습장애 아동과 단순히 학습이 느린 '학습부진' 아동을 구분하는 일이 쉽지 않다.
  → 학습장애 아동은 보통 지능 검사 점수가 더 높지만, 학업 성취도는 더 낮은 경향이 있다.
- 지금까지 학습부진 아동에 대해 다양한 개념들이 제안되어 왔지만, 모두가 동의하는 하나의 명확한 정의는 아직 없다.
  → 어떤 학자들은 학습부진과 관련된 개념들(예: 학습장애, 학습지진 등)을 엄격히 구분하려는 반면, 다른 학자들은 학습장애를 학습부진의 한 원인으로 보거나 학습지진을 학습부진의 범주 안에 포함시켜야 한다고 주장하기도 한다.

학습장애와 학습부진 설명의 차이

	학습장애	학습부진
중추신경계 이상 여부	반드시 중추신경계 기능 이상이 있다.	중추신경계 이상이 있을 수도 있고 없을 수도 있다.
원인 (유전과 환경)	중추신경 기능장애가 원인으로, 환경적 요인과 복합되어 문제가 될 수 있으나 환경 자체가 원인은 아니다.	장기결석, 태만, 학습 동기 상실 등 환경적·심인적 요인까지 포함한다.
수반장애	다른 장애로부터 기인한 학습 문제는 제외한다.	1차 장애뿐 아니라 개인 내·외적 요인으로 인한 학습 문제를 포함한다.
학습결함 범위	잠재 능력과 실제 성취의 불일치에 따른 학습 결함(절대적 학습부진)의 범위로 본다.	절대적 학습부진뿐 아니라 특정 집단 평균 대비 평가되는 상대적 학습부진도 포함한다.

3) 학습장애의 판별

- 학습장애 아동을 진단하고 선별하는 일이 중요한 이유는, 학습 실패의 원인을 정확히 찾아내 적절한 도움을 줄 수 있기 때문이다.
  → 학습장애 아동을 위해 개발된 다양한 교수 방법들은 학습장애 아동뿐 아니라 교육 전반에 걸쳐 유용하게 사용되고 있다.

❶ 진단 평가 도구

- 지능 평가 도구: K-WISC-Ⅴ, K-ABC, KISE-KIT 등
- 학습 능력 평가 도구: 기초학력 평가(KISE-BAAT)와 기초학습기능수행 평가체제(BASA; Basic academic skills assessment) 등
- 「장애인 등에 대한 특수교육법」에서는 학습장애 진단을 위해 지능 검사, 기초학습 기능 검사, 학습 준비도 검사, 시지각 발달 검사, 지각운동 발달 검사, 시각-운동 통합 발달 검사 등을 권장하고 있다.

❷ 불일치 접근법 (Discrepancy model)

- 아동의 실제 학업 성취도와 잠재적인 지적 능력 사이에 심각한 차이가 있을 때 학습장애로 판단하는 방식이다.
  → 심각한 차이라는 것은 지능 검사에서 나온 잠재력과 실제 학업 성취도 검사 점수 사이에 큰 차이가 있음을 뜻한다.
- 보통 지능 검사와 학업 성취도 검사 결과가 2년 이상 차이가 나면 학습장애로 진단했었다.
  → 하지만 2013년 미국정신의학협회(APA)가 발표한 DSM-5에서는 학습장애를 신경 발달 장애로 보고, 더 이상 이 불일치 모델을 사용하지 않는다.

❸ 중재-반응 모델 (RTI: Response to Intervention)

- 아동이 학업에서 충분한 성과를 내지 못할 때 점점 더 강한 수준의 교수 중재를 시도하면서 학습장애 여부를 판단하는 방법이다.
- 다단계 접근(예: 일반학급에서의 교수 → 소집단에서의 교수 → 아동의 요구에 초점을 맞춘 집중적인 개별화된 교수)을 통하여 과학적으로 입증된 연구 기반의 교수적

실제를 적용하는 노력을 했음에도 불구하고 학업 성과가 나아지지 않으면 학습장애로 판별한다.

- 이 접근 방법은 1995년 Fuchs 등이 구체적으로 정의하고 처음 제안한 이후, 2000년대 초부터 미국에서 널리 지지를 받아왔다.
  → 절차: 먼저 특별한 문제가 나타나지 않은 일반적인 통합교육 환경에서, 학생들이 교육 과정에 어떻게 반응하는지를 중심으로 평가하는 것이다. 이때 교육과정중심 측정을 통해 각 학생의 반응을 점검해 나간다.

> **교육과정중심 측정:** 교사가 실제로 수업에서 가르친 내용을 바탕으로, 비교적 간단하지만 일정 수준의 타당도와 신뢰도를 갖춘 방식으로 실시하는 일종의 형성 평가를 의미한다.
> → 여기서 '반응도'는 학생의 반응 속도와 학업 성취 수준, 두 가지 측면을 함께 고려한다.

- 첫 번째 단계에서 또래에 비해 반응도가 현저히 낮은 아동은, 두 번째 단계에서 효과적인 수업을 약 15~20주 동안 체계적이고 집중적으로 제공받는다.
  → 이 기간 동안 아동의 반응도는 역시 교육과정 중심의 측정 방법으로 지속적으로 추적된다.
- '효과적인 수업'이란, 실제로 그 효과가 어느 정도 입증되었으며, 통합학급의 교사가 일상적으로 수행할 수 있을 만큼 현실적이면서도, 대상 아동에게 집중적이고 체계적인 교수 노력이 포함된 교육을 뜻한다.
- 이 접근의 핵심은, 학습부진이 일반학급 내에서 효과적인 수업을 통해 개선될 수 있는 수준인지, 아니면 보다 전문적인 지원이 필요한지를 확인하는 데 있다.
  → 만약 세 번째 단계에서도, 지적 능력이 비슷한 또래에 비해 효과적인 중재에 대한 반응이 여전히 심각하게 낮다면, 그 아동은 학습장애로 진단된다.

Fuchs의 3단계 중재반응모형

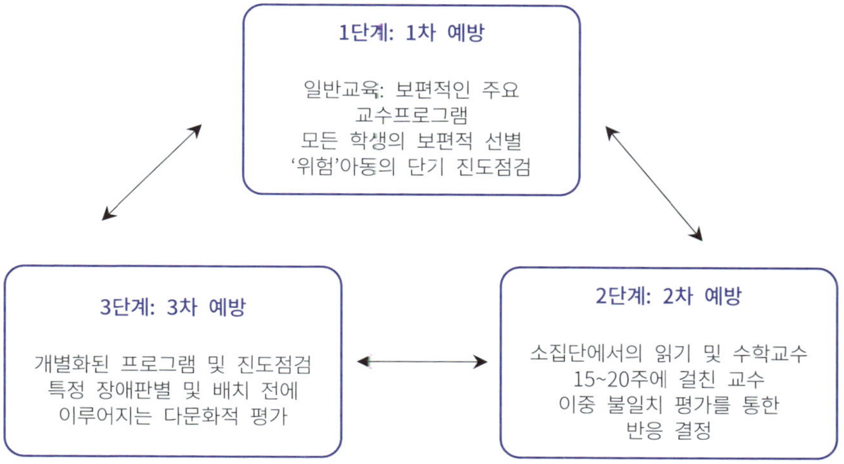

4) 학습장애의 분류

❶ 발달상 학습장애 / 학업상 학습장애

구분	정의	주요 특징 및 설명
주의집중 장애	학습에 필요한 자극에 선택적으로 집중하는 능력의 결함	- 다양한 자극 중 중요한 정보에 주의를 집중하지 못함 - 산만하거나 수업 중 주의가 쉽게 흐트러짐
기억장애	단기기억 또는 장기기억의 결함으로 인해 경험한 것을 기억하지 못하는 상태	- 배운 내용을 잘 기억하지 못하거나 금방 잊어버림 - 듣거나 본 정보를 저장하거나 불러오는 데 어려움
지각장애	감각 정보를 인식하고 해석하는 데 어려움을 겪는 상태	- 단어, 숫자, 그림 등을 제대로 인식하지 못하거나 해석하는 데 시간이 오래 걸림 - 시각적 정보에 대한 반응 속도가 느릴 수 있음
사고장애	판단, 추리, 문제해결 등의 사고 과정에 어려움이 있는 상태	- 정보나 개념을 조직하는 데 어려움 - 문제 해결, 비교, 평가, 의사 결정 등에서 혼란을 겪음
구어장애	말로 다른 사람의 의사를 이해하거나 자신의 생각을 표현하는 데 어려움	- 대화 내용 이해나 자신의 의사 표현에 어려움 - 언어를 통한 의사소통이 원활하지 않음

- 발달상 학습장애: 유아기부터 학교에 가기 전 발달하는 과정에서 생기는 장애다.
  → 학교에서 배우는 데 필요한 기본 선행기술을 익히는 데 큰 어려움을 겪는다.
- 발달상 학습장애에는 주의집중장애, 기억장애, 지각장애, 사고장애, 구어장애 등이 포함된다.
- 학업상 학습장애: 학교에 다니면서 읽기, 쓰기, 수학 같은 과목에서 어려움을 겪는 경우를 말한다.
  → 학습할 능력은 있지만, 정상적인 학교 교육을 받았음에도 또래 아동들보다 학업 성적이 많이 낮다.
- 학업상 학습장애는 읽기 장애, 쓰기 장애, 수학 장애 등으로 나눈다.

구분	정의	주요 특징 및 설명
읽기 학습장애	학습장애 중 가장 흔하며, 문자 정보를 인식하고 이해하는 데 어려움이 있는 상태	- 학습장애의 약 60~70% 차지 - 음운 인식, 읽기 유창성, 독해 등에 문제 있음 - 대표적인 사례: 난독증 - 글자를 읽지만 의미 파악에 어려움 있음
쓰기 학습장애	신체적·인지적 요인으로 인해 글씨 쓰기와 표현에 어려움을 겪는 상태	- 글씨가 지나치게 흐리거나 읽기 어려운 난필 - 운동 조절, 시지각, 기억력 문제와 관련 있음 - 손의 선택(오/왼손잡이)이 기능에 맞지 않을 경우도 포함
수학 학습장애	수학의 기초 연산 및 문제 해결에 필요한 인지 능력에 결함이 있는 상태	- 덧셈, 뺄셈, 곱셈, 나눗셈 등 기본 계산 능력 부족 - 수학적 추론, 언어이해, 공간 인식 등에 어려움 - 주의력 문제나 감각통합 문제와 연관됨

❷ 언어성 학습장애 / 비언어성 학습장애

- 언어성 학습장애: 뇌의 왼쪽 부분에 문제가 생겨 언어 능력에 큰 어려움을 겪는 상태다. 말하기, 듣기, 읽기, 쓰기 같은 네 가지 언어 능력은 서로 관련이 있어서, 하나라도 문제가 있으면 다른 능력도 배우기 어려워진다. 예를 들어, 말할 때 소리를 잘 구분하지 못하는 아동은 나중에 읽기와 쓰기를 배우는 데도 어려움을 겪을 가능성이 크다.
- 비언어성 학습장애: 뇌의 오른쪽 부분에 문제가 생겨 나타난다. 이 장애는 언어성 학습장애와 다르게 보통 학습 상황에서 언어 능력보다 손이나 몸을 움직이는 능력에 더 큰 어려움을 겪는다.

2. 학습장애의 원인

- 대부분의 학습장애 원인은 아직 정확히 밝혀지지 않았다. 특히 학습장애를 일으키는 하나의 뚜렷한 원인을 찾는 것은 거의 불가능하다. 학습장애가 여러 가지 종류가 있듯이, 그 원인도 다양하다. 보통 뇌손상, 유전, 환경적인 요인 세 가지를 주요 원인으로 꼽는다.

1) 뇌손상 및 뇌기능 문제

- 학습장애는 아동이 태어나기 전이나 태어난 직후, 또는 출생 과정에서 뇌에 손상이나 기능 장애가 생긴 것으로 추정한다.
- 최근에는 컴퓨터 단층촬영(CAT), 자기공명영상(MRI), 기능성 자기공명영상(fMRI), 기능성 자기공명 분광법(fMRS), 양전자 방출 단층촬영(PET) 같은 첨단 장비를 사용해 뇌의 활동 상태를 좀 더 정확하게 확인한다.
  → 하지만 뇌 기능 이상이 모든 학습장애 아동에게서 나타나는 것은 아니다.

2) 유전

- 학습장애의 유전적 원인은 주로 가족 연구나 쌍둥이 연구를 통해 밝혀졌다.
  → 읽기나 말하기 장애가 있는 쌍둥이 연구에서는, 유전자가 같은 일란성 쌍둥이 사이에서 같은 장애가 나타날 확률이 유전자가 다른 이란성 쌍둥이보다 더 높다고 보고되었다.
- 하지만 학습장애의 유전과 환경 요인을 완전히 구분하는 것은 어렵다.
  → 부모가 학습장애를 가졌을 때, 자녀를 키우면서 생기는 환경적인 영향(예: 부모가 자녀에게 책을 읽어주는 시간이 적은 것)도 영향을 줄 수 있기 때문이다.

3) 환경적 요인

- 경제적으로 어렵거나, 사회적 · 정서적 · 지적으로 충분하지 않은 환경, 그리고 영양 상태가 좋지 않은 아동은 학습에 문제가 생길 가능성이 더 크다.
  → 그러나 이런 학습 문제들이 잘못된 학습 경험 때문인지, 아니면 뇌 손상

이나 영양 부족 같은 생물학적 문제 때문인지는 아직 정확히 밝혀지지 않았다.

- 또 다른 환경적 요인으로는 교사의 수업 질 문제가 있다.
  → 즉, 어떤 아동은 교사의 적절하지 않은 수업 때문에 학습장애로 오인될 수 있다.
  → 실제로 학습장애로 진단된 아동에게 양질의 적절한 수업이 제공되었을 때, 절반 이상이 학습 문제를 극복했다는 사례가 보고된 바 있다.

3. 학습장애 아동의 특성

- 학습장애는 매우 다양한 특성을 지닌다. 하지만 모든 학습장애 아동이 이러한 특성을 다 보이는 것은 아니다.
  → 어떤 아동은 여러 가지 어려움을 동시에 겪는 반면, 어떤 아동은 한두 가지 어려움만 겪기도 한다.
  → 또한 어떤 영역에서는 뛰어난 능력을 보이기도 한다.
- 이런 특성들은 유아기부터 성인기까지 지속적으로 나타난다.
  → 이는 학습장애가 뇌의 중심 신경계 기능 문제 때문이라고 이해되고 있다.

1) 학업 관련 특성

❶ 읽기의 어려움

- 학습장애 아동에게 가장 흔한 문제는 읽기 어려움이다. 학습장애로 진단받은 많은 아동들이 읽기에서 어려움을 겪는다.
  → 1학년 때 읽기를 제대로 배우지 못하면 읽기뿐 아니라 다른 과목에서도 또래보다 뒤처지게 된다.
  → 어떤 아동은 일부 과목에서만 어려움을 보이지만, 대부분은 여러 과목에서 학업 성적이 낮다.

- 학습장애 아동은 말소리와 관련된 인식 능력에서 큰 어려움을 겪는다.
  - 음운인식: 말이 여러 개의 소리로 이루어졌다는 것을 이해하는 능력
  - 음소인식: 단어가 작은 소리 단위로 나뉜다는 것을 알고, 그 소리들을 조작하는 능력

> 음소인식이 있는 아동은 다음과 같은 것을 할 수 있다.
> - 단어를 만들기 위해 말로 소리를 합성할 수 있다(예: 'ㅂ + ㅕ + ㄹ' = 별).
> - 단어의 초성, 중성, 종성의 소리를 구분할 수 있다(예: '곰'에서 초성 = ㄱ).
> - 한 단어를 여러 소리로 분절할 수 있다(예: '고양이' = 고+양+이).
> - 한 단어 내의 소리들을 대치할 수 있다(예: '사과' → '사자').

- 단어를 정확히 읽지 못하거나, 읽더라도 매우 느리게 한 단어씩 읽는 문제도 포함된다.
- 읽기 내용 이해에도 문제가 생길 수 있다.
  → 초등학교 저학년에서는 이야기 내용을 잘 이해하지 못하고, 학년이 올라갈수록 교과 내용도 이해하지 못하는 경우가 많다.
  → 초등학생은 대체로 1~2년 정도 읽기 능력이 늦고, 중학생이 되면 3년 이상 뒤처지기도 한다.
- 난독증 (dyslexia): 단순히 읽기 능력이 부족한 상태와는 다른, 보다 심각하고 지속적인 읽기 장애를 의미한다.
  → 이 용어는 일반적인 교정으로 쉽게 해결되지 않는 읽기 문제를 지닌 경우에 사용되며, 신경생물학적인 원인을 가진 특정 학습장애로 분류된다.
  → 난독증을 가진 사람은 듣기와 말하기 같은 구어 능력, 읽기와 쓰기 같은 인쇄된 언어 처리, 그리고 이해하고 표현하는 언어 능력 전반에서 어려움을 겪는다.
  → 이는 단순한 부주의나 노력 부족이 아니라, 뇌가 언어 정보를 처리하는 방식에서 기인한 것으로, 조기 진단과 체계적인 중재가 중요하다.

❷ 쓰기의 어려움

- 글자 쓰기, 맞춤법, 창의적인 글쓰기, 글의 구성, 문장 만들기, 단어 사용 등 글쓰기 전 과정에서 어려움을 겪는다.
- 문장은 매우 짧고 정리가 안 되어 있으며, 문장 구조가 단순하고 실수를 자주 한다.
- 쓰기 과정을 잘 이해하지 못해 계획하고 조직하는 데 힘들고, 자신의 생각을 글로 잘 표현하지 못한다. 쓴 글을 고치는 것도 어렵다.
- 쓰기 능력도 읽기 능력처럼 소리 인식 능력과 관련 있다. 그래서 쓰기 문제와 읽기 문제는 연결되어 있지만, 어떤 아동은 읽기는 잘해도 쓰기를 못하기도 한다.

❸ 수학 성적이 낮음

- 수학 학습에는 기본적인 수 개념(예: 한 개씩 대응하기), 덧셈·뺄셈 같은 사칙연산, 0의 개념, 분류하기, 자릿수 이해, 문제 풀기 등이 포함된다.
- 모든 학습장애 아동이 같은 수학 문제를 겪는 것은 아니고, 아동마다 어려운 부분이 다르다.
  - → 계산은 잘하지만 문제를 논리적으로 해결하지 못하는 경우가 있고, 반대로 문장 문제는 잘 푸는데 단순 계산에서 실수를 많이 하기도 한다.
  - → 어떤 아동은 숫자 쓰기, 도형 그리기, 공간 이해, 연산, 문장 문제에서 어려움을 겪고, 다른 아동은 시간 계산, 분수, 소수, 측정 등에서 어려움을 겪는다.
  - → 문제를 해결할 수 있는 능력이 있어도 제한된 시간 안에 과제를 끝내지 못하는 경우도 있다.
- 최근에는 학습장애 아동의 수학 문제가 숫자에 대한 음운론적 과정에 있어서의 결함이나 숫자의 의미를 이해하지 못하는 결과로 나타날 수도 있음이 강조되고 있다.
  - → 즉, 수학 문제를 이해하기 위해서 요구되는 읽기 능력이 부족하고 문제가 내포하는 수학의 개념을 이해하지 못하기 때문이라는 것이다.

2) 사회-정서적 특성

- 학습장애 아동은 반복되는 학습 실패로 인해 자신에 대한 평가가 낮아지는 경향이 있다.
  → 이런 낮은 자아개념은 악순환을 만들어 낸다.
  즉 낮은 학업성취 → 부정적 귀인 → 부정적 자아개념 → 낮은 학업성취
- 행동하기 전에 깊이 생각하지 못하고 충동적으로 행동하는 경우가 많아 참을성이 부족하고 쉽게 포기하는 모습을 보이기도 한다.
- 학습의 어려움 때문에 좌절하거나 친구들로부터 따돌림을 경험할 수 있다.
  → 이런 경험은 자존감을 낮추고 부실한 자아개념을 만들며, 결국에는 학습된 무력감과 함께 여러 사회적, 정서적 문제를 일으키게 된다.
- 낮은 자존감과 빈약한 자아개념이 우울증으로 연결될 수도 있어 교사는 각별한 관심을 가져야 한다.

3) 동기 및 귀인

- 동기란 행동에 에너지를 주는 마음속의 힘을 말한다. 사람의 동기는 자신이 성공하거나 실패한 이유에 대해 생각하는 '귀인'과 밀접한 관계가 있다.
  – 내적 통제소 (internal locus of control): 본인 행동의 결과가 자신의 노력이나 능력 같은 내부 요인 때문이라고 믿는 것
  – 외적 통제소 (external locus of control): 본인 행동의 결과를 행운이나 교사와 같은 외부 요인 때문이라고 생각하는 것
- 학습장애 아동은 보통 자신이 노력해서 결과를 만드는 것이 아니라 외부 요인에 의해 자신의 삶이 결정된다고 믿는 경향이 강하다.
  → 교사는 다양한 방법으로 이런 생각을 바꾸도록 도와야 한다.

> 외적 통제소를 지닌 아동은 반복된 실패를 경험하면서 점점 다른 사람에게 의존하게 되고, 스스로는 잘할 수 없다고 믿게 된다. 이런 과정에서 학습된 무력감(learned helplessness)이 형성되며, 결국 아무리 노력해도 소용없다고 생각하게 되어 더 이상 노력하려 하지 않게 된다.

4) 행동적 특성

- 어떤 학습장애 아동은 한 가지 일에 집중하기 어려워하거나, 지나치게 많이 움직이고 활동하는 과잉 행동을 보이기도 한다.
- 정해진 시간 안에 과제를 끝내기 어렵고, 지시를 잘 따르지 않으며, 한 가지 일에 오래 집중하지 못하고 주변 자극에 쉽게 산만해지는 행동을 보이기도 한다.

  → 이런 행동 특징 때문에 '주의집중장애(ADD)'나 '주의력결핍 과잉행동장애(ADHD)'라는 용어가 자주 사용된다.

5) 지각적 특성

- 학습장애 아동은 시각, 청각, 촉각 등을 통해 받아들인 자극을 인식하고 구분해서 제대로 해석하는 능력이 부족해 정보를 처리하는 데 어려움을 겪는다.
- 이는 시각이나 청각 자체의 문제가 아니라, 받아들인 자극을 정리하고 해석하는 과정에 결함이 있는 것을 뜻한다.

  → 시각 인지에 문제가 있는 아동은 퍼즐 맞추기나 도형 기억하기에 어려움을 겪고, 글자를 거꾸로 읽거나 비슷한 글자를 혼동하는 경우가 있다.

  → 청각 인지에 문제가 있는 아동은 소리를 잘 듣는데도 소리 구분이 어려워서 언어 지시를 따르거나 대화하는 데 문제를 보일 수 있다.

6) 인지적 특성

- 체계적으로 생각하는 능력이 부족해 자신의 생활을 계획하거나 정리하는 데 어려움을 겪으며 기억력에도 문제가 있다.

  → 또래에 비해 비효율적인 학습 방법을 사용하는 경우가 많다.
- 장기기억보다 단기기억이나 작동기억에 문제를 보인다.

  → 금방 본 것이나 들은 내용을 반복하거나, 여러 지시를 동시에 따르거나, 과제를 차례대로 해내는 데 어려움을 겪는다.
- 학습장애 아동의 인지 문제는 자신의 사고를 점검하고 조절하는 '초인지' 능력과 깊은 관련이 있으며, 기억, 인지, 초인지 모두에서 어려움이 나타나기도 한다.

4. 학습장애 아동 교육지원

1) 통합교육을 위한 일반적 지침

- 학습장애 아동을 가장 먼저 발견하는 사람은 보통 일반학급의 교사인 경우가 많다. 따라서 교사는 학습장애가 의심되는 행동 특징을 잘 이해하고, 적절한 시기에 전문적인 도움을 받을 수 있도록 해야 한다.

구분	학습 전략 지침
학령전기 (초등 저학년 이전)	- 언어적 지시는 짧고 단순하게 제시한다. - 아동의 발달 수준에 맞는 내용을 사용한다. - 이해를 돕기 위해 다양한 예시를 제공한다. - 새로운 자료는 반복 연습을 충분히 하게 한다.
학령기 (초등~중등)	- 언어적 지시는 여전히 짧고 명확하게 한다. - 아동이 제대로 이해했는지 반복적으로 확인하며 지도한다. - 암기를 도울 때 상위인지 전략(예: 스스로 점검하는 방법)을 활용한다. - 핵심 내용은 여러 번 반복하여 학습하게 한다. - 연습과 복습을 위한 추가 시간을 제공하고, 필요 시 재교육도 실시한다.
청소년기 및 전환기	- 아동이 자기교시 전략(자신에게 말로 지시하는 방법)을 익히도록 한다. - 새로운 학습 내용을 기존 지식과 연결하도록 돕는다. - 외적 기억 전략(메모하기 등)이나 보조기기 사용을 지도한다.

2) 읽기 기술 향상을 위한 방법

▌언어 교육 방법

대표적으로 '상향식 접근법'(글자의 부호 중심)과 '하향식 접근법'(의미 중심)이 있다.

▌음가 학습

음소인식에 어려움이 있는 경우, 소리의 의미를 배우는 음가 학습을 통해 보완할 수 있다.

▌단서 사용

어려운 단어를 읽을 때 도움을 주기 위해 단서를 제공한다. 예를 들어, 어려운 글자나 낱자를 붉은색으로 표시하거나 점을 찍어 표시한다.

▌줄 따라가기

읽는 도중 줄을 놓치는 아동을 위해 손가락으로 따라갈 수 있는 선을 문장 밑에 그어 주거나, 화살표나 읽기창이 있는 카드를 사용하여 읽을 단어만 보게 한다.

▌내용 미리 알려주기

읽을 내용과 목적을 미리 알려준다. 예를 들어, 이야기책의 주요 인물과 사건 순서를 미리 훑어보거나, 중요한 내용을 배우기 위해 교재의 한 챕터를 읽기 전에 미리 점검한다. 또한, 미리 질문 목록과 답을 찾을 페이지 번호를 알려주는 것도 좋다.

▌교재 난이도 및 흥미도 조절

이해하기 쉬운 어휘와 흥미로운 내용을 가진 교재를 사용하면 도움이 된다. 특히 소리 내지 않고 읽기 연습을 해야 할 때 효과적이다.

▌녹음 교재 활용

녹음된 교재를 들으며 단어 발음과 문장 흐름을 익히도록 한다.

▌컴퓨터 활용

컴퓨터 프로그램을 통해 기본 읽기 기술을 배우도록 한다. 예를 들어, 컴퓨터로 단어를 듣고 읽는 연습을 한다.

▌반복 읽기

읽기 유창성을 위해 문단을 여러 번 반복해서 읽게 한다. 반복 읽기는 읽기 속도와 정확도를 높여 다음 단계 학습에 도움을 준다.

▌읽기 이해력 연습 교재

본문에서 단서 찾기, 질문 답하기, 지시 따르기, 주제와 결론 찾기 등 다양한 활동이 포함된 교재를 사용하여 읽기 이해력을 높인다.

▌이해력 증진 전략

각 문단을 읽을 때마다 '중요 인물 말하기(누가?)'와 '중요 사건 이야기하기(무슨 일이?)' 활동을 한다.

대화를 이용한 상호교류적 교수

교사와 아동이 대화를 주고받으며 학습 내용을 함께 탐색하고 이해를 깊이 있게 이끌어가는 교수 방법이다. 아동이 글을 읽은 후, 교사가 ① 문단 내용 요약하기 ② 주제에 대해 질문하기 ③ 이해하기 어려운 부분 찾기 ④ 다음에 일어날 사건 예측하기 등 네 단계로 나누어 대화를 통해 아동의 이해력을 높인다.

SQ3R 방법

설명문처럼 내용 중심의 교과서를 읽을 때 학습 효과를 높이는 데 도움이 되는 전략으로, 조사(Survey), 질문(Question), 읽기(Read), 암송(Recite), 검토(Review)의 다섯 단계로 구성된다. 설명문은 이야기식 글보다 이해하기 어렵기 때문에, 다음과 같은 절차를 거치는 것이 효과적이다. 먼저 전체 문단을 훑어보며 전반적인 내용을 조사하고, 본문을 읽기 전에 주요 내용을 중심으로 질문을 만들어 본다. 다음, 그 질문에 대한 답을 찾기 위해 본문을 읽고, 내용을 본문을 보지 않고 암송해 보며 기억을 점검한다. 마지막으로, 전체 문단을 다시 검토하면서 빠뜨린 내용이나 오해한 부분이 없는지 확인하면, 내용에 대한 이해력을 높일 수 있다.

3) 쓰기 기술 향상을 위한 방법

사전 활용

맞춤법이 어려운 아동에게 사전 사용을 가르치고 권장한다. 자주 틀리는 단어를 모아 개인용 미니 사전을 만들어 사용하게 하는 것도 효과적이다.

시험-연습-시험

맞춤법 학습에 사용하는 방법으로, 먼저 시험을 통해 필요한 단어를 선정하고, 연습한 뒤 다시 시험으로 확인한다.

시각적 촉진

글자를 쓰는 데 도움을 주는 시각적 단서를 제공한 후 가능한 빨리 제거한다.

작문 연습

일기 쓰기, 친구에게 짧은 편지 쓰기, 짧은 이야기 만들기 등으로 작문 연습을 시킨다. 처음에는 짧고 흥미로운 활동을 선택하며, 분명하고 정확하게 쓰도록 유도한다.

다단계 활동 나누기
작문 활동을 계획, 쓰기, 내용 수정, 문법 교정, 다른 사람 읽기 등의 단계로 나누어 진행한다. 계획 단계에서는 주제와 정보를 생각하고 모으게 한다.

작문 틀 사용
작문에 필요한 틀을 제공해 쉽게 쓸 수 있도록 돕는다. 예를 들어, 주요 내용을 목록으로 만들고, 이를 문장으로 바꾸고, 보조 문장을 덧붙이게 한다.

작문지도 만들기
주요 주제와 단어를 나열하고 연결하는 지도 형식으로 생각을 정리하게 한다.

모둠 활동
학급을 여러 모둠으로 나누어 서로 글을 읽어 주고 강점과 약점을 평가하며 함께 고치게 한다.

워드프로세서 사용
워드프로세서로 초고 작성, 내용 수정, 문법 교정을 단계별로 하며 글쓰기를 돕는다.

맞춤법 교정 프로그램 사용
맞춤법 프로그램으로 스스로 맞춤법을 점검하게 하되, 컴퓨터에만 의존하지 않고 오류에 대해 스스로 정확한 답을 찾도록 가르친다.

4) 수학 기술 향상을 위한 방법

시각적 촉진
계산 문제를 풀 때 도움이 되는 시각적 단서를 제공한다.

네모 칸 또는 보조선 이용
자릿수를 잘 맞추지 못하는 아동을 위해 네모 칸이나 보조선을 사용하여 쉽게 자리 맞춤을 하도록 돕는다.

문제 수 조절

한 번에 여러 문제가 나오면 혼란스러워하는 아동을 위해 한 페이지에 2~3개 문제만 제시한다.

자가 채점 교재

연습문제를 풀고 스스로 답을 확인할 수 있는 자가 채점 교재를 활용한다.

자동 암산

아동이 셈하기 방법에만 의존하지 않고 자동으로 답을 떠올릴 수 있도록 한다. 예를 들어, 8+7=15처럼 즉시 답을 말하도록 연습시키며, 한 번에 두세 개 연산씩 제시한다.

구체물 사용

콩, 블록, 나무젓가락, 빨대, 바둑알, 껌, 사탕 등 손으로 만지고 조작할 수 있는 구체물을 활용해 기본 수 개념과 관계를 배우도록 돕는다.

언어적 촉진

직접 말로 계산 과정을 안내한다. 예를 들어, "먼저 오른쪽 수끼리 곱하자.", "칸을 잘 맞춰 써야 해.", "아래위 숫자를 엇갈려 곱하는 것도 잊지 말자." 등 구체적으로 설명한다.

실제 상황 활용

아동이 친숙한 상황을 문제에 넣어 이해를 돕는다. 예를 들어, 아동 자신의 시험 점수나 나이를 문제에 활용한다.

단서적 단어 인식

문장제 문제에 자주 나오는 단서를 알려준다. 예를 들어, '모두 합쳐서', '다'는 덧셈이나 곱셈 단서이고, '남은 수', '나머지'는 뺄셈 단서, '각각', '똑같이'는 나눗셈 단서임을 가르친다.

모의 상황 활용 활동

학급 안에 가게나 은행 등의 상황을 만들어 실제처럼 연습하며 수학 문제 해결 능력을 기른다.

문제 풀기 4단계 학습 전략

1단계: 문제 내용을 자기 말로 바꾸어 말하기

2단계: 문제 내용을 그림으로 그려 보기

3단계: 문제를 해결할 방법 생각하기

4단계: 답을 추정하기

문제 풀기 7단계 학습 전략

1단계: 문제 읽고 이해하기

2단계: 자기 말로 문제 표현하기

3단계: 그림으로 나타내기

4단계: 문제 푸는 방법 계획하기(가설 세우기)

5단계: 답을 예상하기(추정하기)

6단계: 계산하기

7단계: 답이 맞는지 확인하기(검산하기)

제 11 장

영재아동

여전히 일부 교사나 부모는 영재아동이 뛰어난 능력을 지녔기 때문에 별도의 교육적 지원 없이도 스스로 잘해낼 수 있다고 생각하는 경우가 많다. 하지만 실제로는 높은 지적 능력을 가진 영재아동 중에도 학교 수업에서 어려움을 겪는 경우가 자주 있다. 이는 일반적인 교육과정이 영재아동에게 적절한 수준의 도전과제를 제공하지 못해 그들의 학습욕구를 충족시키지 못하기 때문이다.

따라서 교사는 이들이 잠재력을 충분히 발휘하지 못한 채 미성취 영재로 남지 않도록 특별한 관심과 교육적 지원을 제공해야 한다. 아울러 교사는 영재아동이 항상 모범적인 태도를 보이는 것은 아니며, 오히려 뛰어난 능력 때문에 또래와의 관계에서 부정적인 행동을 보일 수도 있다는 점을 이해하고 이들의 사회성 발달에도 적극적으로 관심을 가져야 한다.

생각해봅시다!

영재는 교육이 필요 없는 아이일까?

뛰어난 기억력과 사고력을 가진 학생이 수업 시간에 지루함을 느끼며 수동적으로 앉아 있는 모습을 본 적이 있는가? 평균을 기준으로 짜인 수업이 이들에게는 오히려 제약이 될 수 있다는 사실을 인식하고 있는가? 영재교육은 단지 '더 많이 가르치는 것'이 아니라, '다르게 배우는 기회를 제공하는 것'이라는 점을 생각해 본 적이 있는가?

의견을 적어주세요.

1. 영재의 정의

1) 영재의 정의

- 영재의 정의를 논하기 전에 먼저 '우수성'의 개념과 그것을 판별하려는 이유에 대해 명확히 해야 한다. 이는 영재에 대한 정의가 각 사회가 필요로 하는 가치에 따라 달라질 수 있기 때문이다.
  → 그러나 우수성을 어떤 영역에서 장려할 것인지, 이를 어떻게 측정할 것인지, 얼마나 뛰어나야 우수하다고 판단할 것인지, 그리고 왜 영재아동을 구별해야 하는지에 대한 전문가들의 완전한 합의는 아직 이루어지지 않았다.

❶ 우리나라의 정의

- 우리나라에서 영재아동의 정의는 2000년 1월 28일에 제정된 「영재교육진흥법」에 명시되어 있다. 이 법은 뛰어난 재능을 가진 사람을 조기에 발굴하여 그 잠재력을 개발할 수 있도록 적합한 교육을 제공함으로써 개인의 자아실현을 돕고, 국가와 사회의 발전에 기여하는 것을 목표로 하고 있다.

제2조(정의)

1. '영재'란 재능이 뛰어난 사람으로서 타고난 잠재력을 계발하기 위하여 특별한 교육을 필요로 하는 자를 말한다.
2. '영재교육'이란 영재를 대상으로 각 개인의 능력과 소질에 맞는 교육 내용과 방법으로 실시하는 교육을 말한다.

제5조(영재교육대상자의 선정)

① 영재교육기관의 장은 다름 각호의 어느 하나의 사항에 대하여 뛰어나거나 잠재력이 우수한 사람 중 해당 교육기관의 교육 영역 및 목적 등에 적합하다고 인정하는 사람을 영재교육 대상자로 선발한다.

1. 일반 지능 2. 특수 학문 적성 3. 창의적 사고 능력
4. 예술적 재능 5. 신체적 재능 6. 그 밖의 특별한 재능

② 영재교육기관의 장은 제1항에 따른 영재교육대상자를 선발할 때 저소득층 자녀, 사회적 취약 지역 거주자 등 사회적·경제적 이유로 잠재력이 충분히 발현되지 못한 영재를 선발하기 위하여 별도의 선발절차를 마련하는 등의 조치를 할 수 있다.

❷ 미국의 정의

- 미국영재아동협회(NAGC: National Association for Gifted Children)는 영재 아동을 특정 분야에서 뛰어난 능력을 보여주는 아동으로, 이러한 능력은 일반적인 아동들보다 훨씬 높은 수준의 지적 능력, 창의성, 문제 해결 능력 등을 포함한다.
- 미국에서는 주마다 각기 다른 정의를 기준으로 영재교육 프로그램을 운영하고 있다. 각 주의 영재아동 정의에는 공통적으로 다음과 같은 요소들이 포함된다.
  ① 일반적인 지적 능력
  ② 구체적인 학업 성취도
  ③ 창의적 사고 능력
  ④ 예체능 분야에서의 우수성
  ⑤ 리더십 등
- 미국에서 영재아동은 동일한 연령대, 경험, 환경을 가진 다른 아동들에 비해 뛰어난 성취를 이루거나 그 가능성을 보이는 아동을 뜻한다.
  → 이러한 우수한 재능은 문화적, 경제적 배경에 관계없이 다양한 계층에서 나타난다.

2) 영재 이론

❶ Binet의 지능검사이론

비네는 지능 검사를 통해 아동의 지적 능력을 측정할 수 있다고 주장하며, 영재아동을 지적 능력이 뛰어난 아동으로 정의했다. 그의 주요 업적은 세계 최초의 지능 검사인 Binet–Simon Scale을 개발하여 아동의 지능 수준을 객관적으로 파악할 수 있게 만든 것이다. 비네는 지능을 단일 개념으로 보고, 언어적 및 논리적 사고를 중심으로 아동의 지능을 평가하는 방식을 확립했다.

❷ Spearman의 일반지능이론

스펄먼은 영재를 높은 수준의 일반 지능(G–factor)을 가진 아동으로 정의하며, 지능은 단일한 능력으로 모든 지적 활동의 기초가 된다고 주장했다. 그는 지능을 하나의 핵심적인 능력으로 보고, 다양한 인지 활동이 G–factor에 의해 결정된다고 설명했다. 스펄먼의 이론은 후속 지능 이론에 중요한 영향을 미쳤다.

❸ Terman의 IQ 검사 및 고지능 아동 연구

터만은 IQ 점수가 130 이상인 아동을 영재로 정의하고, 이를 '고지능 아동'이라고 했다. 그는 영재 아동의 성취와 발달을 연구하며, 높은 지능 외에도 특별한 성격적 특성을 지닌다고 강조했다. 터만은 스탠포드-비네 지능 검사를 발전시켜 미국에 보급하고, 고지능 아동 연구의 기초를 마련한 최초의 학자이다.

> 초기 영재 이론은 주로 지능의 유전적 특성에 초점을 맞추었고, IQ 중심의 평가에 의해 영재를 정의했다.
> → 이러한 초기 이론들은 주로 영재를 특별히 뛰어난 지능을 가진 아동으로 보았고, 그들의 지능을 측정하고 평가하는 데 중점을 두었다.

❹ Renzulli의 3요소 모델

렌줄리는 영재성을 세 가지 기본 특성의 상호작용으로 정의했다. 이 세 가지 특성은 ① 평균 이상의 일반 지적 능력, ② 높은 수준의 과제 집중력, ③ 창의성이다. 그는 영재성이란 이 세 가지 특성이 반드시 모두 뛰어나야 하는 것이 아니라, 이들 특성 간의 상호작용이 중요하다고 강조했다. 특히, '과제 집중력'이라는 비인지적 요소를 포함시켰다.

❺ Sternberg의 지능 삼원이론

스턴버그는 영재성을 인간이 문제를 해결하고 지적으로 행동하는 데 필요한 정보를 어떻게 수집하고 사용하는지를 기준으로 정의했다. 그는 인간의 지능을 ① 분석적 지능, ② 경험적 지능, ③ 실제적 지능으로 구분하며, 이 세 가지 지능이 균형 있게 발휘될 때 개인의 목표를 달성하고 성공적인 경험을 할 수 있다고 보았다.

❻ Gardner의 다중지능이론

가드너는 인간의 지능을 시대적, 문화적 맥락에서 유용한 정보를 처리하거나 문제를 해결하고 가치 있는 결과물을 창출하는 능력으로 정의했다. 그는 인간의 지능을 ① 언어지능, ② 논리수학지능, ③ 대인관계지능, ④ 자연관찰지능, ⑤ 음악지능, ⑥ 공간지능, ⑦ 신체운동지능, ⑧ 개인이해지능, ⑨ 실존지능 등 9개의 독립적인 지능으로 나누어 설명했다.

> 이와 같은 현대적 영재 개념은 학업 성취지능을 지나치게 강조한 기존의 이론에서 벗어나, 기회 제공의 중요성, 개인과 환경의 특성, 창의적 사고 및 문제 해결 능력 등을 포함하는 새로운 지능의 관점을 제시한다는 점에서 큰 의미가 있다.

2. 영재의 판별 및 분류

1) 영재아동의 판별

- 영재아동을 판별할 때는 창의성 등 다양한 특성을 평가하는 것이 중요하다.
- 정확한 특성을 파악하고, 이를 바탕으로 개별적으로 적합한 교육을 제공하여 그들의 잠재력을 최대한 개발할 수 있도록 해야 한다.
- 일반적으로 영재아동을 판별하기 위해 표준화된 검사와 평정 방법을 사용한다.
- 영재 판별 기관
  - 시 · 도 교육청 영재학급 및 영재교육원: 학교장 추천, 영재성 검사, 심층면접 등
  - 대학부설 과학영재교육원: 서류 전형, 지필고사, 심층면접 등
- 최근에는 교육청을 중심으로 공식적인 검사보다는 교사의 장기적인 관찰을 바탕으로 한 교사 추천이 강조되는 추세이다.

영재아동 판별에 사용되는 평가방법들

평가방법	목표	우수성 암시 결과
개별 지능검사	특정 영역에서 두드러진 능력을 보이는 아동을 파악하는 데 유용하다.	영재아동은 상위 2~3%에 속하는 높은 지능을 가지고 있다. 이를 지능검사를 통해 확인할 수 있다.
개별 학업성취 검사	학문적인 성취도를 바탕으로 영재아동을 평가하며, 특정 과목이나 분야에서 뛰어난 능력을 나타내는 아동을 선별한다.	영재아동은 하나 혹은 그 이상의 영역에서 상위 2~3%에 속하는 학업 성취를 보인다.
창의성 검사	창의성은 반드시 학업성취와 직결되지 않으며, 창의적 사고나 독창적인 아이디어가 중요한 평가 요소가 된다.	창의성 검사는 아동이 창의적인 성과물을 보였을 때 이를 평가하는 방법이다. 창의성 평가에서 높은 점수를 받을 수 있다.
우수성 체크 리스트	우수성에 대한 주관적 평가가 포함되며, 체크리스트 개발자가 설정한 점수대에 따라 우수성을 판단하는 방식이다.	교사, 부모, 또래 등 대상 아동을 잘 아는 사람들이 우수성 체크리스트를 작성하여 평가한다.
일화 기록	아동의 우수성이 지속적으로 나타난 사례나 구체적인 행동을 기반으로 평가한다.	아동이 하나 또는 그 이상의 영역에서 뛰어난 능력을 보였다는 구체적인 기록을 통해 평가한다.
교육과정 중심 평가	교육과정을 통해 아동의 학업적 성과를 비교하여 우수성을 평가하는 방법이다.	아동이 학교 교육과정의 하나 혹은 그 이상의 영역에서 또래보다 높은 성취 수준을 보인다.
관찰	학급 내에서의 학업적 성과와 사회적 상호작용을 관찰하여, 아동의 강점과 약점을 평가한다. 학교 외부에서의 관찰도 필요하다.	영재아동은 모범생이거나 학급의 과제에 지루함을 느껴 행동 문제를 보일 수 있으며, 완벽주의적인 학생이라면 불안감을 보일 수 있다.
예체능 평가	예술적 창의성이나 체육적 능력을 평가하며, 학문적인 성과와는 별개로 아동의 예술적 혹은 체육적 재능을 인정한다.	예체능 분야에서는 전문가가 아동의 예술적 혹은 체육적 수행을 평가한다. 학업성취가 뛰어날 필요는 없다.
리더십 평가	리더십을 가진 아동이 학업 외에도 사람들과의 관계나 조직 내에서 주도적 역할을 하는지를 평가한다.	리더십은 또래 추천, 부모 추천, 교사 추천 등 여러 사람의 평가를 바탕으로 이루어진다. 자기 추천도 중요한 리더십 예측 지표가 될 수 있다.

2) 영재아동의 분류

일반적으로 영재아동은 여러 분야에서 뛰어난 성취를 보이는 경우가 많지만, 특정 분야에서 두드러진 능력을 보이는 아동도 있다.

- 수학영재: 수학적 사고 능력, 수학적 과제에 대한 집중력, 수학적 창의성, 배경지식 등에서 일반 아동보다 평균 이상의 성취를 보이거나 보일 가능성이 있는 아동을 말한다.

- 과학영재: 과학 분야에서 현재 뛰어난 성취를 이루었거나 잠재적인 능력을 가진 아동을 뜻하며, 과학 분야에서의 학업 성취도와 과학적 특수 능력(과학적 성향)에서 평균 이상의 능력을 보인다. 또한, 과학적 문제에 대해 창의적인 해결 방안을 제시하고, 과학적 과제에 대한 높은 집중력과 흥미, 동기, 자신감 등의 비인지적 요인에서도 우수한 성과를 나타낸다.
- 언어영재: 말하기, 읽기, 외국어 학습, 글짓기 등의 분야에서 뛰어난 성과를 보이는 아동으로, 특히 학문적 글쓰기나 문예 창작과 같은 창의적이고 논리적인 언어적 표현 능력이 두드러진 아동을 뜻한다.
- 예술영재: 일반적으로 음악이나 미술 등의 예술 분야에서 뛰어난 성취를 보이는 아동을 의미하며, 예술 분야의 영재성은 반드시 높은 지능과 연결되지 않는다고 여겨진다. 그러나 예술적 영재성은 매우 이른 시기부터 나타나며, 성취를 향한 강한 열망과 질적으로 다른 발달 양상을 보이는 점에서 학문적 영재성과 유사한 면이 있다.

3) 특수영재

일반 영재 아동과 비교하여 잠재력을 충분히 발휘하지 못한 아동으로, 소외된 영재 아동을 지칭한다. 이들은 미성취 영재 아동과 장애영재 아동으로 나눌 수 있다.

❶ 우수 여학생

- 여학생이 우수한 능력을 발휘하지 못하는 이유는 사회문화적 요인이나 교육현장의 풍토 때문일 수 있다. 이를 해결하기 위한 기본적인 지침은 다음과 같다:
  - 과잉보호하지 않는다.
  - 학업에 대한 기대수준을 높인다.
  - 독립심과 자신감을 기를 수 있는 기회를 제공한다.
  - 남학생과 동등하게 학업이나 진로 상담을 한다.
  - 관심영역의 여성 롤 모델을 제공한다.

❷ 사회 · 경제적 어려움 및 다문화 배경

- 사회 · 경제적 어려움을 겪는 영재아동은 교육에 무관심하거나 낮은 자아개념을 가질 수 있다. 이를 해결하려면:
  - 아동의 창의성 등의 장점을 강조한다.
  - 학습동기를 유발시키고, 심화 학습 프로그램을 제공한다.
  - 지지적이고 안정된 학습 환경을 조성한다.
  - 같은 배경을 가진 롤 모델을 제공한다.
- 다문화 배경을 가진 아동은 사회적, 경제적 배경에 의한 편견을 없애고 동등한 교육 기회를 제공해야 한다. 교사는 낮은 기대를 하지 않고, 아동에게 지적 자극과 안전한 교육환경을 제공해야 한다.

❸ 우수 장애아동(장애영재)

- 장애를 가진 우수 아동은 최근에 관심을 받기 시작한 분야로, 장애에만 집중하고 이들의 영재성을 간과하는 경우가 많다.
- 이중 특수성(twice-exceptionality)이라는 개념은 장애와 영재성이 동시에 존재하는 경우를 말한다. 이 경우, 아동의 강점을 키우고 학습 결함을 보상하는 균형 잡힌 교육이 필요하다.

3. 영재성의 기원

1) 유전 및 기타 생물학적 요인

- 유전자적 요인: 유전이 우수성에 중요한 역할을 한다는 점은 널리 인정되고 있다. 다만 그 정도에는 차이가 있을 수 있다.
- 영양학적 요인: 신생아나 영유아기의 영양 부족은 지적장애를 초래할 수 있다. 적절한 영양 공급이 이루어지지 않으면 잠재력을 충분히 발휘하기 어려운 경우가 많다.

2) 환경적 요인

- 자녀의 잠재력을 최대한 발휘시키기 위한 부모나 가족의 역할은 매우 중요하다.
  - 부모는 아동에게 적절한 자극을 주고, 올바른 방향을 제시하며, 아동의 능력을 발견해 칭찬하고 보상하는 태도가 필요하다.
  - 부모는 아동의 재능에 꾸준히 관심을 가지고 독서나 여행과 같은 지적 자극 활동을 통해 아동의 롤 모델이 되어야 한다.
- 특별히 학업 성취나 사회적 지위 향상에 큰 가치를 두는 사회적·문화적 배경을 가진 환경에서는 우수한 특성이 더욱 두드러지게 발달할 수 있다.

4. 영재아동의 특성

1) 일반적 특성

- 영재아동은 종종 강점과 미덕만을 가진 존재로 묘사되곤 하지만, 그들의 특성이 때로는 다양한 문제를 일으킬 수 있다는 점을 교사와 부모는 인식해야 한다.
- 영재아동은 인지적 발달은 빠르지만, 신체적·정서적 발달은 또래와 비슷하기 때문에 특정한 스트레스를 겪을 수 있다.

  → 교사와 부모는 영재아동의 다양한 행동 특성을 파악하고, 그들의 능력을 발휘할 수 있도록 지원해야 한다.

영재아동의 정의적 특성

정의적 특성	긍정적인 표출	부정적인 표출
옳고 그름에 대한 인식이 빠르다.	- 개인적 행동에 대한 기준이 높다. - 좀 더 높은 연령 수준의 윤리적 문제에 대한 토론을 할 수 있다. - 자신이 한 행동의 결과를 잘 이해한다.	- 부당하다고 생각되는 행동에 대해 반항할 수 있다. - 지나치게 비판적이거나 완벽주의자가 될 수 있다.
모험심이 있다.	- 실패를 두려워하지 않는다. - 목표를 이루거나 답을 얻기 위해 기꺼이 실패 위험을 감수한다.	- 사실이나 증거에 기초하지 않고 무작정 추측을 남발할 수 있다.
에너지가 많다.	- 열정적이다. - 과제나 프로젝트에 오랫동안 열심히 매달린다.	- 교사나 부모, 친구들을 지치게 할 수 있다.
직관력이 있다.	- 비언어적 단서로부터 추론한다. - 과제를 어떻게 수행해야 하는지 잘 파악한다. - 표면에 드러나지 않은 문제들을 잘 파악한다.	- 결론을 혼자 빨리 내린다. - 자신의 직관을 이용해 남을 통제하거나 일을 조작할 수 있다.
독립적이고 자율적이다.	- 스스로 목표를 세운다. - 교사의 지시를 별로 필요로 하지 않는다. - 과제를 이루기 위한 계획을 세운다.	- 고집이 세다. - 권위에 대항한다. - 자신의 방법만이 옳다고 생각한다.

영재아동의 인지적 특성

인지적 특성	긍정적인 표출	부정적인 표출
주의집중 시간이 길고 집중력이 뛰어나다.	- 학습이나 흥미 있는 분야에 깊이 몰두한다. - 주제에 집중하는 능력이 뛰어나다.	- 방해받으면 화를 낸다. - 자신이 하던 주제를 바꾸고 다른 일을 해야 할 때 자신의 일을 고집한다.
논리적 사고가 뛰어나다.	- 인과관계를 인식하고 행동의 결과를 파악한다. - 비판적 사고와 문제 해결 능력이 뛰어나다.	- 비논리적이거나 증거가 없다고 생각되면 반박한다.
독창적인 생각이나 답을 낸다.	- 학급 토론이나 과제물 작성에 창의성을 보인다.	- 다른 사람들의 전형적인 생각에 대해 비판적이다.
언어 및 읽기 능력이 나이에 비해 뛰어나다.	- 어휘력이 뛰어나다. - 유창하게 더 높은 학년 수준의 어휘를 읽는다. - 학급 토론에서 의견을 잘 말한다.	- 자신의 주장을 세우거나 우월성을 보이기 위해 어려운 어휘를 과도하게 사용한다. - 대화나 토론을 혼자서 장악한다.
흥미의 범위가 넓다.	- 새로운 주제에 대해 기꺼이 탐구한다. - 다양한 흥미 영역에 열정을 보인다.	- 한 주제에 오래 집중하지 못하고 쉽게 흥미를 잃는다.
매우 특수화된 흥미를 보인다.	- 특별한 흥미 분야에 열정을 쏟고 뛰어난 발전을 보인다.	- 한 가지에만 집착한다. - 다른 활동이나 주제에 대해서 관심이 없고 따분해 한다.
기초기술 습득이 빠르다.	- 시험을 잘 치른다. - 교재를 빠르게 숙달해 간다.	- 학급에서의 수업 속도에 지루해한다. - 연습문제 풀기를 싫어한다.

2) 창의성

- 창의성은 많은 학자들이 영재를 정의하는 중요한 요소로 여기지만, 창의성에 대한 명확한 정의는 아직 없다.
- 지능지수와 창의성 간의 관계도 논란이 있으며, 창의력 잠재성 검사는 신뢰성이나 타당성이 부족한 경우가 많다.
- Guilford(1987)는 창의적인 사고를 다양한 차원으로 구분하며, 이를 통해 창의성을 평가할 수 있다고 제시했다. 주요 차원은 다음과 같다:
  - 유창성: 많은 아이디어를 제시할 수 있다.
  - 유연성: 다양한 대안적 해결책을 제시한다.
  - 독창성: 독특한 단어나 개념을 사용한다.
  - 정교화: 세부적인 창의적 묘사를 놓치지 않는다.
  - 종합적 사고력: 서로 다른 아이디어를 하나로 통합할 수 있다.
  - 분석력: 아이디어를 더 크거나 통합적인 형태로 재구성할 수 있다.
  - 현존 아이디어 재조직: 기존 아이디어를 다른 디자인이나 기능으로 변형할 수 있다.
  - 복잡성: 여러 아이디어를 쉽게 조작할 수 있다.

3) 두뇌의 조숙성

- 영재아동은 일반 또래에 비해 두뇌의 특정 영역이 조기에 성숙하는 경향이 있다.

영역	조숙성의 구체적 양상
언어 발달	매우 이른 시기에 문장을 말하거나 어휘력이 풍부함. 또래보다 복잡한 문장을 구사한다.
기억력	작업 기억과 장기 기억의 용량 및 처리 속도가 뛰어나 학습 내용을 빠르게 습득하고 오래 유지한다.
추론 및 문제 해결	복잡한 개념을 조기에 이해하거나, 수학·과학적 개념을 나이에 비해 빠르게 습득한다.
집중 및 주의 조절	관심 있는 분야에서는 또래보다 높은 집중력을 보이며, 몰입 상태에서 장시간 활동이 가능하다.
메타인지	자신의 사고 과정을 자각하고 조절하려는 능력이 또래보다 빠르게 나타난다.

→ 이러한 조숙성은 언어, 추론, 기억력, 메타인지 능력에서 두드러지며, 고차원적 사고와 복잡한 문제 해결을 빠르게 습득하게 만든다.

4) 비동기성 (Asynchrony)

• 비동기성이란 영재 아동이 경험하는 발달 영역 간의 불균형을 의미하며, 인지적 발달은 매우 빠르지만, 정서적, 사회적, 신체적 발달은 그렇지 못한 경우가 많다.

→ 이로 인해 영재 아동은 독특한 내적 갈등과 환경 적응의 어려움을 겪을 수 있다.

→ 따라서 적절한 교육적 중재와 정서적 지원이 함께 이루어져야 한다.

> 일반아동들과 마찬가지로 영재아동도 '개인 내 차이/ 개인 간 차이'를 보인다.
> → 영재아동을 포함한 세상의 모든 아동은 강점과 약점을 지니고 있다.

5. 영재아동 교육지원

1) 일반학급에서의 영재교육을 위한 지침

• 영재아동의 능력을 최대한 발휘할 수 있는 학습 환경을 조성하는 것이 중요하다.

→ 교사는 영재아동에게 적합한 교육계획을 마련하고, 다양한 수준의 아동을 고려하여 교육을 제공해야 한다. 구체적인 교육 방법은 다음과 같다:

– 인터넷 기반 활동 활용: 다양한 온라인 자료나 활동을 통해 학습을 확장한다.

– 교사용 심화활동 자료 활용: 교사용 지도서에 있는 심화 활동을 찾아 활용한다.

– 다양한 학습 자료 사용: 잡지, 소프트웨어, 디지털 자료 등을 활용하여 다양한 학습 경험을 제공한다.

- 독립적인 학습 시간: 아동이 자율적으로 학습할 수 있는 시간을 제공한다.
- 연구방법 교육: 아동이 스스로 탐구하고 연구할 수 있는 방법을 가르친다. (예: 자료수집, 탐구방법)
- 통합형 주제 사용: 학습 내용을 여러 분야와 관련지어 통합적인 주제를 제공한다.
- 다양한 성과물: 서평, 대본, 포토에세이 등 다양한 성과물을 통해 학습 성취를 나타낼 수 있도록 한다.
- 멘토와의 만남: 특별한 경험이나 정보를 제공할 수 있는 성인(멘토)과의 만남을 마련한다.
- 학급 과제와의 균형: 특별 프로그램에 참여하는 경우, 학급의 다른 과제를 빠지지 않도록 유의한다.

2) 학제 간 지도지침

- 유아기
  - 여러 가지 재능(인지적, 예술적, 리더십 등)이 나타나는 양상을 관찰하고, 아동에게 그 재능을 마음껏 표현할 기회를 제공한다.
  - 아동의 호기심을 자극하고, 열정과 관련된 학습 활동을 개발한다.
  - 준비된 정도에 따라 여러 언어를 구사해 보도록 허용한다.

- 초등학교 시기
  - 심화 학습 및 촉진 학습의 기회를 제공한다.
  - 아동이 자신의 사고와 결과물을 정교화할 수 있는 개별 과제를 제시한다.
  - 전문가 집단이나 단체에 참여할 기회를 제공한다.
  - 교사는 영재아동 지도전략을 습득할 수 있는 연수나 프로그램을 이수한다.
  - 아동의 특별한 기술이나 지식을 강조하는 다양한 이벤트에 참여하도록 격려한다.

- 중·고등학교 시기
  - 다양한 능력을 가진 영재아동이 마음껏 수행할 수 있는 활동을 제공한다.

- 영재아동이 실제 문제를 다르거나 실질적인 성과를 낼 수 있는 기회를 제공한다.
- 단순히 활동량을 늘리는 것이 아니라 심화 활동을 할 수 있는 기회를 제공한다.
- 영재성은 학업성적과 상관없이 여러 가지 방식으로 나타날 수 있다는 점을 명심한다.
- 여학생 영재아동이 진로나 연구 분야 선택에서 겪을 수 있는 문제나 갈등을 제거하도록 도와준다.

3) 교육적 배치

• 영재아동의 개별적인 특성을 고려하여 다양한 교육적 배치를 고민해야 한다. 주요 배치 형태는 다음과 같다:

- 공립학교: 소집단 구성, 독립 학습, 다양한 별도 프로그램(예: 멘토 프로그램, 인턴십 등), 아동의 능력에 따른 팀티칭 및 속진 등의 방법이 적용될 수 있다.
- 영재학급/영재학교: 유사한 능력을 가진 아동을 모아 집중적으로 지도하는 프로그램을 제공하거나, 특정 교과 중심으로 학급 운영을 차별화하는 방식이 고려된다.
- 아동의 필요에 맞는 배치: 각 아동에게 적합한 교육적 배치를 찾는 것이 중요하다. 학교 체계 내에서 다양한 교육 프로그램을 제공해야 한다.

• 우리나라 영재교육 체계

- 영재학교: 전문 분야 영재를 대상으로 하는 전일제 학교로 현재 고등학교 과정만 운영

→ 우리나라 최초의 영재학교: 2003년에 설립된 한국과학영재학교

- 영재교육원: 교육청, 대학, 정부출연 연구기관, 공익법인 등이 설치하고 운영하는 영재교육센터로 방과 후, 주말, 방학 등을 활용하거나 학교 수업 시간 중에도 '시간제(pull-out)' 형태로 운영된다.

→ 시·도 교육청 지원 영재교육원과 대학부설 과학영재교육원으로 구분

영재학급과 영재교육원의 운영 체계

항목	영재학급	영재교육원
설치 기관	초·중·고등학교 내에 설치됨	주로 지방 교육청 및 특정 교육기관에 설치됨
대상	영재를 발견한 후 특정 학교 내에서 학급 운영	전국 단위로 영재를 선발하여 학습 기회를 제공
선발 방법	학교별로 학생을 선발하며, 일부 학교는 전국 단위 선발	전국 규모의 선발전형(시험, 면접 등)을 통해 선발
교육 내용	일반 학과와 병행하여 영재 교육을 제공	심화된 전공 중심 교육과정 제공
교육 기간	학기 단위, 정규학교 과정 내에서 운영됨	연중 프로그램(방학, 주말 등)으로 운영됨
교육 장소	학교 내 지정된 교실 또는 시설	영재교육원 내에서 진행됨
교육 목표	주로 학교 내에서 영재 아동에게 맞춘 맞춤형 교육 제공	심화 학습과 특성화된 전문적 교육 제공
교육 특징	일반 학습과 병행, 실험 및 탐구 학습 중심	전문적이고 심화된 교육 과정, 주로 창의적 문제 해결을 강조

– 영재학급: 초·중·고등학교에서 운영되는 영재반으로, 특별활동, 재량활동, 방과 후, 주말, 방학을 이용한 영재학급이 운영된다. 학교 특성과 규모에 따라 영재학급과 중심학교 영재학급으로 구분된다.

영재아동을 위한 차별화된 교육과정의 특징과 예

	전형적인 수업 기준	영재아동을 위한 수업 기준
속진	한 자릿수로 나누기 두 자릿수로 나누기 세 자릿수로 나누기 나눗셈을 사용해서 문장제 완성하기	숫자와 언어 형태에서 다단계 문제를 푸는 데 덧셈, 뺄셈, 곱셈, 나눗셈을 사용하기
깊이	다음의 세 가지 주제 중 한 가지를 고르고, 적어도 네 가지의 도서관 자료를 활용하여 구두 프레젠테이션을 준비하라. • 공학의 사용 • 과거의 과학적 발견들 • 일상생활에서의 수학	다음 중 한 가지에 대해 논쟁하라. • 공학은 인류의 진보를 나타낸다. • 인류는 보다 복잡한 세상에서 살면서 더 진보하게 되었다. 자신의 견해를 주장하기 위해 발표할 때 설문조사, 인터뷰, 도서관 자료를 포함하여 다양한 자원을 사용하라.
복잡성	존 스타인백이 쓴 소설 '진주'에서 줄거리와 설정, 등장인물들에 대해 토론하라.	존 스타인백이 쓴 두 소설 '진주', '생쥐와 인간' 간의 줄거리와 설정, 등장인물과 동기, 주제와 설정을 비교하고 대조하라. 작가의 스타일을 어떻게 특징지을 수 있는가?

	전형적인 수업 기준	영재아동을 위한 수업 기준
도전성	민수는 1월에 주식에 100만원을 투자했다. 12월에 이를 되팔았을 때, 구입 가격보다 10%가 올랐다. 그는 주식으로 얼마의 이득을 남겼는가?	다음 중 어느 것을 선택하겠는가? ① 1년간 8%의 이득과 2년간 5%의 손실 ② 1년간 5%의 이득과 2년간 5%의 손실 이유를 글로 써서 설명하고 당신의 생각을 학급에서 공유하라.
창의성	본인이 2차 세계대전에 관해 소개할 뉴스캐스터라고 가정하고 다음 중 하나를 선택하여 완성하라. ① 전쟁에서 중요한 사건을 요약하여 뉴스 리포트를 작성하라. ② 중요한 사건에 기초하여 광고 전단지를 설계하라.	본인이 선택한 하나의 매체(노래, 춤, 포스터, 파워포인트 등)를 활용하여 2차 세계대전의 사건들을 인과관계를 증명하라.
추상성	우리나라의 수송기관의 발달게 관한 차트를 그려라. 각 수송기관의 주요 특징에 따라 주요 혁신에 관해 기술하라.	모델의 컨셉에서 도출된 일반화를 활용하여, 시간의 흐름에 따라 각 수송기관의 혁신을 평가하라. 각 수송기관의 장점과 약점을 평가하고, 각 모델이 어떻게 후속모델에 영향을 끼쳤는지를 예증하기 위해 시각적 표현을 창출하라.

4) 교수방법

- 영재아동만을 위한 차별화된 수업전략은 특별히 없다.
  → 오히려 전략의 사용은 교육과정의 본질이나 수준과 관련되어 있다.
- 일반교육의 교육과정은 영재아동을 위해 설계된 것이 아니다.
  → 따라서 교사들은 영재아동에게 적합한 수준의 수업을 제공하기 위해 모든 내용 영역에서 그 교육과정을 수정해야 한다.
- 영재아동들은 속진, 깊이, 복잡성, 도전성, 창의성, 추상성 등 경험의 수준이 다른 차별화된 교육과정을 제공받아야 한다.

❶ 속진 (Acceleration)

- 속진은 학습 속도를 높여, 일반적인 교육과정을 다른 아동보다 빠르게 이수하는 방법이다. 이는 영재아동의 능력을 최대한 발휘하게 돕는 중요한 방법이다.
  – 조기입학: 유치원, 중·고등학교, 대학 등

– 교육과정 압축단축: 학년과정을 압축하여 빠르게 이수
– 학점 취득: 고등학교와 대학교 연계교육, 대학 과목 선이수, 시험을 통해 고등학교 과정 이수 등

- 주의사항:
  – 속진은 반드시 심화학습 프로그램과 함께 병행되어야 한다.
  – 창의성과 심화적 사고를 충분히 개발할 수 있도록 보완이 필요하다.
  – 영재아동이 현재 학년에 잘 적응하고 있다면 속진이 꼭 필요한 것은 아니다.

❷ 심화 (Enrichment)

- 심화는 특정 과목이나 주제에 대해 보다 깊고 자세하게 공부하거나 탐구하는 방법이다.
  → 일반적인 교육과정보다 더 많은 도전과 자율성을 부여하는 전략이다.
  – 독립연구: 아동이 자율적으로 연구 주제를 설정하고 탐구하는 기회를 제공한다.
  – 멘토제도: 전문가나 경험이 풍부한 사람들과의 만남을 통해 깊이 있는 지식과 경험을 얻는다.
- 장점: 영재아동이 또래 친구들과 함께 학습할 수 있기 때문에 사회적 상호작용을 유지할 수 있다.
- 유의점: 심화 활동이 단순히 표준 교육과정의 반복이 아니라, 실제로 영재아동의 능력을 끌어낼 수 있는 활동이어야 한다.
  → 교사는 심화 활동이 선행학습이나 기술을 요구하는지, 아니면 창의적 탐구를 자극하는지를 잘 구분해야 한다.

❸ 특별한 소집단 구성

- 흥미와 관심사가 비슷한 아동들을 소집단으로 묶어 특정 주제나 활동에 대해 집중적으로 학습하는 방법이다.
  → 이 방식은 속진이나 심화와 결합하여 더 효과적일 수 있다.
- 효과적인 운영: 동일한 능력을 지닌 아동들이 모여 협력하고 토론하며 문제를 해결하는 과정에서 더 깊은 사고와 창의적 해결을 도울 수 있다.

❹ 탐구기반 학습 (Inquiry-based Learning)

- 학습자 스스로 문제를 정의하고 해결해 나가는 과정을 통해 학습하는 방법이다.
  → 영재아동의 능동적 참여를 유도하는 학습법이다.
- 탐구기반학습에는 문제중심학습이 포함되며, 일반적으로 소규모 조사 및 프로젝트 연구에 주로 사용된다.

> 예) 주제: 우리가 먹는 식품의 영양소와 건강에 미치는 영향
> 학생들은 "우리가 먹는 식품이 건강에 어떤 영향을 미칠까?"라는 질문을 통해, 다양한 식품의 영양소와 건강에 미치는 영향을 조사한다. 가공식품과 자연식품의 차이를 비교하고, 영양소가 우리 몸에 미치는 영향을 실험을 통해 관찰한다. 예를 들어, 특정 음식을 섭취한 후 에너지 수준이나 혈당 변화를 기록하여, 어떤 식품이 건강에 더 이로운지 분석한다. 마지막으로, 학생들은 자신이 찾은 결과를 발표하고, 건강한 식단에 대해 결론을 도출한다. 이 과정을 통해 학생들은 비판적 사고와 문제 해결 능력을 기를 수 있다.

❺ 문제중심학습 (Problem-based Learning: PBL)

- 주어진 문제 상황을 이해하고 정의하며, 이를 해결하기 위한 정보를 수집하여 가설을 검증하는 방식으로, 실제 문제를 해결하는 과정을 통해 학습하는 교수법이다.
  → 문제의 파악과 개념적 사고에 능숙한 영재아동에게 문제중심 학습은 매우 유용한 방법으로 활용된다.
- 실제 생활에서 발생할 수 있는 문제를 다루면서, 문제 해결능력과 창의적 사고를 향상시킬 수 있다.

5) 미성취 영재아동을 위한 교육

- 영재아동 중 일부는 학교 환경이나 다른 외부 요인으로 인해 자신의 잠재력을 제대로 발휘하지 못할 수 있다.
  → 이런 아동에게도 특별한 지원이 필요하다.

- 영재성은 성적과 무관하게 나타난다.
  → 교사는 성적이 뛰어나고 모범적인 아동만을 영재로 판단해서는 안 되며, 각 아동의 강점과 약점을 충분히 파악해야 한다.
- 주어진 과제를 빠르고 쉽게 완수하는 학생에게 과중한 과제를 부여하지 않도록 유의한다.
  → 단순히 교과 내용을 반복하는 것보다, 확장 가능한 자료나 주제를 제공하여 학습의 범위를 넓힌다.
- 쉬운 문제를 완벽히 풀기보다, 복잡하고 개방적인 문제에 도전할 수 있는 기회를 제공하여 노력을 강화한다.
- 인지적이고 학문적인 도전을 장려한다.
  → 흥미를 느끼는 분야에 대해 독립적으로 탐구할 수 있도록 기회를 제공한다.
- 영재아동은 특정 주제에 대해 깊은 호기심을 보일 수 있으므로, 연구 방법을 가르치고 자료 수집 및 계획 수립과 결과물을 완성하는 과정 전반을 지원한다.
- 모든 아동이 서로 잘 어울릴 수 있도록 사회성 기술 발달에 신경을 쓴다.
  – 영재아동은 다른 사람의 관점을 이해하는 데 어려움을 겪을 수 있으므로, 그들이 다른 사람의 마음을 읽고 정확한 언어적, 비언어적 메시지를 주고받을 수 있도록 훈련시킨다.
  – 영재아동의 엘리트적인 태도나 교실 내 배척 분위기가 형성되지 않도록 세심한 주의를 기울인다.
- 가능한 한 높은 수준의 교육과 진로 목표를 설정하여 그들이 현실적인 목표를 달성할 수 있도록 지도한다.

> 교사는 모든 아동의 강점과 약점을 면밀히 파악하고, 교육을 개별화하려는 노력을 기울여야 하며, 그 과정에서 미성취 영재아동이 발생하지 않도록 해야 한다.

제 12 장

발달지체

아동의 발달은 신체적, 인지적, 언어적, 사회·정서적 영역을 아우르는 복합적인 과정으로, 각 영역이 조화롭게 성장할 때 건강한 삶의 기초가 형성된다. 그러나 다양한 내 · 외적 요인으로 인해 아동이 특정 발달 단계에 도달하는 속도가 늦어지는 경우가 있다. 이러한 발달 지연이나 지체는 아동의 전반적인 잠재력 실현에 큰 장애가 될 수 있으며, 장기적으로 학습능력과 사회적 적응에 상당한 영향을 미친다.

따라서 발달지체의 조기발견은 아동의 성공적인 발달을 위해 매우 중요하다. 초기 단계에서의 정확한 평가와 진단은 적절한 중재 계획을 세우는 출발점이며, 아동의 신경가소성을 최대한 활용할 수 있는 시기를 놓치지 않는 것이 핵심이다. 조기중재는 단순히 지연된 발달을 보완하는 것을 넘어 아동이 정상적인 발달 궤도에 빠르게 진입할 수 있도록 돕는다.

또한 아동뿐만 아니라 가족의 스트레스 완화와 긍정적인 양육 환경 조성에도 중요한 역할을 하여, 아동과 가족 모두의 전반적인 삶의 질 향상을 이끈다.

생각해봅시다!

또래보다 늦은 발달, 기다림의 의미를 생각해 본 적이 있는가?

말이 느리고, 움직임이 어색하고, 인지 발달이 또래보다 뒤처진 아이를 만났을 때, 우리는 그 아이를 있는 그대로 바라보았는가? 조급한 평가보다 중요한 것은 개별 발달 속도에 맞춘 '지속적인 지원'이라는 점을 진심으로 이해하고 있는가?

의견을 적어주세요.

1. 발달지체의 정의

- 우리나라의 경우 2008년 「장애인 등에 대한 특수교육법」에서 특수교육대상자로 '발달지체'가 처음으로 포함되었다.

우리나라 현행법상 발달지체의 정의

장애인 등에 대한 특수교육법	신체, 인지, 의사소통, 사회 · 정서, 적응행동 중 하나 이상의 발달이 또래에 비하여 현저하게 지체되어 특별한 교육적 조치가 필요한 영아 및 9세 미만의 아동

1) 용어의 사용

❶ 발달지체 (Developmental Delay)

- 발달지체는 아동의 주요 발달 영역(인지, 언어, 운동, 사회성, 적응행동 등) 중 한 가지 이상에서 또래에 비해 현저한 지체를 보이는 상태를 의미한다.
  → 일반적으로 만 3세에서 9세 사이의 아동에게 적용되며, 장애 진단이 확정되기 전 조기 개입이 필요한 시기에 사용되는 용어이다.
- 여기서 중요한 점은, 발달지체는 고정된 장애 진단이 아니라 발달적 위험을 지닌 상태로 간주된다는 것이다.
  → 즉, 조기 개입을 통해 충분히 발달을 회복하거나 다른 장애 영역으로 재분류될 가능성이 있다.
- 교사는 '지체'라는 용어의 일시성에 주목해야 한다.
- 발달지체는 '장애'보다 덜 고정된 개념이며, 조기중재가 큰 효과를 낼 수 있다.
  → 교사들은 관찰과 조기 평가의 중요성을 인식하고, 정서적 낙인 없이 지원할 수 있는 역량을 갖추어야 한다.

사례: 조기발견과 개입의 중요성을 보여주는 실제 교육현장의 예

유치원에 다니는 남준이는 또래에 비해 말을 거의 하지 않았고, 놀이에서도 다른 친구들과 어울리지 못하는 모습을 보였다. 처음엔 단순한 성격 문제로 여겼지만, 관찰 결과 언어 및 사회성 영역에서 발달지체가 의심되었다. 교사는 유아발달검사를 의뢰하였고, 결과적으로 언어 및 사회성 발달지체로 조기개입을 받게 되었다. 이후 남준이는 언어치료와 부모상담을 병행하면서 눈에 띄는 변화가 나타났고, 1년 후에는 일반학급에서 또래와 자연스럽게 어울릴 수 있게 되었다.

❷ 조기개입 (Early Intervention)

- 발달지체, 장애 및 위험군(at-risk) 영아의 발달을 촉진하고 가족을 지원하기 위해 생후 초기 단계에서 제공되는 다양한 전문서비스를 포함하는 포괄적 용어이다.
  → 이는 조기발견, 진단, 평가, 교육, 치료·재활, 양육지원, 가족지원, 관련 정책 개발, 공적 인식 제고 등 아동과 가족의 전반적인 삶의 질 향상을 목표로 하는 통합적 접근을 의미한다.

❸ 발달지체와 발달장애의 구분

- 발달지체와 발달장애는 서로 다른 개념이다.
  - 발달지체: 아동이 신체적, 인지적, 사회적, 정서적 발달에서 또래에 비해 늦게 진행되는 상태를 말하며, 이는 일시적이거나 환경적 요인에 의해 영향을 받을 수 있다.
  - 발달장애: 뇌의 기능적 이상이나 신경학적 문제로 인해 지속적이고 전반적인 발달의 어려움을 겪는 상태를 의미한다.
- 따라서 발달지체는 회복 가능성이 있는 발달 지연을 포함하는 반면, 발달장애는 보다 구조적이고 장기적인 지원이 필요한 질환군으로 구분된다.

구분	발달지체 (Developmental Delay)	발달장애 (Developmental Disabilities)
적용 연령	주로 만 3~9세	모든 연령 가능
진단 목적	조기개입, 추적관찰	장애로서의 판별 및 지원
경과 가능성	발달 회복 또는 변화 가능	비교적 지속적인 특성
예시	언어지체, 운동지체 등	자폐스펙트럼장애, 지적장애 등

2) 조기개입의 중요성

발달지체(지연)이나 발달장애가 있는 영유아에게 조기개입이 중요한 이유는 다음과 같다.

❶ 뇌 발달의 결정적 시기 활용

- 영유아 시기는 뇌의 가소성(plasticity)이 매우 높은 시기로, 외부 자극에 민감하게 반응하고 빠르게 발달한다.
  → 조기에 개입하면 언어, 인지, 운동, 사회성 등의 발달을 촉진하고, 후속 문제를 줄일 수 있다.

❷ 2차적인 문제 예방

- 발달지연을 방치하면 정서적 문제, 행동 문제, 학습장애 등이 2차적으로 발생할 수 있다.
  → 조기개입은 이러한 부가적인 문제를 예방하거나 완화하는 데 효과적이다.

❸ 가족의 부담 경감 및 역량 강화

- 부모는 아동의 장애나 지연에 대해 혼란, 죄책감, 스트레스를 겪을 수 있다.
  → 조기개입을 통해 부모가 자녀를 이해하고 양육 기술을 배우며, 가정에서의 긍정적인 상호작용을 촉진한다.

❹ 장기적 사회 · 경제적 이득

- 아동이 조기에 필요한 지원을 받으면 이후 학교 적응력과 자립 가능성이 높아지고, 특수교육이나 복지비용이 줄어든다.
  → 이는 개인뿐만 아니라 사회 전체에도 경제적·사회적 이득을 가져온다.

❺ 개별화된 성장 기회 제공

- 조기개입은 아동의 개별적 필요에 맞춘 맞춤형 지원을 제공한다.
  → 이를 통해 아동은 자기 능력을 최대한 발휘하고, 자신감을 가질 기회를 얻게 된다.

2. 발달지체의 진단 및 평가

- 현재 발달에 있어 일탈적 특징을 보이거나 보일 가능성이 있는 아동들이 포함된다.
  → 이러한 아동들은 특정 장애나 두드러진 문제를 보이기도 하고 그렇지 않은 경우도 있기 때문에 진단에 어려움이 있다.

> ① 0~24개월 미만
> - 하나 이상의 발달 영역에서 25% 또는 표준편차 2 이상의 지체
> - 둘 이상의 발달 영역에서 20% 또는 표준편차 1.5 이상의 지체
> - 전문가팀의 전문적인 임상적 판단
>
> ② 24~36개월 이상
> - 하나 이상의 발달 영역에서 20% 또는 표준편차 2 이상의 지체
> - 둘 이상의 발달 영역에서 15% 또는 표준편차 1 이상의 지체
> - 전문가팀의 전문적인 임상적 판단

- 우리나라의 경우 국민건강보험공단에서는 생후 4~71개월까지의 영유아를 대상으로 개월 수별로 총 7차까지 구분하여 '영유아 무료 건강검진'을 실시하고 있다.
- 검진 항목 중에는 발달 선별 검사도 포함되어 있습니다.
  → 저소득층(건강보험료 하위 50%)에게는 영유아검진결과 발달장애가 의심되는 경우, 발달장애 정밀검사비가 지원된다.
- 영유아 발달수준 평가도구: 영유아 발달선별검사(K-DST)
  → 부모가 작성하게 되어 있으며 각 질문의 항목에 대하여 '3=잘 할 수 있다, 2=할 수 있는 편이다, 1=하지 못하는 편이다, 0=전혀 할 수 없다' 등으로 답변한다.
- 영유아 발달선별검사 결과는 다음의 세 가지로 나눈다.

❶ 양호

- 빠른 수준: 각 발달영역별 발달수준이 빠른 편임
- 또래 수준: 또래수준에 해당하며, 정상발달하고 있을 가능성이 높음

❷ 주의 (추적검사 요망)

- 영유아는 해당영역의 발달기술을 충분히 습득하지 못하고 있을 가능성이 있음
- 다음 검진시기 이전에 해당 영역의 발달과정을 촉진하고 면밀히 관찰 후 재검사 실시

❸ 정밀검사필요 (심화평가 권고)

- 영유아의 발달에 반드시 이상이 있다는 의미는 아니지만, 발달선별검사 결과 발달지연이 의심되므로 정밀한 평가를 위해 발달전문의의 진단이 필요함

3. 발달지체의 분류 및 특성

- 진단평가 기준에서도 알 수 있듯이 발달지체아동은 발달상에 한 가지 또는 여러 영역에서 지체를 보이며 그 지체된 정도도 개인에 따라 큰 차이를 보인다. → 공통된 특성을 찾는 것은 쉽지 않다.
- 발달지체는 다양한 발달 영역에서의 지체가 복합적으로 나타날 수 있으며, 지체가 나타나는 영역과 원인에 따라 분류할 수 있다.

1) 발달영역에 따른 분류

❶ 인지 발달지체

- 또래 아동에 비해 주의집중, 기억, 문제해결, 추리, 개념 형성 등의 인지적 기능이 현저히 지연된 상태를 말한다.

• 일반적인 상황을 이해하고 적절히 반응하는 능력, 즉 학습능력과 밀접하게 관련되어 있다.
  – 단순 명령을 이해하는 데 어려움
  – 시공간 개념이 늦게 형성됨
  – 단기기억력 및 작업기억의 제한

> 예시: 초등학교 1학년 정국이는 수학 시간에 숫자 3과 5를 구분하지 못하며, "3 더하기 2"를 손가락으로 세지 않으면 해결하지 못한다. 간단한 이야기 듣기 활동에서도 인물의 이름이나 순서를 자주 잊어버린다.

  – 추상적 사고보다는 구체적 사고 중심
  – 새로운 상황에 적응하거나 문제를 해결하는 데 어려움
• 교육적 지원
  – 시각적 도구(수 조작기, 그림카드) 활용
  – 반복학습과 짧은 단위 목표 설정
  – 추상 개념 대신 구체적 예시 제시

❷ 의사소통과 언어 발달지체

• 의사소통을 위한 언어의 이해(수용언어)와 표현(표현언어) 능력의 발달이 연령에 비해 늦은 상태를 의미한다.
• 말의 소리(음운), 문장 구성(통사), 단어 의미(의미론), 실제 사용(화용) 등에서 다양한 지체가 나타날 수 있다.
  – 어휘 수가 매우 적고 문장을 만들지 못함, 말소리가 부정확함
  – 어휘 수가 또래보다 현저히 적음
  – 문법 구조 사용이 미숙(단문 사용, 조사 생략)
  – 말소리가 부정확하거나 어눌함
  – 질문에 대답하지 않거나 반복적으로 질문함

예시: 만 5세 유아 지민이는 "이거 줘"처럼 단어 몇 개만 조합해 말하며, 새로운 단어를 거의 사용하지 않는다. 이야기 나누기 시간에 교사의 질문을 듣고도 "몰라요"만 반복하거나 무반응을 보인다.

- 교육적 지원
  - 언어모델링: 교사가 올바른 표현을 반복 제시
  - 그림책, 언어 놀이 활용하여 어휘 확장
  - 시각적 의사소통 도구(예: 그림 의사소통판) 병행

❸ 운동 발달지체

- 신체의 대근육 운동(걷기, 뛰기, 균형 잡기)과 소근육 운동(쓰기, 잡기, 조작하기) 능력의 발달이 지연된 상태를 말한다.

  → 기본적인 신체 움직임의 조절이 또래보다 미숙하며, 협응력이나 근력에서도 차이가 나타남
  - 또래보다 늦게 걷기 시작하거나, 가위질, 버튼 채우기 등을 잘 못함
  - 걷기, 뛰기, 계단 오르내리기 등이 늦음
  - 연필 잡기, 퍼즐 맞추기, 단추 채우기 등의 소근육 활동에서 어려움
  - 자세 유지가 어렵고 쉽게 피로해 함
  - 균형 감각 부족, 넘어지기 쉬움

예시: 6세 유아인 석진이는 신체활동 시간에 공을 차거나 달리기 활동에 참여하지 않으려 하고, 미술 활동에서 가위질을 잘 못해 자주 교사의 도움을 요청한다. 책상에 앉아 있는 시간도 짧고 자세가 자주 무너진다.

- 교육적 지원
  - 발달단계에 맞는 대소근육 놀이 활동 제공

– 점진적 난이도 조절(큰 퍼즐 → 작은 퍼즐)
– 다양한 감각통합활동 병행(예: 균형 잡기, 촉각놀이)

❹ 사회 · 정서 발달지체

- 사회 · 정서 발달지체는 타인과의 관계 형성, 감정 표현과 조절, 사회적 규칙 이해 등에서 발달이 늦은 상태를 의미한다.
- 또래와의 상호작용이나 교사와의 의사소통에서 부적절하거나 수동적인 행동이 나타날 수 있다.
  – 또래와 함께 놀이하기를 회피하거나 자기중심적 놀이 고수
  – 감정을 조절하지 못하고 쉽게 울거나 화를 냄
  – 사회적 단서(눈치, 말투 등) 이해 부족
  – 분노나 슬픔 등 부정적 감정 조절이 어려움

> 예시: 6세 윤기는 놀이 시간에 친구가 자기 블록을 건드리자 갑자기 울음을 터뜨리고 교실을 나가버린다. 교사가 달래도 감정을 잘 설명하지 못하고, 다시 활동에 참여하기 어려워한다.

- 교육적 지원
  – 감정카드, 사회적 이야기 등으로 감정 표현 지도
  – 협동 놀이 중심 활동 유도
  – 작은 역할부터 시작하여 점차 사회참여 기회 확대

❺ 적응행동 발달지체

- 적응행동 발달지체는 일상생활을 영위하고 사회적으로 독립적으로 기능하는 능력이 또래 수준에 비해 현저히 부족한 상태를 말한다.
  → 자기관리, 환경 적응, 규칙 따르기 등의 행동이 연령 수준에 미치지 못함
    – 화장실 사용, 식사, 옷 입기 등의 기본 생활기술 부족
    – 학습 도구나 물건 정리 등의 자기관리 미흡

- 낯선 상황에 대한 적응 속도가 느리며 일과 변화에 민감함
- 규칙이나 사회적 기대를 이해하거나 따르기 어려움

> **예시:** 만 6세 유아 호석이는 혼자 화장실을 가지 못하고, 식사 시간에도 음식을 손으로 먹으려 한다. 수업 도중 교사가 일과를 바꾸면 크게 당황하며 교실에서 울음을 터뜨린다.

• 교육적 지원
- 일상생활기술을 목표로 한 소집단 프로그램 운영
- 활동 순서도나 일과 시각표 제공
- 역할놀이 등을 통한 규칙 이해 및 반복 연습

2) 원인에 따른 분류

❶ 선천적 요인 (생물학적 요인)

• 태아기나 출생 전후에 발생한 유전적, 신경학적, 의학적 이상으로 인해 아동의 발달이 지연되는 경우이다.

→ 이 경우 발달지체는 조기 발견이 가능하며, 다른 장애 범주(지적장애, 자폐성범주장애 등)로의 전이가 일어날 가능성도 있다.

- 유전적 요인: 다운증후군, 프래자일 엑스 증후군 등
- 출산 관련 요인: 미숙아, 저체중아, 분만 중 산소 결핍
- 신경학적 요인: 뇌손상, 뇌성마비, 간질
- 감각기관 이상: 청각장애, 시각장애 등

> **사례:** 태형이(남, 6세)는 임신 30주에 미숙아로 태어나 1.8kg의 저체중으로 신생아 집중치료실에 입원했으며, 성장하면서 언어와 운동 발달이 또래보다 지연됨이 관찰되었다. 언어치료와 물리치료를 병행하며 초기 개입을 시작했다.

• 교육적 지원

– 신체 상태에 대한 기초의학 정보 확인 필요

– 조기치료와 다학제적 협력(의사, 치료사, 교사, 부모) 강조

– 지속적인 발달 추적 및 관찰 필요

❷ 환경적 요인

• 아동이 성장하는 환경이 발달에 필요한 자극이나 조건을 충분히 제공하지 못할 경우 나타나는 발달지체이다.

→ 이 경우 발달지체는 후천적이고 변화 가능성이 높은 경우가 많다.

– 양육 태도의 문제: 방임, 학대, 과잉보호, 무관심

– 언어적 자극 부족: 부모와의 상호작용 부족, 대화 기회 제한

– 사회·경제적 요인: 빈곤, 교육자원 부족, 열악한 주거환경

– 리적 스트레스 요인: 가족 갈등, 부모 이혼, 트라우마 경험

> **사례**: 가온(여, 5세)은 부모 모두 맞벌이로 인해 하루 종일 혼자 TV를 보며 지냈고, 또래와의 상호작용이 거의 없었다. 유치원 입학 시 교사의 말을 거의 이해하지 못했고, 자기 표현이 "아~"나 몸짓으로 제한되어 있었다. 꾸준한 놀이 중심 언어자극과 또래 상호작용 경험을 통해 점차 언어와 사회성이 향상되었다.

• 교육적 시사점

– 놀이·언어 자극 중심의 풍부한 환경 제공 필요

– 교사와 또래의 상호작용 기회를 적극적으로 조직

– 부모 상담을 통해 가정 환경 개선 및 협력 유도

❸ 복합적 요인

• 선천적 요인과 환경적 요인이 동시에 또는 상호작용하며 아동의 발달에 영향을 주는 경우이다.

→ 실제 발달지체 아동의 상당수가 이 범주에 속한다.

– 원인이 명확하지 않고 경계선적 상태일 수 있음

- 발달지체의 양상도 영역별로 불균형하게 나타나는 경우가 많음
- 개별화된 접근과 종합적인 개입이 요구됨

> **사례:** 지우(남, 7세)는 뇌의 구조적 이상으로 언어 발달이 늦었으며, 부모는 경제적 어려움으로 초기 개입을 받지 못했다. 초등학교 입학 후 학습에 어려움을 보이며 교사와 특수교사의 협력하에 언어지원, 사회성 훈련, 가정 연계 프로그램을 함께 운영 중이다.

- 교육적 지원
  - 단일 원인보다는 복합 원인에 대한 열린 시각 필요
  - 다각적 평가(심리검사 + 환경 평가 + 행동 관찰) 실시
  - 다양한 전문가와 협력하는 통합적 지원 체계 구축
- 교사는 원인을 '규명'하기보다는 이해하고 교육적으로 대응하는 것이 우선이다.

4. 발달지체 아동 교육 지원

여기에서는 학령기 전 아동인 유아를 대상으로 한 교육적 지원을 설명하고자 한다.

1) 통합교육을 위한 일반적 지침

❶ 일반 또래와의 통합 환경 조성

- 발달지체유아가 일반 또래와 함께 교육받을 수 있도록 물리적 환경과 교육 환경을 조성해야 한다.
- 교실 내에서 유아가 쉽게 접근할 수 있는 자리 배치, 안전한 공간 확보, 그리고 필요한 보조기구나 보조인력을 제공해야 한다.

- 또한, 교육과정은 유아의 발달 수준과 특성에 맞게 개별화하여 유아가 과도한 스트레스 없이 학습에 참여할 수 있도록 지원해야 한다.

❷ 교사와 전문가 간 협력

- 통합교육에서는 일반교사와 특수교육 전문가가 긴밀히 협력해야 한다.
  → 이를 위해 정기적인 회의를 통해 유아의 발달 상태를 공유하고, 교육 전략과 교수 방법을 함께 계획한다.
  → 특수교육 전문가는 유아의 장애 특성에 맞는 교수 기법과 보조기구 활용법을 제안하고, 일반교사는 이를 일상 수업에 효과적으로 적용한다. 협력을 통해 교육의 질을 높이고 유아 개별 욕구에 맞는 맞춤형 지도를 실현할 수 있다.

❸ 사회적 상호작용과 의사소통 촉진

- 발달지체유아가 또래와 긍정적인 사회적 관계를 형성할 수 있도록 다양한 기회를 제공해야 한다.
  → 이를 위해 소그룹 활동이나 역할놀이 등 협동적인 활동을 자주 계획하고, 유아가 자신의 생각과 감정을 표현할 수 있도록 언어 및 비언어적 의사소통 기술을 발달시키는 지도 방법을 적용한다.
- 또래 간의 이해와 수용을 높이기 위한 교육도 병행하여 모두가 포용적인 학급 문화를 만들어 나가야 한다.
  → 또래 친구들이 발달지체 아동을 이해하도록 돕는 장애이해교육을 실시한다.

❹ 가족과의 긴밀한 협력과 소통

- 가정과 교육 현장이 연계되어야 유아의 발달이 효과적으로 지원된다.
  → 교사는 정기적으로 가족과 소통하며 유아의 교육 진행 상황과 발달 현황을 공유한다.
- 가족에게 가정 내에서의 교육 방법이나 지원 방안을 안내하여 일관된 환경에서 유아가 성장할 수 있도록 돕는다.

- 가족의 의견과 요구를 존중하며, 필요할 경우 상담이나 전문 기관과의 연계를 통해 포괄적인 지원체계를 구축한다.

2) 일반적인 교수전략

❶ 시각적 지원 (Visual Supports)

- 시각 자료는 언어 이해에 어려움이 있는 유아에게 정보를 명확하게 제공해 예측 가능성과 자율성을 높인다.
- 일과표 그림 카드 제공: 유아가 하루의 활동 흐름을 이해할 수 있도록 '일과 그림 카드'를 교실 전면에 게시하거나 개인 소지형으로 제공한다.
  → 예측 가능성의 증가로 불안감을 감소시킨다.
- 그림 의사소통 도구 사용 (PECS 등)
  → 말을 하지 않거나 제한적인 언어를 사용하는 유아에게 '물', '도와줘', '화장실' 등의 그림 카드를 보여주고 이를 선택하게 하여 자신의 욕구를 표현할 수 있도록 한다.
- 행동 규칙 시각자료 제시
  → 예: "차례 기다리기", "손 들고 말하기", "친구 때리지 않기" 등의 규칙을 시각적으로 표현한 포스터를 교실에 붙여, 유아가 규칙을 이해하고 기억하기 쉽게 만든다.

❷ 반복 학습 (Repetition and Practice)

- 지속적이고 반복적인 경험은 학습 정착에 효과적이며, 특히 기억이나 전이 능력이 낮은 유아에게 필수적이다.
- 하루 여러 활동에서 같은 단어 반복
  → 예: "사과"라는 단어를 아침 인사 시간, 과일 분류 활동, 동화 읽기, 역할놀이 등에서 반복적으로 사용하여 어휘 습득을 강화한다.
- 개념 반복 놀이 활용
  → 색깔이나 모양, 숫자 등의 개념을 다양한 게임으로 반복 학습. 예: 주사위 색 맞추기, 색깔 블록 정렬하기, 모양 도장 찍기 등
- 일상 질문 반복하기

→ “이건 뭐야?”, “어디 있지?”, “뭐 하고 있니?” 같은 질문을 매일 다양한 상황에서 지속적으로 제시하여 언어 표현 및 이해 촉진시킨다.

❸ 작은 단계로 나누기 (Task Analysis/Breaking Down Tasks)

- 복잡한 과제를 작고 명확한 단계로 나누면 유아가 부담 없이 과제를 수행할 수 있고 성공 경험을 느낄 수 있다.

정리정돈 행동의 세분화	“장난감 정리해” 대신 구체적으로 지시하기 자동차 바구니에 넣기→ 책 제자리에 꽂기→ 책상 위 정리하기
사회적 상호작용 연습 세분화	“인사해야지” 대신 구체적으로 지시하기 이름 부르기→ 눈 마주치기→ 손 흔들며 “안녕” 말하기

❹ 즉각적 강화 (Immediate Reinforcement)

- 행동 직후 즉각적인 긍정적 피드백은 유아의 행동을 강화하고, 올바른 행동의 반복을 유도한다.
- 즉각적인 구두 칭찬
  → 예: 유아가 교사의 질문에 응답하자마자 “정말 잘했어! 네가 대답해줘서 너무 좋아”라고 즉시 칭찬한다.
- 스티커 보상 시스템 운영
  → 정해진 행동을 했을 때 즉시 스티커 제공한다.
  → 예: 질문에 대답하면 바로 스티커 1개, 5개 모으면 작은 선물 제공
- 선호 활동 제공: 원하는 활동을 보상으로 사용한다.
  → 예: 과제 수행 후 좋아하는 퍼즐 놀이 5분간 허용 → 유아의 동기 유발 증가

❺ 또래 모델링 (Peer Modeling)

- 전형적 발달을 보이는 또래 친구의 행동을 관찰하고 모방하면서 사회적 행동이나 언어, 과제 참여 능력을 향상시킬 수 있다.
- 역할 시범 제공
  → 또래가 먼저 교사의 질문에 대답하거나 활동을 수행하는 모습을 보여주고, 유아가 이를 따라 하도록 유도한다.

• 짝 활동 구성

→ 발달이 안정된 또래와 짝을 지어 블록 놀이, 역할놀이 등을 함께 하도록 하여 자연스럽게 사회적 상호작용을 유도한다.

• 모범 행동에 대한 칭찬 공유

→ 모델 역할을 한 또래에게 공개 칭찬을 하여 유아가 해당 행동을 긍정적으로 인식하고 모방할 수 있도록 유도한다.

❻ 관심 기반 접근 (Interest-Based Learning)

• 유아의 흥미나 선호를 반영한 활동은 주의 집중력과 참여도를 높이며, 학습 효과를 극대화한다.

• 관심 주제 반영한 활동 구성

→ 예: 공룡에 관심이 많은 유아에게 공룡 퍼즐, 공룡 색칠하기, 공룡 관련 그림책 활용 등 흥미 기반 수업을 구성한다.

• 선호 장난감을 활용한 과제 제시

→ 자동차를 좋아하는 유아에게 자동차 그림 카드로 색깔 분류, 수 세기 활동을 진행하여 학습 유도한다.

• 관심 있는 캐릭터 활용한 언어 자극

→ 예: 뽀로로, 핑크퐁 등 인기 캐릭터를 활용한 단어 말하기, 동요 따라 부르기, 이야기 꾸미기 등을 통해 언어 표현력을 향상시킨다.

3) 의사소통 기술 교수 방법

❶ 개별화된 접근: 유아의 발달 수준과 특성에 맞는 맞춤형 교수 계획을 수립한다.

❷ 언어 자극 및 의사소통 기회 제공: 다양한 언어 자극을 제공하고, 상호작용을 통해 자연스럽게 의사소통 기술을 익히도록 격려한다.

❸ 언어 모델 제시: 유아의 현재 수준보다 한 단계 높은 수준의 언어 모델을 제시하여 언어 발달을 촉진한다.

→ 예를 들어, 유아가 손을 가리키며 '이거 뭐야?'라고 물을 때, "손이야. ○○이 손"과 같이 구체적인 언어 표현을 제시하는 것이 좋다.

❹ 삽화 교수: 유아의 하루 일과(예: 아침 인사, 간식 시간, 놀이 시간, 정리 시간 등)에 자연스럽게 그림 카드 교환을 통합하여 실제 상황에서 의사소통 기술을 사용할 수 있도록 지도하는 방법이다.

→ 이 과정은 유아가 단순히 훈련된 기술만 배우는 것이 아니라, 실제 생활 속에서 그 기술을 언제, 어떻게 사용할지 스스로 이해하고 익히게 한다.

❺ 다양한 의사소통 수단 활용: 구어뿐만 아니라 제스처, 그림, 사진 등 다양한 의사소통 수단을 활용하여 의사소통 능력을 향상시킨다.

❻ 사회적 상호작용 기술 증진: 또래와의 상호작용 기회를 제공하여 사회적 기술과 의사소통 기술을 함께 증진시킨다.

❼ 지속적인 평가 및 피드백: 교수 활동의 효과를 지속적으로 평가하고, 필요한 경우 교수 계획을 수정하여 피드백을 제공한다.

4) 적응행동 기술 교수 방법

❶ 개별화 교육 계획 수립: 각 유아의 발달 수준과 강점, 약점을 파악하여 개별화된 목표와 교수 전략을 설정한다.

→ 목표 설정 시, 자조 기술(자기 관리, 의사소통, 사회적 기술 등)을 중심으로 구체적인 행동 목표를 설정하고, 이를 위한 활동을 계획한다.

→ 목표 달성을 위한 평가 계획을 수립하여 적절한 교수 전략을 수정하고 보완한다.

❷ 다양한 교수 전략 활용:

- 모방: 교사나 또래의 행동을 따라 하도록 유도하여 새로운 기술을 습득하도록 돕는다.
- 모델링: 적응 행동을 보이는 모델을 제시하여 유아가 그 행동을 따라 하도록 유도한다.
- 촉구: 유아가 목표 행동을 수행하도록 돕기 위해 언어적, 물리적, 시각적 단서를 제공한다.
- 강화: 목표 행동을 보였을 때 칭찬, 격려, 좋아하는 활동 제공 등을 통해 행동을 강화한다.
- 과제 분석: 복잡한 행동을 작은 단계로 나누어 가르치고, 각 단계를 성공적

으로 수행할 때마다 강화한다.

– 선행 사건 관리: 목표 행동을 유발하는 상황이나 단서를 조절하여 성공적인 적응 행동을 유도한다.

– 환경 구성: 유아의 발달 수준과 특성에 적합한 환경을 조성하여 독립적인 활동을 장려하고, 긍정적인 행동을 유도한다.

❸ 또래와의 상호작용 기회 제공: 또래와 함께 놀이, 활동에 참여하도록 격려하고, 사회적 기술을 배우고 연습할 기회를 제공한다.

→ 차례 지키기, 나누기, 협력하기 등 사회적 기술을 가르치고, 이러한 기술들을 실제 상황에서 적용하도록 돕는다.

→ 또래 간의 상호작용을 통해 사회적 기술, 의사소통 기술 등을 향상시키도록 지원한다.

❹ 가정 연계 활동 실시: 부모 교육을 통해 가정에서도 일관성 있는 지도를 받을 수 있도록 지원한다.

→ 가정에서 유아가 연습한 기술들을 실제 생활에서 활용할 수 있도록 가정 연계 활동 계획을 제공한다.

→ 부모와 교사가 정보를 공유하고 협력하여 유아의 적응행동 발달을 돕는다.

❺ 긍정적 환경 조성: 유아가 안전하고 편안함을 느끼는 환경을 조성하여 심리적 안정감을 갖도록 돕는다.

→ 칭찬과 격려를 통해 자존감을 높이고 긍정적인 자기 효능감을 갖도록 지원한다.

→ 긍정적 강화와 적절한 행동 중재를 통해 문제 행동을 감소시키고 긍정적인 행동을 증가시킨다.

제 13 장

개별화교육계획의 운영

특수교육대상 아동이 배치된 모든 교육기관에서는 반드시 개별화교육계획(Individualized Education Plan, IEP)을 작성하고 이를 실행해야 한다.

통합학급의 교사는 특수교육대상 아동을 일반 학급에 통합시키고, 일반 교육과정에의 참여를 독려하는 데 중요한 역할을 하므로, IEP 수립 과정에 특수교사와 함께 적극적으로 참여해야 한다.

특히, 특수교사가 배치되지 않은 일반학교에서 완전통합 형태로 학급에 포함된 특수교육대상 아동에 대해서도 통합학급 교사가 직접 IEP를 수립해야 한다.

아울러 통합학급의 고사는 특수교육대상 아동의 학습을 지원하기 위해 대안적인 교수 방법을 적용하거나, 그 아동에게 적합한 특별한 교수 목표를 설정해야 할 수 있다. 이 경우, 아동이 통합학급과 일반 교육과정에 원활히 참여할 수 있도록 적절한 수업을 계획하고, 필요한 교재를 준비하며, 교수 활동을 조직하고 다양한 교육 매체를 활용하여 IEP가 효과적으로 시행되도록 노력해야 한다.

생각해봅시다!

모든 아이에게 똑같은 교육이 정말 옳은가?

학습 속도, 이해 방식, 감정 표현, 목표 지점이 서로 다른 아동들에게 똑같은 목표와 방법을 적용한다면, 과연 그 교육은 누구를 위한 것일까? 아동이 가진 현재의 능력과 필요에 맞춰, 그 아동만의 맞춤형 교육 계획을 세운다면 어떤 변화가 일어날까?
개별화교육계획은 단지 서류가 아니라, 한 아동의 성장 경로를 설계하는 교육자의 약속이라는 사실을 느껴본 적이 있는가?

의견을 적어주세요.

1. 개별화교육계획의 정의

- IEP는 특수교육대상 아동의 능력을 계발하기 위해 제공되는 교육 및 지원 내용을 포함하고, 그 실행 계획과 과정, 결과에 대한 평가를 기록한 문서이다.
  → 아동의 장애 특성, 현재의 능력, 교육적 요구, 선호와 관심 등을 종합적으로 고려하여, 최적의 교육과 생활 지원을 제공하기 위한 절차와 방법을 포함한다.
- 이 문서는 특수교육대상 아동에게 필요한 교육뿐만 아니라, 장애와 관련된 다양한 지원 방안을 포함하는 종합적인 교육지원 계획으로서, 교과 및 비교과 활동, 특수교육 관련 서비스, 행동지원, 전환지원 등의 내용을 포함할 수 있다.
  → IEP는 단순한 교육 계획 문서를 넘어서, 특수교육대상 아동의 개별화된 교육 및 생활 지원을 체계적으로 수립·운영하고, 그에 대한 평가 내용을 포함하는 개인별 기록이다. 동시에 IEP는 계획의 실행 과정과 결과, 아동의 성장과 변화를 문서화한 개인별 포트폴리오로서 중요한 의미를 지닌다.

2. 개별화교육계획 수립의 필요성

- 특수교육대상 아동은 개인차가 크고 다양한 능력 수준을 보이며, 일반적인 발달 특성 외에도 각자가 가진 장애의 특성이나 독특한 요구로 인해 개별화된 교육이 필요하다.
  → 따라서 모든 특수교육대상 아동을 위해, 그들의 교육적 요구에 적합한 교육과정을 설계해야 한다.

3. 개별화교육계획의 법적 근거

IEP 수립과 운영은 「헌법」, 「교육기본법」, 그리고 「장애인 등에 대한 특수교육법」에 법적 토대를 두고 있다.

1) 헌법

헌법에서는 개인이 지닌 능력 차이를 존중하고 이에 맞는 교육을 제공하는 교육 기회의 균등을 명시하고 있다. 이에 따라 특수교육 대상 아동을 포함하는 모든 국민은 개인의 능력에 맞는 적절한 교육을 받을 수 있는 권리를 지니고 있다.

- 모든 국민은 능력에 따라 균등하게 교육을 받을 권리가 있다(제31조).

2) 교육기본법

교육기본법에서는 모든 국민은 각자의 능력과 적성에 맞는 교육을 받을 권리를 지니며, 개인이 자신의 능력을 최대한 발휘할 수 있도록 국가가 교육내용·교육방법 · 교재 및 교육시설을 제공할 의무가 있음을 명시하고 있다.

- 모든 국민은 평생에 걸쳐 학습하고, 능력과 적성에 따라 교육받을 권리를 가진다(제3조).
- 교육내용·교육방법·교재 및 교육시설은 학습자의 인격을 존중하고 개성을 중시하여 학습자의 능력이 최대한으로 발휘될 수 있도록 마련되어야 한다(제12조).

3) 장애인 등에 대한 특수교육법

장애인 등에 대한 특수교육법에서는 개별화교육의 정의, 개별화교육지원팀의 구성 및 역할에 대해 명시하고 동법 시행규칙에서 개별화교육지원팀 구성 방법과 IEP의 구성요소 등에 대해 명시하고 있다.

■ 제2조 정의

"개별화교육"이란 각급학교의 장이 특수교육대상자 개인의 능력을 계발하기 위하여 장애유형 및 장애특성에 적합한 교육목표 · 교육방법 · 교육내용 · 특수교육 관련서비스 등이 포함된 계획을 수립하여 실시하는 교육을 말한다(제2조).

■ 제22조 개별화교육

① 각급학교의 장은 특수교육대상자의 교육적 요구에 적합한 교육을 제공하기 위하여 보호자, 특수교육교원, 일반교육교원, 진로 및 직업교육 담당 교원, 특수교육 관련서비스 담당 인력 등으로 개별화교육지원팀을 구성한다.

② 개별화교육지원팀은 매 학기마다 특수교육대상자에 대한 개별화교육계획을 작성하여야 한다.

③ 특수교육대상자가 다른 학교로 전학할 경우 또는 상급학교로 진학할 경우에는 전출학교는 전입학교에 개별화교육계획을 14일 이내에 송부하여야 한다.

④ 특수교육교원은 제1항부터 제3항까지의 규정에 따른 업무를 수행하기 위하여 각 업무를 지원하고 조정한다.

⑤ 제1항에 따른 개별화교육지원팀의 구성, 제2항에 따른 개별화교육계획의 수립 · 실시 등에 관하여 필요한 사항은 교육부령으로 정한다.

■ 시행규칙 제4조 개별화교육지원팀의 구성

① 각급학교의 장은 법 제22조 제1항에 따라 매 학년의 시작일부터 2주 이내에 각각의 특수교육대상자에 대한 개별화교육지원팀을 구성하여야 한다.

② 개별화교육지원팀은 매 학기의 시작일부터 30일 이내에 개별화교육계획을 작성하여야 한다.

③ 개별화교육계획에는 특수교육대상자의 인적사항과 특별한 교육지원이 필요한 영역의 현재 학습수행수준, 교육목표, 교육내용, 교육방법, 평가계획 및 제공할 특수교육 관련서비스의 내용과 방법 등이 포함되어야 한다.

④ 각급학교의 장은 매 학기마다 개별화교육계획에 따른 각각의 특수교육대상자의 학업성취도 평가를 실시하고, 그 결과를 특수교육대상자 또는 그 보호자에게 통보하여야 한다.

4. 개별화교육지원팀의 구성 및 운영

- 매 학년의 시작일로부터 2주 이내에 각각의 특수교육대상 아동에 대한 개별화교육지원팀을 구성하고 임기는 1년으로 한다. 개별화교육지원팀 구성원은 IEP 관련 회의에 참석하며 구성원으로서 역할을 한다.
  → 특히, 통합학급교사는 학급에서 아동의 교육을 직접 담당하고 있으므로 아동에 대한 정보를 나누는 데 중요한 역할을 하게 된다.
- 장애인 등에 대한 특수교육법 22조 1항에 따르면, 개별화교육지원팀은 보호자, 특수교육 교원, 일반교육 교원, 진로 및 직업교육 담당 교원, 특수교육 관련 서비스 담당 인력 등으로 구성한다.
  → 단, 개별화교육지원팀을 이루는 구성원은 법에서 규정한 구성원을 포함하되, 대상 아동의 교육적 요구에 따라 그 구성원이 달라질 수 있다.

완전통합·시간제 통합 배치유형의 개별화교육지원팀 구성원

기본 구성원	자격 및 역할	선택구성원
개별화 교육 지원팀장	• 학교장(원장) 또는 교감(원감) • 개별화교육지원팀의 소집 및 운영 • 개별화교육계획 수립 및 실행에 관한 주 책임자 • 학생의 수업 및 생활을 관리·감독	• 부담임교사 • 교과전담교사 • 보건교사 • 상담교사 • 영양교사 • 진로직업교육 담당교사(중등이상) • 특수교육 대상학생 • 행정실장 • 특수교육관련서비스 담당인력 • 시군구주민센터 사회복지사 • 학생의 기타가족 • 교육지원청 특수교육담당자 • 방과후교실강사 • 돌봄교실강사 • 학교담당 경찰관
특수 교육 교원	• 특수학급 교사 • 개별화교육계획의 수립, 실행, 평가 과정의 주된 담당자 • 완전통합된 학생의 경우 개별화교육계획 수립의 주 실행자(개별화교육계획의 실행 및 평가는 통합학급 교사가 담당) • 학생의 통합학급 및 특수학급에서의 교육 및 지원에 관한 조정자	
일반 교육 교원	• 개별화교육계획의 수립, 실행, 평가에 관한 조력자 • 통합학급에서 개별화교육계획의 실행, 평가에 관한 실행자 • 통합학급에서 학생의 교육 및 생활 참여의 주된 담당자	
보호자	• 특수교육 대상 학생의 개별화교육계획 수립, 실행, 평가 과정에서 학생의 대리인 • 학교와 가정 간의 지속적인 협력 관계 유지	

- 각 특수교육대상 아동별로 팀을 구성하되, 보호자, 특수교사, 통합학급교사, 교장(원장), 교감(원감), 부장교사, 특수교육 관련 서비스 담당 인력 등으로 구성한다.
- IEP의 질은 장애아동의 교육과 관련된 전문가 및 보호자의 협력에 의해 좌우된다고 할 수 있는 만큼 개별화교육지원팀의 구성 및 운영은 매우 중요하다. 개별화교육지원팀의 구성 절차는 다음과 같다.

1	개별화교육지원팀 구성	• 학교장(원장)은 매 학년의 시작일로부터 2주 이내에 특수교육대상 아동별로 기본구성원을 중심으로 한 개별화교육지원팀을 구성한다.
2	선택 구성원 조성 및 회의 준비	• 개별화교육지원팀 구성 및 운영 담당자는 기본 구성원과 협의하여 선택 구성원을 조정하고 결정한다. • 개별화교육지원팀 회의를 준비한다(장소, 시간, 경비 확보 등).
3	사전 정보 수집 및 구성원 간 사전 의견 조율	• IEP 수립 담당자는 학부모와의 상담, 전년도 평가 결과 등을 검토하여 사전 정보를 수집한다. • IEP 수립 담당자는 사전 정보 수집 결과를 바탕으로 구성원 간에 사전에 의견을 조율하여 IEP 수립 방안을 마련한다. • 특수학급 설치학교의 순회교육대상자의 경우 해당 학교의 특수교육 교원이 구성원 간의 의견을 조율하여 IEP 수립 방안을 마련한다. • 단, 순회교육대상아동의 개별화교육계획의 작성 내용 중 교육목표, 교육내용, 교육방법, 평가는 담당 순회교사가 수립 방안을 마련한다. 개별화교육지원팀의 회의운영방식(개별형 또는 집단형 회의)을 결정한다.
4	개별화교육지원팀 회의 (개별형/집단형) 개최	• IEP의 유형을 결정한다. • IEP 수립 교과목(영역)을 선정한다. • 특수교육 관련서비스 지원 방안을 협의한다. • 기타 학교 차원의 지원 방안을 협의한다.
5	IEP 작성	• IEP 수립 담당자는 회의 결과를 토대로 IEP를 작성한다. • 순회교육대상아동의 IEP의 경우 작성 내용 중 교육목표, 교육내용, 교육방법, 평가는 담당 순회교사가 작성한다.
6	IEP 승인 및 확정	• IEP 수립 담당자는 최종적으로 결정된 IEP의 승인을 위해 구성원의 서명을 받는다. • 서명한 IEP를 학교장(원장)이 결재한다.

5. 개별화교육계획 구성요소

- 우리나라 장애인 등에 대한 특수교육법 시행규칙 제4조 3항에서는 IEP 작성 시 필수 포함 내용으로 다음과 같은 구성요소를 제시하고 있다.
  - 인적사항
  - 현재 학습 수행 수준
  - 교육목표
  - 교육내용
  - 교육방법
  - 평가계획
  - 특수교육 관련 서비스

- 그 외에도 문제행동의 지원, 교과목의 수와 영역, 특수학급 수업시수, 통합학급 수업 시수가 포함될 수 있으나, 교과 영역은 특수교육대상자의 교육적 수요에 따라 개별화교육지원팀에서 결정하도록 되어 있다.
- 미국장애인교육법(IDEA)에서는 IEP 구성요소로 다음과 같은 내용을 포함하도록 규정하고 있다.
  - 인적사항
  - 현행수준
  - 교수목표
  - 평가계획
  - 평가를 위한 수정 방법 및 대안적 평가 적용
  - 특수교육환경에의 배치 및 지원과 관련서비스 내용
  - 일반교육 프로그램에 참여하지 않는 정도와 그 근거
  - 전환교육
  - 교육 시작과 종료 시기

1) 인적사항

- 이름, 성별, 생년월일, 장애 유형 및 정도, IEP의 시작일과 종료일, 보호자의 희망사항 등 아동에 관한 기본 정보와 유치원 교육에 필요한 기타 정보들을 포함한다.
- 인적사항을 파악할 때는 개인정보 수집·이용에 관한 고지와 동의서를 제시하여 동의를 구해야 한다.

2) 현행수준

- 현행수준을 파악하는 것은 교수목표를 설정하는 첫 단계이며, 파악된 현행수준은 이후의 진보를 비교할 수 있는 기초선의 역할을 한다.
  → 따라서 현행수준 작성 시에는 아동의 교육적 요구에 대한 수준을 분명하게 보여줄 수 있게 기술해야 한다.
- 강점과 약점 모두가 기술되어야 하고, 내용 면에서 포괄적이어야 하는데, 신체적·의학적·감각운동적 기능뿐만 아니라 각 발달 영역의 수행 수준에 대해서도 진술되어야 한다.
- 현재 학습 수준은 긍정적인 형태로 아동이 할 수 있는 일을 서술하는 방식으로 작성하는 것이 바람직하다.
  예) 손으로 물건을 잡지 못한다(×).
  → 물건을 잡을 때 엄지와 검지의 사용보다는 손 전체를 사용한다(○).

3) 교수목표

- 일반적으로 교수목표는 장기목표와 단기목표로 나눈다.
- 장기목표는 현재 학습 수행 수준을 고려하여 IEP(1년)가 종료되는 시점에서 아동이 수행할 것으로 기대되는 수준을, 단기목표는 장기목표를 구성하는 하위목표로서 해당 학기가 끝나는 시점에서 아동이 수행할 것으로 기대되는 수준을 측정 가능한 문장으로 서술한 것을 말한다.
- 장기목표는 아동의 1년 또는 한 학기 후의 성취 정도를 정확히 알기 어려우므로 아동의 과거 성취 정도, 현행수준, 목표의 현실성 및 우선순위, 할애될 수 있는 수업 시간 등을 고려하여 적절히 설정하도록 한다.
- 장기목표는 각 발달 영역마다 포괄적인 문장으로 서술되며, 단기목표는 이를 구체적이고 측정 가능한 세부목표로 나누어 행동주의적 서술문으로 작성하게 된다.
- 단기목표는 장기목표가 내포하고 있는 내용과 기능 요소를 토대로 목표의 범위와 난이도를 고려하여 적절한 수와 규모로 세분화하여 개발한다. 단기목표를 작성할 때는 장기목표를 체계적으로 분석하는 과제분석 방법을 많이 사용한다.
- 단기목표는 아동의 진보를 알아보는 평가 기준의 역할도 할 수 있다. 따라서

교육내용과 아동의 진전 정도를 고려하여 매월 단위로 설정할 수도 있고, 2~4개월 단위로 묶어서 설정할 수도 있다.

→ 이때 설정된 학기목표와 월별 교육목표는 아동의 진전 정도를 평가하는 평가 주기가 된다.

※ 단기목표는 객관적으로 측정 가능한 방식으로 진술하고, 행동이 나타날 조건 상황, 성공적인 수행 기준을 포함한다.

조건	성공적인 수행기준	관찰 가능한 행동
열까지 세라고 지시하면	100% 정확하게	외워서 셀 수 있다

4) 교육내용

- 교육내용은 현재 학습 수행 수준을 토대로 학기목표 및 월별 교육목표에 도달하기 위한 과정에서 아동이 경험해야 하는 것으로서 평가계획에 근거하여 구성한다.
- 평가계획에서 제시한 평가초점은 아동이 장기목표에 도달하는 과정에서 경험하게 되는 다양한 내용 및 기능적 요소를 포함하고 있다는 점에서 목표에 도달하기 위해 아동들이 경험해야 할 교육내용을 안내하는 길잡이가 된다.
- 교사는 사전에 개발한 평가초점에 근거하여 교육내용을 개발할 수 있다.
- 교육내용을 개발할 때는 아동의 생태학적 환경을 바탕으로 생활 연령, 장애 유형 및 정도, 학습 특성, 선호나 흥미, 강점, 선수 기술 등을 종합적으로 고려해야 한다.

  → 똑같은 장기목표를 지닌 아동들이라도 아동별로 교육내용이 다를 수 있으므로 교육내용을 다양하게 구성할 필요가 있다.

5) 교육방법

- 교육방법은 교사가 교육내용을 교수하는 과정을 구체적이고 상세하게 기술해야 하는데, 아동이 학습하는 구체적 활동 형태로 기술한다.
- 단순하게 수업모형이나 교수전략 명을 제시하는 것을 지양하고, 아동이 학습하는 과정에서 교사가 사용하는 구체적인 교수전략을 교육내용과 결합하여 교

육(학습) 활동이 드러나도록 기술한다.

→ 이때 아동이 자신의 주된 학습양식을 사용하여 자기 주도적이고 의미 있는 학습 활동에 참여할 수 있도록 다중적이고 다양한 학습 참여 방식을 포함한 교수·자료 및 매체, 교수 집단 등을 활용한 교수·학습 방법을 제시한다.

6) 평가계획

- 평가계획에는 평가 방법, 평가 기준, 평가실시 일정 등이 포함된다.
- 평가 방법이란 특정목표의 성취를 측정하기 위해 어떤 측정도구와 방법을 사용할 것인가를 명시하는 것을 말한다.

  → 규준참조검사, 준거참조검사, 교사가 직접 제작한 시험 등의 검사, 관찰, 과제물 등 여러 가지가 사용될 수 있다.
- 평가 기준은 어느 정도의 수준까지 수행해야 교수목표를 성취한 것으로 볼 것인가 하는 기준으로서 단기목표에서 제시되는 것이 바람직하다.

  → 좋은 교수목표는 이러한 평가기준을 포함해야 한다.
- 평가 일정은 얼마나 자주 평가를 할 것인가에 관한 것이다. 특수교육법에 의하면 교사는 매 학기 IEP에 따른 학업성취도를 평가해야 한다.

  → 아동의 진보를 쉽게 파악하고 필요할 경우 교육 프로그램의 수정도 가능하게 하기 위해서는 가능한 한 자주 평가하는 것이 바람직하다.

7) 평가를 위한 수정 방법 및 대안적 평가 적용

- IEP는 학교에서 시행하는 공식적인 학업 성취나 기능적 기술을 평가하기 위해 수정이 필요한지, 필요하다면 어떻게 수정해야 하는지를 포함해야 한다.
- 학교나 교육청 등 지역단위의 공식적인 평가를 받기 어려운 경우에는 대안적인 평가(alternative assessment)가 필요하다. 이때 왜 이러한 공식적인 평가를 받기 어려운지, 그리고 어떤 대안적 평가방법을 사용할 것인지를 명시해야 한다.

  → 다른 아동과 마찬가지로 장애 아동도 모든 공식적인 평가에 포함되어야 하므로, 공정하면서도 진보를 잘 측정할 수 있는 평가 방법에 대한 중요성이 강조되고 있다.

→ 국내에서도 장애 아동을 대상으로 이루어지는 평가조정에 대한 인식이 높아지고 있으며 점점 더 많은 학교가 대안 평가에 대한 학칙을 마련하고 있다.

8) 특수교육 관련서비스 내용

- 「장애인 등에 대한 특수교육법」 제2조에서는 “특수교육 관련서비스란 특수교육대상자의 교육을 효율적으로 실시하기 위하여 필요한 인적·물적 자원을 제공하는 서비스로서 상담지원·가족지원·치료지원·보조인력지원·보조공학기기지원·학습보조기기지원·통학지원 및 정보접근지원 등을 말한다”고 명시하고 있으며, 동법 시행령 제23조에서 29조까지에서는 가족지원을 비롯한 특수교육 관련서비스에 관한 지원 방법을 명시하고 있다.
  - 관련서비스가 필요하다고 결정된 경우 IEP 수립 담당자는 특수교육 관련서비스 담당 인력으로부터 아동의 특수교육 관련서비스의 내용과 방법, 평가에 관련된 자료를 제공받아 IEP 내에 기재할 수 있다.
  - 특수교육 관련서비스의 내용과 방법란에는 아동에게 제공되는 서비스명, 시작일과 종료일, 장소, 참여 요일 및 시간, 특기사항 등을 입력한다.
  - 특수교육 관련서비스와 관련된 목표나 평가계획 및 결과 등의 구체적인 내용을 기술하고자 할 때는 특기사항에 기술할 수 있다.

  → 가능하다면 특수교육 관련서비스 담당 인력이 아동의 개별화교육지원팀 회의에 참여하는 것을 권장한다.

> 교육기관 내에 제공할 사람이 없을 경우에는 외부 특수교육기관이나 치료기관과 협조하여 필요한 전문가들을 확보해야 하는데, 현재 우리나라의 특수교육지원 체계상 이러한 협력적 서비스 제공은 어려운 과제로 남아 있는 실정이다. 또한 아동에 따라서는 필요한 보조공학적 도구나 지원의 종류를 명시하기도 한다.

9) 일반교육 프로그램에 참여하지 않는 정도와 그 근거

- 장애 아동이 일반교육에 참여하지 않고 분리되어야 하는 경우 그 정도를 명시

하고 왜 참여하지 않아야 하는가를 제시한다.

- 전체 교육시간 중 차지하는 비율을 백분율로 표시하거나 하루 혹은 일주일 단위로 몇 시간씩인지를 명시하는 방법을 많이 사용한다.
  → 그러나 이러한 규정이 있다고 하여 모든 장애 아동을 무조건 일반학급에 보내는 것은 아니며 일반교육 프로그램에의 참여 정도는 개별 아동의 교육적 필요에 근거하여 결정되어야 함

10) 전환교육

- 전환교육이란 학령기 교육을 마치고 사회에서 잘 적응할 수 있도록 직업교육, 성인서비스, 주거생활 훈련, 지역사회훈련 등의 여러 필요한 활동을 적절히 조화하여 제공하는 것을 말한다.
- 미국장애인교육법(IDEA)은 아동이 16세가 되기 전에 전환교육을 위한 내용을 IEP에 반드시 포함시키도록 규정하고 있다.

> 우리나라에서는 IEP의 구성요소로 포함하지 않고 있다. 그러나 특수교육법을 통하여 '진로 및 직업교육'이라는 용어로 '특수교육대상자의 학교에서 사회 등으로의 원활한 이동을 위하여 관련 기관의 협력을 통하여 직업재활훈련, 자립생활훈련 등을 실시하는 것을 말한다.'고 명시하고 있다.

- 최근 국내에서도 학교와 복지관이 연계하여 장애 아동 직업탐색을 지원하는 전환 프로그램을 운영하거나, 특수학교의 전공과 또는 장애 아동을 위한 통합형 직업교육 거점학교를 지정하여 운영하는 등 전환교육을 지원하기 위한 노력이 이루어지고 있다.

11) 교육 시작과 종료 시기

- 교육을 시작하고 종료하는 시점을 기록하는 것으로 주로 그 기간을 1년으로 하는 경우가 많다.
  → 그러나 관련서비스의 경우, 아동의 문제 특성에 따라 단기간의 교육만이 필요한 경우도 있다(예: 경도 조음장애의 경우 – 언어치료 5개월).

- 미국 장애인교육법(IDEA)에서는 여러 해에 걸친 IEP의 시험적 적용에 대해 규정하고 있다. 즉, 경우에 따라 교수목표 달성 시기를 한 해 이상(3년을 초과할 수 없음) 잡는 것으로 부모의 동의가 있어야 하며 일반교육에서의 진보와 학교급 간 전환에 대한 아동의 요구를 충족시킬 수 있어야 한다고 규정하고 있다.

12) 문제행동 지원

- IEP를 수립할 때 아동의 문제행동을 어떻게 다룰 것인가에 대한 내용이 포함되기도 한다.
- 주로 PBS(긍정적행동지원계획)나 ABA(응용행동분석)중재 등을 활용해 문제행동을 예방하고 대체행동을 지도할 수 있도록 구성한다(본 교재 8장 참고).

참고문헌

김진호 외 (2022). 최신 특수교육. 시그마프레스

이소현 · 박은혜 (2024). 특수아동교육. 학지사.

정주영 외 (2019). 개별화교육계획 운영 가이드북. 국립특수교육원.

조선경 외 (2020). 발달이 느린 우리 아이를 위한 최선의 선택(부모용). 한국보육진흥원.

American Association on Intellectual and Developmental Disabilities (AAIDD). (2021). Intellectual Disability: Definition, Diagnosis, Classification, and Systems of Supports (12th ed.). AAIDD.

참고한 사이트

• 장애인 등에 대한 특수교육법

https://www.law.go.kr/LSW/lsInfoP.do?efYd=20220629&lsiSeq=238231#0000

• 장애인복지법

https://www.law.go.kr/LSW/lsInfoP.do?efYd=20220622&lsiSeq=238111#0000

• 경기도화성오산교육지원청

https://www.goehs.kr/sys/bbs/board.php?bo_table=050902

• 특수교육법 [시행 2024.1.1.] [법률 제19349호, 2023.6.27., 일부개정].

https://www.law.go.kr/법령/장애인 등에 대한 특수교육법

박현주

공주대학교 사범대학 특수교육 전공(교육학박사)

제3판

특수아동의 이해

초판발행 2020년 3월 15일
제2판발행 2022년 8월 10일
제3판발행 2025년 9월 10일

엮은이 박현주
펴낸이 노 현

편 집 전채린
기획/마케팅 김한유
표지디자인 BEN STORY
제 작 고철민·김원표

펴낸곳 ㈜ 피와이메이트
서울특별시 금천구 가산디지털2로 53, 210호(가산동, 한라시그마밸리)
등록 2014. 2. 12. 제2018-000080호
전 화 02)733-6771
f a x 02)736-4818
e-mail pys@pybook.co.kr
homepage www.pybook.co.kr
ISBN 979-11-7279-161-2 93370

정 가 17,000원